高职院校学生安全管理创新研究

著　者：杨　涛　范　耘　顾　巍
编委会：高　劲　陈国勤　翁琛闵　孙　云　李梦霄
　　　　鲁　杰　史朝伟　候　华　李晓华　刘江波
　　　　苏　川　何建锋　李绍雄　李成欣

山西出版传媒集团
三晋出版社

图书在版编目（CIP）数据

高职院校学生安全管理创新研究/杨涛，范耘，顾巍著.--太原：三晋出版社，2022.6
ISBN 978-7-5457-2506-3

Ⅰ.①高… Ⅱ.①杨… ②范… ③顾… Ⅲ.①高等职业教育－安全教育－研究－中国 Ⅳ.① G718.5

中国版本图书馆 CIP 数据核字（2022）第 100454 号

高职院校学生安全管理创新研究

著　　　者：	杨　涛　范　耘　顾　巍
责任编辑：	张　路
出 版 者：	山西出版传媒集团·三晋出版社
地　　　址：	太原市建设南路 21 号
电　　　话：	0351-4956036（总编室）
	0351-4922203（印制部）
网　　　址：	http://www.sjchs.cn
经 销 者：	新华书店
承 印 者：	武汉市首壹印务有限公司
开　　　本：	787mm×1092mm　1/16
印　　　张：	14.75
字　　　数：	250 千字
版　　　次：	2022 年 6 月第 1 版
印　　　次：	2022 年 9 月第 1 次印刷
书　　　号：	ISBN 978-7-5457-2506-3
定　　　价：	69.00 元

如有印装质量问题，请与本社发行部联系　电话：0351-4922268

前　言

　　大学生安全教育与管理是高等院校思想政治教育的一项重要内容，是高校管理者和教育者的基本任务，是构建和谐校园的重要基础。高校安全工作的好坏事关学校乃至国家稳定工作的大局，历来是高校思想政治工作的重要内容。不断加强和改进大学生安全教育与管理，提高大学生的安全防范意识和自我保护能力，对于维护学校的正常教学、科研及生活秩序，保障学生人身和财产安全，确保高校安全和稳定，具有重大而深远的战略意义。近年来，在党和国家的正确领导下，高等学校以培养高素质人才为己任，不断加强和改进大学生安全教育与管理工作，为促进和谐校园建设，维护学校和社会的稳定发挥了重要作用。然而，随着国内、外形势的深刻变化，网络文化思潮的不断冲击，大学生的思想观念、价值取向、学习生活方式发生了很大变化，新形势下大学生安全教育与管理面临前所未有的挑战。本书从高职院校安全管理入手，探索在新的社会环境下如何做好大学生安全教育与管理，提高大学生的安全防范意识与自我保护技能，充分发挥学生主观能动性，以主人翁的姿态实现自我选择、自主管理。

　　全书共分为6章，第一章为导论，阐述研究的背景及意义、国内外研究现状、研究内容和研究思路；第二章为大学生安全管理现状及存在问题分析；第三章为大学生安全管理的内容构成：管理工作的原则、社会综治安全、学校环境安全、个体生命安全；第四章为大学生安全管理体系构建，分为组织机构建设、安全管理队伍建设、安全教育机制建设、安全文化建设和安全管理信息平台建设；第五章为大学生安全管理危机预防机制构建；第六章为大学生安全管理危机应对工作的开展。

　　限于著者的学识水平，书中难免存在不足甚至错误之处，恳请广大读者批评指正。

目 录

第一章 导 论 ·· 001
第一节 研究的背景及意义 ·· 001
第二节 国内外相关研究综述 ·· 008
第三节 研究思路和研究内容 ·· 012

第二章 大学生安全管理现状及存在问题分析 ·············· 014
第一节 对大学生安全状况的调查 ·································· 014
第二节 对大学生安全管理调查结果的分析 ·················· 026
第三节 大学生安全管理存在的突出问题 ······················ 049
第四节 大学生安全管理问题形成原因分析 ·················· 061

第三章 大学生安全管理的内容构成 ······························· 077
第一节 加强大学生安全教育和管理工作的原则 ·········· 077
第二节 社会综治安全 ·· 081
第三节 学校环境安全 ·· 114
第四节 个体生命安全 ·· 118

第四章 大学生安全管理体系构建 ··································· 124
第一节 健全安全管理法律法规和制度 ·························· 124

第二节　完善校园安全管理组织机构 ………………………………… 127

第三节　加强高校安全管理队伍建设 ………………………………… 132

第四节　加强大学生安全教育机制 …………………………………… 135

第五节　加强校园安全文化建设 ……………………………………… 138

第六节　打造高校学生安全管理信息平台 …………………………… 143

第五章　安全管理危机预防 …………………………………………… 148

第一节　安全管理末端延伸到学生层面 ……………………………… 148

第二节　深化安全教育、建立安全管理立体化格局 ………………… 157

第三节　制定突发性安全处置预案机制 ……………………………… 171

第四节　建立安全管理模拟训练机制 ………………………………… 177

第六章　大学生安全管理危机应对 …………………………………… 186

第一节　危机应对的组织架构 ………………………………………… 186

第二节　核心工作原则与实用法律条款 ……………………………… 216

第三节　危机应对完毕后的评估 ……………………………………… 221

参考文献 …………………………………………………………………… 229

第一章　导　论

安全需求是人类发展最基本的需求之一，安全是人类生存、生活和发展的根本基础，也是社会存在和发展的前提条件。美国著名心理学家马斯洛的需求层次理论中提出人类需求从低到高可以分为五种层次，依次为：生理需求、安全需求、社交需求、尊重需求和自我实现需求。安全需求位于第二位，可见安全在人类社会生存、发展中的重要地位。马斯洛认为安全需求是人类最基本的需求，安全问题与人类生存和发展息息相关。

对于高职学生来说，最基本的需求就是安全需求，在安全稳定的校园环境中学习科学文化知识是高职学生成长成才的基本要求。随着高职院校改革的逐步深入，高职学生的生活空间、交流领域都有了极大扩展，并不局限于校园内部。在接受教育期间，高职学生除了进行必要的学习生活外，还会自发参与各种社团和社会实践活动，这无疑对开拓高职学生视野和交际能力具有积极作用。与此同时，面对复杂的社会环境，对于并未真正融入社会的高职院校学子来说，如果缺少必要的社会生活常识和安全知识，很有可能发生各种突发事件和安全事故，造成不良社会影响。对高职学生的安全教育和管理，绝不仅仅是纸上谈兵，而应结合现有的生活环境和社会环境，提高高职学生安全防范意识、法律意识和自我保护能力，不断结合社会环境的变化，创新管理方式和工作方法，从而保障高职院校安全稳定工作的有序开展，为社会的安全稳定做贡献。

第一节　研究的背景及意义

一、高职院校安全管理创新研究的背景

习近平总书记在党的十八届三中全会《决定》起草说明中指出，当前我国正面临对外维护国家主权和安全，对内维护政治安全和社会稳定的双重压力，各种可以预见和难以预见的风险因素明显增多。高等教育作为开放的社会子系统，同样面临着来自学校内外影响学生安全和学校稳定的各种风险。当前，我国高校虽

继续保持整体稳定，各类安全事件总体呈现逐年下降态势，但也表现出一些新的特点和动向：一是安全事故类型不断增多，高智能、高科技犯罪呈上升趋势，群体性事件、政治事件及学生意外伤亡事故比例居高不下；二是境内外各种非法组织对高校思想渗透和破坏日益加剧，"三股势力"等敌对力量将高校作为斗争的桥头堡，使校园遭受暴力恐怖袭击的风险剧增。三是随着网络的普及应用，高校安全事件在网上传播和扩散速度加快，危害性、破坏性越来越严重，极易造成巨大社会影响。四是师生员工对学校安全的要求越来越高，尤其需要学校提供全方位的安全服务，给传统的高校安全管理带来了挑战。从高校安全管理面临的形势看，既包括外部复杂多变的国际国内安全形势，也包括校内学生群体存在的安全管理隐患。大学生群体思想尚未完全成熟，容易受不良社会思潮的影响和冲击，从而产生思想和心理波动，有的甚至会直接演变成不理智行为，给高校安全管理带来巨大挑战。从高校安全管理实践看，传统的管理模式已不能完全适应当前高校安全面临的新形势，急需加强对学校安全问题和安全管理工作规律的研究，通过不断创新安全工作理念，统筹源头治理、动态管理，把安全管理和服务拓展到学校工作的各个环节，通过凝聚校内外各方力量，不断构建和完善校园安全防范体系，着力提高校园安全防范能力和应急处置水平，建设师生满意的平安校园。

学校安全工作是全社会安全工作的一个十分重要的组成部分，它直接关系到青年学生能否安全、健康地成长，关系到千万名学生的健康、千万个家庭的幸福、教育的发展、社会的稳定、时代的进步。校园安全与每个学生、教师、家长和社会有着切身的关系。对于安全的追求是人类自我保护的意识之一，如果最现实的人类生存与国家安全问题受到挑战，则会引起人类乃至国家发自内心深处的恐惧，严重者会出现从骨子里透出的反抗意识。高职院校承担着为国家培养接班人和各类人才的重任，当前随着我国高职院校扩招，高等教育逐渐由原来的精英教育向大众教育转变，在这一过程中使得高职院校的门槛开始降低，高职院校的在校学生数量急剧增加，由于这一现实问题的存在使得高职院校的安全问题逐渐开始升级，成为高职院校需要高度重视的问题之一。并且随着近年来高职院校安全问题越来越复杂，使高职院校的安全问题也成为社会的热门话题，北京高校网吧火灾，云南高校马加爵杀人案，河北高校所发生的刑事案、药家鑫事件、复旦投毒案及其他各类案件均引起社会很多波动。因此，"加强安全管理，创建和谐校园、平安校园"是学校全体师生共同的愿望、是家长和社会的期盼、是时代赋予学校的职责。

（一）高职院校安全管理现状

当前，在大学教育日益倡导"打开大门办教育"的模式下，现代高职院校也显现出许多新趋势，如环境开放化、办学多样化、评价立体化、组织社会化、经营全球化等。在给高职院校带来良好办学机遇的同时，也涌入了许多不稳定因素，校园安全问题也随之增多。在新的社会环境下，需要高职院校转变工作方式，积极结合网络环境下产生的新问题，如"校园贷"等做好自身在安全方面的制度建设，提高学生的安全意识。加强高职院校校园安全管理制度与安全隐患报警机制的建设，不断创新大学生安全管理工作以使大学生的生命安全得以保障。而目前高职院校安全管理工作在工作制度、工作理念和管理方式上与目前社会和教育环境的新要求相比，仍然存在一定差距，主要表现在以下几个方面：

1. 高职院校安全管理管理制度和机制不健全。

高职院校安全管理包括活动安全、设施设备安全、交通安全、消防安全、网络安全、卫生安全、心理安全、用电安全等多个方面。高职院校安全管理工作复杂化、多样化，存在较高的管理难度。随着科技的应用和电子设备的普及，目前我国高职院校安全管理已经处于一个较高水平，但仍然存在安全管理制度不健全的问题。一是领导机制随意性较大，有的学校把学生的安全教育交由学校安全领导小组负责，有的交给学校学生处，有的交给学校保卫处等，这种随意性使得学生安全教育很难得到充分保障，尤其是交给相关部门，不利于形成全校一盘棋、齐抓共管的局面；二是安全教育的课程落实不到位。绝大多数高职院校没有将大学生安全教育防范纳入教学计划。学生安全教育一直没有主渠道，依附于思政课等其他课程开展教育，没有将学生安全教育进行统一的规划和计划，主渠道教育的功能体现比较薄弱；三是在泛在网络环境下，尤其是4G手机的推广应用，使学生可以广泛接触到网络的各种不良信息，使安全事故呈现出隐蔽性、复杂性的特点，现有的管理制度相对滞后，对于网络安全事故的预防和处理缺乏及时性和有效性。

2. 各层面对安全管理在思想认知上有误区。

一是学校层面对管理主客体认知有偏差，部分高职院校在安全管理主体认知观念上有误区，措施不得力。在治安管理对象的问题上，许多学校一直都把学生作为治安管理的客体，没有真正把他们当作治安管理工作的主体，使得安全教育管理工作呈现出一边热的现象，即学校管理比较重视，学生被动接受学校的管理，主观能动性发挥不足，积极主动开展自我防护的意识不足，难以获得好的管理效果；二是家长层面重视不够，家长总是认为学校是一方净土，社会的许多不良现象离自己的孩子很远，忽视了对子女进行法律、安全知识的教育；学校方面则认为学生在学校学习，与社会接触不多，对一些社会安全问题防范不足，使学生的安全认知处于一个真空地带。三是学生层面对安全教育认识模糊，对于学生本身来说，安全教育就是理论知识学习，按学校要求完成学习任务即可，在学习的过程中不乏应付的态度，不能正确处理安全教育课程与其他专业课程的关系，没有意识到安全教育对自己学习生活的重要作用。对待安全事故抱侥幸态度，或者一旦发生安全事故就自认倒霉，主动防范意识较差。

3. 高职院校安全教育工作创新不足。

一是高职院校安全教育的内容单调。目前，在为数不多的开设安全教育课程的学校中,在安全教育内容的安排方面都比较单调。二是高职院校安全教育方式单一。高职院校学生接受安全教育的方式以课堂说教为主。安全教育是教育的基本内容,自然遵循教育的一般规律,但是安全教育又有其特殊性,如安全防患技能、地质灾害、遇火灾逃生等都需要教师或专业人员的现场指导、演习等,学生要通过亲自参与体验、实践才能掌握,而目前的安全教育课程缺乏实践。三是高职院校学生安全教育的实施方法陈旧。有的学校想通过强硬的行政措施来加强管理,但又有所顾虑,所以现在最普遍的还是采取传统的劝告方式,这种方式效果往往不理想。面对多媒体技术和网络时代社会的发展,大多数高职院校的安全教育措施对学生缺乏吸引力和渗透力,更谈不上调动学生自觉主动学习的积极性。四是高职院校学生安全教育的方法存在形式主义倾向,形式大于内容。主要表现为以上级安全检查和安全事故为指挥棒,发生重大案件和治安事故后就严抓严管,集中力量应付。检查过后或事情过后就又有所松懈,缺乏一以贯之的长效机制,最终致使大学生安全教育流于形式。

（二）高职院校大学生安全管理创新的必要性

大学生是未来建设中国特色社会主义的接班人,大学生的安全道德、安全文化素质直接关系到未来中华民族的素质。因此高职院校要重视学生的安全教育工作,提高学生的安全素质。对学生来说,也是他们思想求得进步、顺利完成学业的保证和健康成长以及实现人生更多理想追求的前提条件。而高职院校中的安全教育以及管理是创建和谐校园的重要环节,提升学生综合素质的重要方式,更是提高全社会安全水平的基础。

1. 加强大学生安全管理创新是新时期高职教育的客观要求。

高职院校日益社会化的发展趋势,给学校带来诸多不安全因素。目前的高职院校校园环境较以往更为复杂。随着高职院校的改革发展,高职院校办学规模不断扩大,办学形式已呈现多样化,如创建二级民办学院、扩招走读生和培训生等,学校已从封闭式办学转化为开放式办学。近年来,高职院校后勤逐步从学校的母体中剥离,实行社会化运行,成为独立的经济实体,社会上各种人员进校参与各项服务工作,造成学校与社会接触频繁,外来工作人员数量增加。同时,外来工作人员素质参差不齐,潜藏着许多不安全因素,如被盗、被诈骗和被伤害等这些突发性事件有随时发生的可能,高职学生的安全随时都可能遭受侵害。因此高职院校要在原有管理体制基础上积极开拓创新,建立起适合新时期高职教育的安全管理体系。

2. 高职院校安全管理创新是依法治校工作的重要体现。

随着社会经济的不断发展,安全问题越来越受到普遍的重视,最能解决社会安全问题的方法就是依法办事。党的十八届四中全会提出全面推进依法治国,总目标是建设中国特色社会主义法治体系,建设社会主义法治国家。依法治校是依法治国的重要组成部分,是依法治国理论在高职院校建设、事务管理和事业发展中的具体应用与实践，是发展我国社会主义教育事业和管理学校各项事务的重要举措。随着我国高等教育事业的改革和发展，促进人的全面发展、适应社会需要已成为衡量高等教育质量的根本标准，高等教育与经济社会的深度融合是高等教育发展的重要特征，高等教育人才培养的社会适应性成为高等教育的一个重要内容。高等教育为市场经济培养人才，学生的活动范围也不再局限于高职院校内部，很多学生利用课余时间做兼职或进行社会活动，与社会的接触增加，现代通信技术和互联网的普及，泛滥的信息影响和冲击着大学生的思想，其中不乏有害的成分。同时，大多数学生是在家人的呵护中长大，生活自理能力差，思想单纯，容易遭受到社会上的不法侵害。客观现实要求高职院校加强法治校园的建设，以保障在校高职学生的安全，最大程度减少安全事件的发生，顺利完成人才培养目标，因此，高职院校安全管理创新是建设法治校园的有效保障。

3.高职院校安全管理创新，加强大学生安全素质教育是大学生素质教育的内在要求。

加强学生安全管理创新，必须全面深入地判断社会信息，及时准确地掌握学生自身潜在的安全隐患等，提高工作的预见性、针对性和实效性。

随着互联网的飞速发展、智能手机的全面普及，网络文化对大学生的思想观念、价值取向、思维方式和行为模式等方面产生重大影响。然而网络信息良莠不齐，网上色情、垃圾信息容易导致大学生迷失自我。特别是网络暴力文化对社会生活进行侵袭，形成文化领域的一股"黑色沙尘暴"，严重冲击大学生的思想、行为和人身安全。公共交通、社会治安、食品安全中存在的隐患，都给大学生的安全带来威胁。大学生群体普遍缺乏社会经验，缺乏足够的自我保护意识和能力，容易疏忽大意，上当受骗，是最容易受到伤害的群体。只有提高生存能力，才能谈得上更好的发展。安全素质是一种重要的素质。如出门如何保证安全，怎样乘坐车船飞机，以及如何防火防盗、防骗等，这些都是日常生活中要碰到或必须注意的问题。同时，大学生的心理发展正处于从不成熟到成熟的过渡期。他们的社会阅历较浅，心理状态还比较幼稚，感情也比较脆弱，面对纷繁复杂的社会现象，许多大学生产生了心理上的问题，心理安全问题不容忽视。针对这些问题，只有加强大学生安全素质教育，提高大学生的安全意识、安全技能，培养良好的心理素质，增强适应能力，才能顺利度过大学阶段的生活，为走向社会做好准备。

二、高职院校安全管理创新研究的意义

加强大学生安全管理，营造平安校园环境，是高职院校生存和发展的基础。高职学生安全管理是构建平安校园、和谐校园的基础，是高等教育事业顺利发展的有力保障，是国家安全和社会稳定的基石。

随着高等教育事业的蓬勃发展和各项改革的不断深化，如何抓好大学生安全

管理是一个全新的重大课题。发展是硬道理,安全稳定也是硬任务。大学校园发生安全问题,轻则酿成财产损失,重则造成人员伤亡,影响社会稳定。高职院校学生安全问题不容小觑,为了给学生们营造一个安全稳定的学习、生活环境,除了提高高职院校园安全保卫质量,采取必要的技术防范措施,建立合理的管理体系之外,还要根据新时期高职教育工作的变化和社会经济环境的变化,不断创新高职院校安全管理工作,因此,对大学生安全管理进行研究,找出管理对策,减少或杜绝安全事故,确保大学生安全、顺利完成学业,维护高职院校和社会的稳定,显得尤为必要,有着重大意义。

1.高职院校学生安全管理创新是实现国家发展、社会和谐、维护校园安全的需要。

随着社会主义市场经济体制的逐步建立和完善,我国高等教育事业迅速发展,高等教育体制改革、教学改革、教育思想观念改革呈现互动互促、密切配合的态势,高职院校由封闭式教学转型为开放式教学,我国高职院校发展发生深刻变化,这些变化既带来了生机与活力,也给学校安全管理带来了新的问题和挑战。众所周知,我国正处在社会转型期。但社会治安形势仍十分严峻,各种违法犯罪活动仍呈上升势头,高职院校作为物质与精神生活的消费场所,对高职院校学生的影响是毋庸置疑的。高职院校学生是祖国的未来和希望,是实现中华民族伟大复兴"中国梦"的推动者和促进者,是社会主义物质、精神、政治、社会和生态文明建设的骨干和中坚力量。创新高职院校学生安全管理工作,不仅会使学生人身安全、身体健康得到根本保证,也会使其更有精力投入学习中,为回报国家、服务人民打下坚实的基础。同时,加强高职院校学生安全管理也是践行科学发展观要求,执行以人为本理念,构建和谐社会的一项重要内容,是推进社会健康、持续、稳定发展的需要。

2.高职院校安全管理创新是适应高职院校改革发展的需要。

随着高职院校体制改革的推进和招生规模的不断扩大,市场经济的触角迅速伸入校园。随着改革开放的深入,人流、物流、资金流、信息流和意识流的流动速度明显加快,促进了社会经济的发展。人们在充分享受社会建设成果的同时,人身安全也面临着前所未有的威胁。

高职院校已由过去封闭型办学转变为多层次、多形式、多功能、全方位的开放型办学格局。学校管辖物理范围扩大化和学校管理事务扩大化,客观上给高校的安全造成诸多不利因素。因此,创新高职院校学生安全管理,让高职院校学生对社会政治和治安形势有真实的认识和理解,适应高职院校办学环境的变化,主动规避和防范风险,对预防和减少违法犯罪具有十分重要的意义。

3.高职院校安全管理创新是培养合格人才、实现大学教育价值的需要。

随着社会的发展,高职院校教育逐渐向素质教育转变,而对高职学生的安全素质教育是素质教育的重要组成部分。安全素质包括安全科学文化素质和伦理道德素质。每个高职学生都应当具有基本的安全意识和防范技能。在提倡高职学生全面发展的今天，缺乏安全意识、安全素质和安全责任的高职院校学生不符合全面发展的教育目标。高职院校学生作为高素质人才的代表，是祖国和民族的未来，也是推动社会发展的重要力量。因此，加强高职院校的安全教育力度，保障高职院校学生的安全成才和健康成长，是高职院校教育的重要使命。

创新高职院校学生安全管理，使高职院校学生成人、成才、成器，是高等教育的办学理念和目标，也是推动国家发展和社会进步的根本保证。原主管教育工作的国务院副总理李岚清曾说过："学校的安全工作始终要放在首位，人身安全都不保，还谈什么教育。"学校安全管理做得好，才可以让高职院校学生有更多的时间学理论、学技能，才能全面、有效地实现教育价值；可以让教育工作者有更多的时间搞教育、搞科研，必然有力提升教育质量，为高职院校学生成才提供更加有力的保证；可以让学校领导有更多的精力抓谋划、抓决策，学校教育必然得到有力推动，高职院校的发展必然会有更加广阔的前景。加强高职院校学生安全管理，必须全面深入地判断社会信息，及时准确地掌握学生自身潜在的安全隐患等，提高工作的预见性、针对性和实效性。

4. 高职院校学生安全管理创新是对学生家庭高度负责的需要。

从经济方面来看，一个普通学生从出生到上大学，按照基本标准计算，学习、生活所需费用在 20 万元左右，另外可能还有择校、兴趣培训、参加社会实践等费用，对普通家庭来说，是一笔不小的开支；从亲情方面看，俗话说"儿女是父母心头肉""儿行千里母担忧"。高职学生从婴儿呱呱坠地开始，每年、每月、每天甚至每时每刻，父母不知花费了多少心血，倾注了多少爱。如果他们进入大学校园后发生重大安全事故，将给其家庭带来永远无法弥补的伤痛；从社会层面看，家庭是社会的细胞，必须有家庭的稳定才能构建和谐稳定的社会环境，促进经济和国家各项事业的发展，实现中华民族的强国之梦。

5. 高职院校学生安全管理创新是促进高职院校学生健康成长、适应社会、全面发展的需要。

高职院校的使命是培养能适应社会经济发展的优秀技能型人才，而使命的实现首先需要一个稳定、平安、和谐的校园环境。通过深入开展平安校园、文明校园、绿色校园、和谐校园创建活动，加强校园网络管理，加强师生安全教育和校园安全管理，加强校园和周边环境治安综合治理，切实维护教育系统和谐稳定，保障高职学生平安、健康成长。

大学阶段是高职学生知识获取、能力提升、意识培养和价值观形成的重要阶段。高职院校不但要培养高职学生扎实的知识基础，还要教他们用敏锐的视觉观察社会，树立正确的世界观、人生观和价值观，协调好智力、精神、素质之间的全面发展。对高职院校学生开展切实有效的安全教育既可以保证学校教育教学秩序，保障师生的人身财产安全，同时也可以培养其尊重他人安全权利的意识，保障其行为符合道德和法律规范。学校作为社会的重要组成部分，高职院校学生作为即将进入社会的群体，在大学期间接受安全教育、树立良好的安全法治意识，对其今后走向社会、遵守维护践行法治、维护社会安全稳定显得尤为重要。

第二节　国内外相关研究综述

一、国外研究综述

学校安全问题也是一个让各国政府和社会民众头疼的难题。学校安全问题成为安全领域的突出问题，令人瞩目。学校安全问题之一的学校暴力事件成为现代社会普遍存在的问题。据统计，在1996年至2009年间，世界各地仅校园枪击案就发生58起之多。其他安全事件也在学校中频繁发生，学校安全问题成为在校学生非正常死亡的"头号杀手"。为此，2006年6月5日，联合国教科文组织及国际减灾战略部也在其总部巴黎发起了"减灾始于学校"活动，旨在以安全减灾教育推进全球的学校安全。各国首先在立法和制度上不断完善校园安全管理，同时也不断加大理论科学方面的研究，特别是近一个世纪以来，理论研究发展很快，形成了安全科学体系，人们对安全科学研究重要性的认识越来越深刻，通过安全科学的研究成果继续推进校园安全管理。安全科学理论研究过程可以划分为三个阶段：

1. 安全事故简单分析阶段。

自工业革命开始，随着科学技术的发展，生产规模日益扩大。在人类提高劳动生产率的同时，由于缺乏对机器的控制驾驭能力，致使安全事故频发，伤亡不断，安全管理问题逐渐被人类所重视。人们从事故出发，探求事故发生的原因，积极采取措施避免此类安全问题的再次发生；在实践过程中确立了三不放过的原则（即发生事故后原因不明不放过、当事人未受到教育不放过、措施不落实不放过）；并且试图采用事故统计的方法来研究事故的发生规律，等等。这些做法对于预防事故的发生与保障人类的安全生产和生活发挥了重要的作用。但是，这种把事故看作是影响生产秩序的偶然的"外部性"事件，采取头痛医头，脚痛医脚，就事论事的对策，是一种被动的、滞后的、"亡羊补牢"的安全管理模式，其效果肯定不能满足实际的需求。

2. 安全事故的主动防御与危机控制系统分析阶段。

自20世纪50年代以来，对安全事故的界定从生产领域扩展到了社会生活的各个领域。随着安全事故越来越频繁的发生，安全管理意识也发生了很大的变化。人们开始以危险和隐患作为研究对象，着眼于对事故前期的控制，提出了超前防范和预先评价的概念和思路，确认了影响事故的人、机、环境和管理的综合要素，主张采取工程技术的硬手段与教育和管理的软手段相结合的综合措施，来防范安全事故的发生。这一时期，出现的最著名的安全管理理论就是危机管理理论。危机管理的概念始于20世纪50年代美国的保险业领域，冷战期间，美国逐渐发展起一套国际政治中的危机管理理论、机制和方式。危机管理概念开始被引申到政治、外交、军事、经济和教育等各个领域。危机管理理论认为，危机不是偶然的、突发的外部事件，而是一种"嵌于"社会生产和生活运行系统中的正常的、不可避免的事件；危机管理也不只是在事故情境下的一种消极"应对"，而是包括事故预防、准备、反应和恢复的系统管理过程；在不同的危机管理阶段有着不同的管理重心：在危机准备阶段，全面的危机评估与预测是危机管理的前提；在危机预备阶段，科学的危机决策成为危机管理的核心；在危机反应阶段，良好的危机沟通成为危机管理成败的关键；在危机恢复阶段，成功的危机学习成为危机管理的重要任务。由于有了对事故的超前认识，这一理论体系比早期事故学理论有了更为有效的方法和对策，对于提高事故预防的效果有着显著的意义和作用。但是，这一层次的理论在安全科学理论体系中，还缺乏系统性、完整性和综合性。1952年卡特里普、森特等著名学者对美国高校存在的问题从公关角度提出了一些对策。美国学者库姆斯在其代表作《世界教育危机——八十年代的观点》中从宏观角度对其进行了研究。当前西方国家对校园安全研究已从定性研究发展到了定量研究阶段，建立了多种以数学计量为基础的处理模型和仿真系统。目前较为权威的著作为美国学者Lerner等的《校园危机反应实战指南》。

3. 现代的安全科学管理研究阶段。

20世纪90年代以来，随着现代社会的发展和以人为本观念的倡导，人们对于安全事故发生频率的控制和管理效率的提高都有了更高的要求。这使人们感到，要彻底改变生产和生活的安全面貌，安全管理学必须向"系统安全"方向发展，走横向综合的道路。正是基于这一思路，现代的安全科学管理应运而生。现代安全管理以安全系统为研究对象，在事故系统的人、机、环境、管理四要素的基础上，提出了从安全系统的动态特性出发，研究人、社会、环境、技术、经济等因素构成的安全大协调系统，最终达到保障生命、健康、财产、环境、信誉等各方面安全的目标。现代安全管理的理论系统还在发展和完善之中，目前已有的初步体系有：安全的哲学原理，安全系统论原理，安全控制论原理，安全信息论原理，安全法学原理，安全经济学原理，安全组织学原理，安全教育学原理，安全工程技术原理等。目前还在发展中的安全理论还有安全仿真理论，安全专家系统，系统灾变理论，本质安全化理论，安全文化理论等。虽然现代的安全科学管理体系还不完善，但它从整体、系统的观点出发，为人们处理和解决复杂的安全管理问题提供了十分有用的思路和方法。

学校作为社会生活的一部分，其安全管理理论也大致经历了上述三个阶段的发展，并且在研究理论的指导下，形成了各国各具特色的高校校园安全管理法律和工作制度。如美国的校园警察制度、英国的公共安全管理制度、日本的紧急事故处理机制等，从世界其他国家在维护校园安全方面所做的努力来看，各国政府在法律的框架下，积极整合各种资源，充分调动政府、学校和社会各界的力量共同参与到校园安全的建设中，从而构建起了相对完备的校园安全管理制度。

二、国内相关研究综述

国内研究相对起步较晚，研究十分薄弱，缺乏完整的理论框架，但近年发展较快。经历了"萌芽阶段""起步阶段"，目前正处在"发展阶段"，有一批稳定的研究人员进行高校安全管理研究，初步形成了一定的理论体系。

1. 国家对校园安全的法律法规保障研究。

高校作为高层次人才的集散地，高校安全问题一直受到党和国家的高度重视，并出台了一系列高校安全管理方面的法律法规，如《高等教育法》《高等学校学生行为准则（试行）》《高等学校校园秩序管理若干规定》《普通高校学生安全教育及管理暂行规定》《高等学校内部保卫工作规定（试行）》等，在这些法规中，既明确了学校在安全管理防范中的职责，也规定了学校在安全防范与管理工作中应该享受的权利和必须履行的义务，体现了党和国家对高校安全管理的高度重视，并把维护高校的安全和合法权益，对学生进行安全教育、依法治校确定为高校各级领导的法定义务。从党和国家的重视程度可以清楚地看出高校安全管理工作的重要性。它不仅关系到高校的稳定，也关系到社会的稳定。例如，2005年，根据国务院发布的《国家突发公共事件总体应急预案》，教育系统从各级教育行政部门到基层学校都制定了各自的应急避险预案，形成了以教育部总体预案为总纲，以31个省区市和新疆生产建设兵团教育部门预案为主体，以各级各类学校预案为支撑的应急体系格局，对于提高学校风险防范意识和相应知识技能，以及降低事故影响都起到了明显的促进作用。2006年，教育部、公安部、司法部、建设部、交通部、文化部、卫生部、工商总局、质检总局、新闻出版总署等10部门联合制定并颁布了《中小学幼儿园安全管理办法》，该办法的制定，对于形成各部门通力合作的学校安全工作的新机制，巩固和健全全社会积极参与学校安全管理，提高学校的应急能力发挥了重要的作用。

2. 高校建立日益完善的管理制度研究。

各个高校在国家法律法规的框架下，不断完善学校安全工作管理制度。各项安全管理制度是进行科学管理的前提，因此建立和完善相关制度势在必行。建立和完善《学校安全工作管理条例》《危机管理制度》《防突发性事件应急处理预案》《消防安全实施细则》《学校医务室工作制度》《学生宿舍安全工作教育管理规定》《校园交通安全法》《实验室安全管理制度》《各类事故隐患的监督检查制度》等安全管理规章制度，切实做到有法可依。

3. 高校对大学生进行安全教育的模式、课程研究。

高校如何采取行之有效的措施,对大学生进行安全教育和管理,从而防范校园安全事故的发生,是每一个教育工作者应该思考的课题。尤其是高职院校,安全意识的培养和安全素养的培养尤为重要,在校的学生多数是工科专业,毕业之后大部分从事操作性的生产工作,安全意识淡薄会给个人生命安全和生产安全带来比较大的隐患,在高职院校,安全教育的需求比一般本科院校更为急切。教育内容不仅仅局限于课堂教育,还包括心理健康知识教育、安全知识教育、校园安全文化建设等。目前我国高校通过网络可以搜索到的将安全教育纳入统一规划的有北京市教委、上海市教委、重庆市教委、山西省教委等一批教育部门,2013年9月5日。山西省教育厅发出《关于加强高等学校教学安全工作的通知》。要求各高校要继续推进安全教育进课堂、应急演练全覆盖工作。要将安全教育课设为学生必修考查课。课时总量本科32学时,每学期均需开设4个课时,每学年0.5个学分,共2个学分。同时要采取切实可行的措施。安排专门时间组织师生进行应急演练,确保演练不漏一所学校、不差一个班级、不少一个学生。还有北京大学、天津大学、海南大学等一批高校开设了安全教育公选课。但将安全教育作为一门专业或学科进行系统规划的教育主管部门和高校并不多。很难见到将安全教育课列为大学生必修课,尤其是将安全教育课写入人才培养方案中,安全教育仍然没有统一的课程设计,据杨耀、张峰对四川高校开设安全教育课程的调查。"安全教育有教学大纲和教学计划的高校仅占调查对象的50%;安全教育计入学分的高校仅占30%",安全教育课程仍处于边缘化状态,教学内容较为陈旧、教学方法较为落后。在调查中我们发现部分高校实施的安全教育教学内容较为陈旧,仍停留在对防火、防骗、防盗等基本知识地讲解上,采用的教材多是《大学生安全知识》,而风险社会下高校存在的安全问题类型越来越多,如关于国家领土、世界格局、地缘政治、半岛问题、网络安全、非法传销、生命价值、毒品、暴恐事件、宗教民族等一系列新型问题却很少涉及,尤其是在风险社会下,这些新型问题的应对技能和技巧比传统安全问题更为科学、先进,假如在安全教育课程中没有涉及或涉及很少的话,就会存在思想安全隐患。

《国家中长期教育改革和发展规划纲要(2010—2020年)》中提出,要"重视安全教育、生命教育、国防教育、可持续发展教育"。2013年6月13日.教育部、司法部、中央综治办、共青团中央、全国普法办联合印发了《关于进一步加强青少年学生法制教育的若干意见》,要求"高等学校要进一步培养学生法律意识,使学生了解现代法学的基本理论和中国特色社会主义法律体系中的基本法律原则、法律制度及民事、刑事、行政法律规范,提高运用法律知识分析、解决实际问题的意识和能力"。高校安全教育课程设置,旨在培养大学生安全意识,合理配置高等教育资源,加强科学管理,确保高等教育目标的实现。

4.高职学生安全管理的文献研究综述。

2018年2月在国家哲学社会科学期刊库中以"学校安全管理"为主题词进

行检索，检索结果获得记录 65 条；在超星知识发现系统以"学校安全管理"为主题词进行检索，获得检索结果 78503 条；在维普中文期刊服务平台以"学校安全管理"为主题词进行检索，获得检索结果 12637 条；在万方数据知识平台以"学校安全管理"为主题词进行检索，获得检索结果 3 条。以上数据研究内容主要是高校安全管理对策分析、大学生安全教育方式分析、安全管理法律法规建设分析、中小学安全管理、对目前校园安全管理现状从体制、人员建设、学生个体层面等不同角度进行了分析和研究，提出了安全管理的环节完善和解决问题的对策。

综观国内的学校安全管理的文献研究发现，高职院校安全管理的研究目前仍处于工作应对的层面，不够系统和全面。我国对高职院校安全管理的研究还有待提升。系统性和操作性还有待进一步深化。此外，由于国外的研究成果由于文化传统、国情的不同，一部分研究成果和工作模式难以在我国推广。因此，高职院校有必要进行深入的理论研究，形成一套契合我国高职院校实际情况的、完整的、在现行社会环境下具有可操作性的管理框架。本研究以高职院校学生安全管理为切入点，研究高职院校安全管理现状、针对存在的问题提出解决方案，构建整个安全管理体系，提高管理能力，加强高职院校安全管理的危机应对水平和防控能力，这对高职院校开展安全管理的实践指导和工作创新有一定价值。

第三节　研究思路和研究内容

一、研究思路

本研究将在充分调研本校和其他高职院校的基础上，在几个学校发放调查表，在分析几个学校校园安全管理现状的基础上，以危机管理理论、系统理论、破窗理论等安全管理理论，借助公共管理学、法学、心理学的理论为基础，通过问卷调查法、文献分析法、专家咨询法、比较分析法、数据统计法等实证分析方法，对高职院校校园安全管理的现状和问题形成原因进行分析，校园安全的事故类型和特征以及在校园安全管理中存在的问题进行梳理，研究高职院校安全管理的方法和模式，建立高职院校人本性、系统性的安全管理创新体系和可操作性强的安全事件处置方案。

二、研究内容

本书内容分为 4 个部分：
1.实证调查分析，主要是第二章的内容，在对几个高职院校发放调查表的基础上，对采集到的数据进行比对和分析，了解高职学生安全管理现状和问题，分析形成原因。

2.高职学生安全管理的内容构成、工作原则和体系构建，主要是第三章和第四章的内容，结合高职院校的管理现状，创新管理体系，形成全方位、无死角的管理体系。

3.高职学生安全管理的危机预防格局和预防机制的建立和创新，主要是第五章的内容，设计出高职学生安全管理的危机预防系统。

4.高职学生安全管理的危机应对的工作原则、法律条款、组织结构和评估机制的创新，形成满足现行社会条件的完善的危机应对方案。

第二章
大学生安全管理现状及存在问题分析

第一节 对大学生安全状况的调查

一、调查概况

课题组于 2017 年 10—12 月，采用问卷调查法在三个学校发放了调查表 1500 份，对云南交通职业技术学院的一部分学生采取了当面访谈的调查方法，在平时的工作中采取观察法和文献查阅的方法，获取了高职院校学生安全状况的第一手资料。

二、调查内容和调查表内容

课题组针对学生的综治安全意识、心理健康状况、生存现状三个方面的内容进行了问卷调查，设计了三个调查表，内容如下：

高职院校大学生安全问题及心理危机现状调查　问卷一

亲爱的同学：

你好！我们正在进行有关大学生安全问题及心理危机问题的研究，为了了解大学生安全问题及心理危机状况，我们特编制此问卷进行调查。本次调查采取匿名的方式，对于你所提供的答案我们一定保密。真诚地希望你配合我们的调查活动，谢谢你的合作！（以下问题所涉及的时间仅限于你的大学期间）

背景信息

编号：＿＿＿＿＿＿＿＿＿＿

1. 你所就读学校：＿＿＿＿＿＿＿＿＿＿＿＿＿＿＿＿

2. 你目前所学专业：①理工类 ②经济、文史类 ③艺体类

3. 你的年级：①大一 ②大二 ③大三 ④大四
4. 你的性别：①男 ②女
5. 是否为独生子女：①是 ②否
6. 家庭来源：①城市 ②城镇 ③农村
7. 家庭结构：①双亲家庭 ②单亲家庭 ③重组家庭 ④其他
8. 你的民族 _____（请如实填写）

一、单选题

	非常重要	比较重要	一般	不太重要	完全不重要
1. 你觉得自己应该具备一定的心理承受能力	①	②	③	④	⑤
2. 存在心理压力或危机时，你认为求助他人	①	②	③	④	⑤
3. 你认为遇到危机时，物质援助	①	②	③	④	⑤
4. 对于心理压抑或危机来说，利用社会的支持和帮助	①	②	③	④	⑤
5. 心理危机时求助自己（自助）	①	②	③	④	⑤
6. 心理压抑或危机时，有人能耐心认真地倾听	①	②	③	④	⑤
7. 个体危机时寻求支持	①	②	③	④	⑤
8. 选择逃避危机	①	②	③	④	⑤
9. 有人能设身处地理解自己的境况	①	②	③	④	⑤
10. 心理危机时需要专业的精神援助	①	②	③	④	⑤
11. 个体对危机情绪的控制	①	②	③	④	⑤
12. 对危机情景的安全判断	①	②	③	④	⑤
13. 我认为生命来之不易，应该好好珍惜	①	②	③	④	⑤
14. 保护自己，预防艾滋病	①	②	③	④	⑤
15. 你认为学习心理危机预防和应对的知识是否重要	①	②	③	④	⑤
	极为严重	严重	中度	轻度	没有
16. 在日常生活中时常被人误会或错怪	①	②	③	④	⑤
17. 在最近一年内时常受人歧视冷遇	①	②	③	④	⑤
18. 容易与同学或好友发生纠纷	①	②	③	④	⑤

19. 最近一年恋爱不顺利或失恋	①	②	③	④	⑤
20. 与老师关系紧张，害怕或回避与老师交流	①	②	③	④	⑤
21. 家庭经济困难或家庭内部有矛盾	①	②	③	④	⑤
22. 最近一年生活习惯改变	①	②	③	④	⑤
23. 最近一年本人或亲友患急重病	①	②	③	④	⑤
24. 最近一年遇到意外事故或意外惊吓	①	②	③	④	⑤
25. 最近一年亲友死亡	①	②	③	④	⑤
26. 当众丢面子，感觉无比尴尬难看	①	②	③	④	⑤
27. 最近一年评选落空或考证考试失败	①	②	③	④	⑤

28. 你经常关注在校期间的安全问题吗？（　　）
　　A. 经常关注　　　B. 偶尔关注　　　C. 被动了解过　　　D. 从不关注
29. 在校园内财产被盗，你认为最可能的原因是什么？（　　）
　　A. 意识淡薄　　　　　　　　　B. 宿管员疏忽管理
　　C. 学校安全系统不健全　　　　D. 其他原因
30. 如果遇到火灾时，你会怎样做？（　　）
　　A. 立即报警　　　　　　　　　B. 盲目寻找安全出口
　　C. 使用正确的方法逃离　　　　D. 坐等救援
31. 你有在宿舍使用过大功率的电器吗？（　　）
　　A. 经常使用　　　B. 偶尔使用　　　C. 不安全，从不使用
32. 你了解你们学校的教学楼、宿舍楼的灭火器和逃生通道的位置吗？（　　）
　　A. 完全了解　　　　　　　　　B. 教学楼了解，宿舍楼不了解
　　C. 教学楼不了解，宿舍楼了解　D. 都了解一部分　　E. 完全不了解
33. 在校期间，学生团体外出游玩应该怎样做？（　　）
　　A. 向学校申报同意后方实施　　B. 学校不允许依旧偷偷出去
　　C. 从不申报　　　　　　　　　D. 未经允许就不再出去
34. 你觉得学校食堂在食品安全问题上做得怎么样？（　　）
　　A. 很好　　　B. 好　　　C. 一般　　　D. 不好
35. 当有人上门或在街上宣传法轮功时，你会怎么做？（　　）
　　A. 设法报警　　B. 不予理睬　　C. 积极参与　　D. 顺其自然
36. 你认为有必要开展反邪教宣传教育吗？（　　）
　　A. 有　　　B. 没有　　　C. 无所谓
37. 您知道下列哪个不是毒品？（　　）
　　A. 鸦片、吗啡、海洛因、可卡因　　B. 香烟、酒精
　　C. 甲基苯丙胺（冰毒）、大麻

38. 您最希望获得哪方面的禁毒信息？ （   ）
   A. 毒品知识　　　　　　　　　　B. 防范毒品的技巧
   C. 吸毒案例和戒毒知识　　　　　D. 毒品大案
   E. 国际国内禁毒斗争形势
39. 你是否使用过贷款消费？（包括消费贷款、办理信用卡、分期付款、京东白条、借贷宝等）　　　　　　　　　　　　　　　　　　　　　　（   ）
   A. 未使用过　　　　　　　　　　B. 一个月8次以上
   C. 一个月3—5次　　　　　　　　D. 一个月1—2次
40. 你觉得我们需要掌握反恐常识吗？ （   ）
   A. 迫切需要，同时也可以应用到其他紧急事件中
   B. 一般需要，基本用不上
   C. 不需要，到时会有警察的
   D. 从来没考虑过

二、多选题

1. 在你身边，最常见的安全问题是什么？ （   ）
   A. 财物被盗　　　　　　　　　　B. 打架斗殴
   C. 使用违规电器，明火引起火灾　D. 学生外出游玩突发安全事故
   E. 校外人员滋事　　　　　　　　F. 校外人员诈骗
   G. 其他
2. 你认为下列校园安全意识宣传形式中，哪些形式会更加有效？ （   ）
   A. 主题班会　　　B. 征文　　　　　C. 安全教育讲座
   D. 看反邪教宣传片　E. 手抄报　　　F. 宣传单、海报、喷画、横幅
   G. 广播　　　　　H. 安全知识竞赛　I. 其他
3. 如果发生恐怖分子劫持事件，下列做法中正确的是什么？ （   ）
   A. 保持冷静、不要反抗、相信政府
   B. 不对视、不对话、趴地上，动作缓慢
   C. 注意观察恐怖分子人数、头领，便于事后提供证言
   D. 奋起与恐怖分子搏斗
4. 你认为你所在学校存在哪些安全隐患？ （   ）
   A. 校园火灾　　　　　　　　　　B. 校园交通事故
   C. 校园食品安全隐患　　　　　　D. 宿舍人员进出管理隐患
   E. 盗窃　　　　　　　　　　　　F. 校外人员的治安管理
   G. 触电、坠楼等意外事故　　　　H. 其他
5. 您觉得哪种禁毒宣传教育的形式更好？ （   ）
   A. 在学校、单位开展广泛的禁毒教育　B. 公共场所更多地张贴禁毒警示标语

C. 邀请知名人士进行公益宣传　　　　　D. 制作更多的影视节目

E. 社区的禁毒宣传活动　　　　　　　　F. 网络宣传

G. 人群密集的地方开展禁毒咨询、发放宣传资料等大型宣传活动

H. 能亲自参与的禁毒志愿者活动

6. 在下列几个因素中，按对你人生影响作用顺序排列。　　　（　　　）

A. 自己的性格　　　　　　　　　　　　B. 社会现象和影响

C. 学校的教育和帮助　　　　　　　　　D. 父母及家庭的影响

7. 你如何看待频频发生的在校大学生轻生事件　　　　　　　（　　　）

A. 可以理解，因为他们压力过大，也是获得解脱的唯一办法

B. 不赞同，因为此行为愚蠢，想法过分极端

C. 无所谓，不关我事，我麻木了

8. 你觉得当代大学生频频轻生背后的原因是什么　　　　　　（　　　）

A. 缺少父母、学校的关爱和教育　　　　B. 自我心理调节能力较差

C. 受外界刺激

9. 你有心理压力的时候一般怎么解决　　　　　　　　　　　（　　　）

A. 向朋友倾诉发泄　　　　　　　　　　B. 喝酒抽烟来麻痹自己

C. 听音乐来放松自己　　　　　　　　　D. 自我反省，分析压力的来源，自行解决

E. 向专业人士或老师求助　　　　　　　F. 去跑步或者进行运动来释放压力

10. 你觉得下列哪些因素是引起心理危机的主要原因　　　　（　　　）

A. 宿舍人际关系　　B. 家庭矛盾　　C. 恋爱问题　　D. 学习负担

E. 批评处分　　　　F. 评优落选　　G. 意外事故　　H. 自己或亲友急重病

I. 家庭经济困难　　J. 其他

11. 你对艾滋病病毒感染者或艾滋病病人的态度是　　　　　（　　　）

A. 尊重　　　　　　B. 帮助　　　　C. 同情　　　　D. 保密

E. 躲避　　　　　　F. 害怕　　　　G. 活该　　　　H. 厌恶

12. 哪些地方可以检测艾滋病　　　　　　　　　　　　　　（　　　）

A. 医院　　　　　　　　　　　　　　　B. 疾病预防与控制中心

C. 社区医院　　　　　　　　　　　　　D. 小诊所

13. 下列哪些途径可以感染艾滋病？　　　　　　　　　　　（　　　）

A. 与感染 AIDS/HIV 的人性交　　　　　B. 输入被 HIV/AIDS 污染的血液或血制品

C. 蚊虫叮咬　　　D. 共用马桶　　　E. 共用剃须刀　　　F. 共用餐具

G. 共用牙刷　　　H. 与艾滋病感染者同池游泳

14. 下列哪些途径可以有效预防艾滋病？　　　　　　　　　（　　　）

A. 正确使用安全套　　　　　　　　　　B. 艾滋妈妈注射母婴阻断因子

C. 艾滋妈妈采取剖宫产　　　　　　　　D. 不非法卖血

E. 不吸食毒品

15. 如果你能贷款消费,你倾向于把钱消费于哪些地方? (   )
　　A. 旅游、聚餐等交际　　　　　　　B. 买零食
　　C. 补给游戏装备、赌博等　　　　　D. 追星
　　E. (男/女)朋友花销　　　　　　　F. 买衣服、化妆品等
　　G. 创业　　　　　　　　　　　　　H. 购置学习资料、报相关课程
　　I. 电子产品(手机、电脑、手表、单反等)　J. 其他

高职院校大学生安全现状调查　问卷二

亲爱的同学:
　　你好!我们正在进行有关大学生安全问题及心理危机问题的研究,为了了解大学生安全问题及心理危机状况,我们特编制此问卷进行调查。本次调查采取匿名的方式,对于你所提供的答案我们一定保密。真诚地希望你配合我们的调查活动,谢谢你的合作!(以下问题所涉及的时间仅限于你在大学期间)

背景信息

编号:_____
1. 你所就读学校:_____
2. 你目前所学专业:①理工类 ②经济、文史类 ③艺体类
3. 你的年级:①大一 ②大二 ③大三 ④大四
4. 你的性别:①男 ②女
5. 是否为独生子女:①是 ②否
6. 家庭来源:①城市 ②城镇 ③农村
7. 家庭结构:①双亲家庭 ②单亲家庭 ③重组家庭 ④其他
8. 你的民族_____(请如实填写)

一、单选题

	A	B	C	D	选项
1. 学习期间你在外兼职吗?	是	否			
2. 你参加学校社团吗?	是	否			
3. 入学前你是	应届毕业生	往届毕业生			
4. 你入学前是否从生源地贷款	是	否			
5. 入学前生源	普通高中	三校生			

续表

	A	B	C	D	选项
6. 你的政治面貌	中共党员	共青团员	群众		
7. 你的自我管理能力	很强，能较好地分配学习和娱乐时间	还好，偶尔为娱乐占用学习时间	较弱，经常为了娱乐遗忘了学习		
8. 你考入学校的方式	单招	高考	高考补录		
9. 毕业后你希望	通过招聘找工作	熟人介绍找工作	自己创业		
10. 你认为大学生谈恋爱	一定要经历	顺其自然，一切随缘	暂不想恋爱		
11. 若有贷款，其额度是	2000—3000	3000—4000	4000—5000	5000以上	
12. 你每个月生活消费水平是	400—600	600—800	800—1000	1000以上	
13. 你的经济来源靠	父母帮助	兼职打工	奖（助）学金	其他	
14. 你经常到图书馆看书吗	经常	有时	很少	从不	
15. 你认为你的经济压力	很大	较大	一般	没有	
16. 你的年龄	18—19	19—20	20—21	21以上	
17. 你对所学专业	比较喜欢	喜欢	一般	不喜欢	
18. 你对将来就业的前景	比较乐观	乐观	一般	不乐观	
19. 毕业后从事所学专业工作	非常想	想	无所谓	不想	
20. 你对学校的学生管理工作	比较满意	满意	一般	不满意	
21. 你来自	较富裕的城镇和农村	富裕城镇和农村	不富裕的城镇和农村	贫穷地区	

22. 大学生复印课本属于侵权吗？　　　　　　　　　　　　　　　（　　）
    A. 属于　　　　　　B. 不属于
23. 大学生兼职是否应该与用人单位签订劳务合同？　　　　　　　（　　）
    A. 应该　　　　　　B. 不应该
24. 你是否在网络上进行过网络贷款？　　　　　　　　　　　　　（　　）
    A. 参加　　　　　　B. 未参加
25. 你是否在网络平台进行过分期购买商品？　　　　　　　　　　（　　）
    A. 参与　　　　　　B. 未参与
26. 如果你网购不久后，收到赠送红包短信你是否会按短信内容去做？（　　）
    A. 会　　　　　　　B. 不会
27. 你是否主动了解过电信诈骗？　　　　　　　　　　　　　　　（　　）
    A. 有　　　　　　　B. 没有
28. 你多长时间会去校外三无小摊购买食品或在小吃摊吃饭？　　　（　　）
    A. 经常　　　　　　B. 偶尔　　　　　　C. 从来不去
29. 你平时外出的出行方式？　　　　　　　　　　　　　　　　　（　　）
    A. 公交、打的　　　B. 网络约车　　　　C. 黑车
30. 公共网络平台散播谣言的是否承担法律责任？　　　　　　　　（　　）
    A. 承担　　　　　　B. 不承担　　　　　C. 不知道
31. 大学生聚会喝酒，若有人因喝酒发生死伤或者斗殴，组织或者参与喝酒的人是否有责任？　　　　　　　　　　　　　　　　　　　　　　　　　（　　）
    A. 有　　　　　　　B. 没有　　　　　　C. 不确定
32. 你所住的宿舍、上课的教学楼等，你有意识去了解安全通道在哪里吗？
    　　　　　　　　　　　　　　　　　　　　　　　　　　　　（　　）
    A. 会　　　　　　　B. 不会　　　　　　C. 没必要知道
33. 你认为微商代理拉下线收取代理费是否是传销？　　　　　　　（　　）
    A. 是　　　　　　　B. 不是　　　　　　C. 不一定
34. 对于校园暴力你如何处理？　　　　　　　　　　　　　　　　（　　）
    A. 拿起法律武器　　B. 以暴制暴、以牙还牙　　C. 自认倒霉
35. 你身边的亲友是否有参与或者间接参与过传销？　　　　　　　（　　）
    A. 参加　　　　　　B. 未参加　　　　　C. 不知道
36. 你对传销的方式有了解吗？　　　　　　　　　　　　　　　　（　　）
    A. 很了解　　　　　B. 一般了解　　　　C. 不了解
37. 你会在陌生网络平台透露自己的身份信息吗？　　　　　　　　（　　）
    A. 不会　　　　　　B. 会　　　　　　　C. 看情况
38. 你乘坐机动车有习惯系安全带吗？　　　　　　　　　　　　　（　　）
    A. 有　　　　　　　B. 没有　　　　　　C. 有交警或监控才会

39. 如果陌生人向你打电话推销产品你会购买吗? （   ）
    A. 会　　　　　　　B. 看情况　　　　　　C. 不购买
40. 如果你 QQ 好友在 QQ 上向你借钱你会借吗? （   ）
    A. 会　　　　　　　B. 看情况　　　　　　C. 不借
41. 你知道现在考试作弊已经列入刑法了吗? （   ）
    A. 知道　　　　　　B. 不知道
    C. 听说过　　　　　D. 不确定
42. 大学生赌博达到多少金额属于违法? （   ）
    A. 1000 元　　　　 B. 2000 元
    C. 3000 元　　　　 D. 5000 元以上
43. 你对急救常识了解吗? （   ）
    A. 非常了解　　　　B. 基本了解
    C. 了解一些　　　　D. 不了解
44. 如果你参与网络贷款，你是用什么资金偿还的? （   ）
    A. 生活费　　　　　　　　　　　　　　　B. 自己打工挣钱
    C. 拆东补西（借钱还，还了再借）　　　　D. 其他
45. 你对网络贷款和分期持什么样的态度? （   ）
    A. 支持　　　　　　　B. 对正规的机构支持，不正规的不支持
    C. 持观望态度，不支持也不反对　　　　　D. 不支持

二、多选题

1. 如果你身边的亲友参与或间接参与传销，你如何处理? （   ）
    A. 假装不知　　　　　　　　　　　　B. 进行开导，普及传销危害
    C. 支持　　　　　　　　　　　　　　D. 向有关部门寻求帮助
2. 你认为导致大学生陷入传销组织的原因有哪些? （   ）
    A. 社会经验不足　　B. 法律意识淡薄　　　　　　C. 受金钱诱惑
    D. 好奇心驱使　　　E. 顾及情面，不好意思拒绝　F. 逆反心理
3. 你在公共场合看到小偷正在盗窃时，你会怎么办? （   ）
    A. 用手机记录作为证据，过后交给公安机关
    B. 视而不见，不关我的事
    C. 提醒被偷者
    D. 当场说出来
4. 如果陌生人给你打电话说你的亲友出事了急需打钱你会怎么做? （   ）
    A. 打电话给当事人了解情况　　　　　B. 马上汇钱
    C. 置之不理　　　　　　　　　　　　D. 挂掉电话
5. 你认为传销的危害是什么? （   ）

A. 对家庭有害　　　　　　　　　　B. 失去人生价值
　　C. 浪费大量钱财　　　　　　　　　D. 侵犯他人利益
　　E. 不知道
6. 你平时从哪些渠道了解法律？　　　　　　　　　　　　　（　　　）
　　A. 听周边人说起　　　　　　　　　B. 看法制节目
　　C. 看正规新闻、正规报纸　　　　　D. 通过学校的课程或者宣传
　　E. 凭自己认知
7. 如果在校园看到两人发生很严重冲突，你会怎么做？　　（　　　）
　　A. 与学校老师联系并向公安机关报案　　B. 围观
　　C. 主动上去和解　　　　　　　　　D. 不理睬
　　E. 照相发朋友圈　　　　　　　　　F. 添油加醋、火上浇油
8. 你对待恋爱的分手时如何处理？　　　　　　　　　　　（　　　）
　　A. 喝酒或抽烟解闷　　　　　　　　B. 自残发泄
　　C. 大哭一场就好了　　　　　　　　D. 做极端事情
　　E. 找朋友倾诉　　　　　　　　　　F. 自己会想通、自愈

高职院校大学生安全管理危机预防现状调查　问卷三

亲爱的同学：
　　您好！我们正在进行有关大学生安全管理危机问题的研究。为了了解大学生安全管理危机状况，我们特编制此问卷进行调查。本次调查采取匿名的方式，对于你所提供的答案我们一定保密。真诚地希望您配合我们的调查活动，谢谢你的合作！
　　（以下问题所涉及的时间仅限于你的大学期间）

背景信息
编号：_____
1. 你所就读学校：_____
2. 你目前所学专业：①理工类 ②文史类 ③艺体类
3. 你的年级：①大一 ②大二 ③大三 ④大四
4. 你的性别：①男 ②女
5. 是否为独生子女：①是 ②否
6. 家庭来源：①城市 ②城镇 ③农村
7. 家庭结构：①双亲家庭 ②单亲家庭 ③重组家庭 ④其他

正式测试
一、单选题

1. 你经常关注大学生在校期间的安全问题吗？　　　　　　（　　　）

A. 经常关注 B. 偶尔关注
C. 被动了解过 D. 从不关注
2. 在校园财产被盗，你认为最可能的原因是什么？ （　　）
A. 自身财产防盗意识淡薄 B. 宿管员疏忽及进入人员混乱
C. 学校安全系统不健全 D. 其他原因
3. 如果遇到火灾时，你会怎样做？ （　　）
A. 立即报警 B. 盲目寻找安全出口
C、使用正确的方法逃离 D. 坐等救援
4. 你有经常在宿舍使用过大功率的电器吗？ （　　）
A. 经常使用 B. 偶尔使用 C. 不安全，从不使用
5. 你了解你们学校的教学楼、宿舍楼的灭火器和逃生通道的位置吗？（　　）
A. 完成了解 B. 教学楼了解，宿舍楼不了解
C. 教学楼不了解，宿舍楼了解 D. 都了解一部分
E. 解全不了解
6. 在校期间，学生团体外出游玩应该怎样做？ （　　）
A. 向学校声明同意后方实施 B. 学校不允许依旧偷偷出去
C. 从不声明 D. 未经允许就不再出去
7. 你觉得学校食堂在食品安全问题上做得怎么样？ （　　）
A. 很好 B. 好 C. 一般 D. 不好
8. 当有人上门或在街上宣传法轮功时，你会怎么做？ （　　）
A. 设法报警 B. 不予理睬 C. 完全听他们
9. 你认为有必要开展反邪教宣传教育吗？ （　　）
A. 有 B. 没有 C. 无所谓
10. 您知道下列哪个不是毒品？ （　　）
A. 鸦片、吗啡、海洛因、可卡因 B. 香烟、酒精
C. 甲基苯丙胺（冰毒）、大麻
11. 您最希望获得哪方面的禁毒信息？ （　　）
A. 毒品知识 B. 防范毒品的技巧
C. 吸毒案例和戒毒知识 D. 毒品大案
E. 国际国内禁毒斗争形势
12. 你是否使用过贷款消费？（包括消费贷款、办理信用卡、分期付款、京东白条、趣分期、蚂蚁花呗、借贷宝等） （　　）
A. 未使用过 B. 一个月 8 次以上
C. 一个月 3—5 次 D. 一个月 1、2 次
13. 如果你能贷款消费，你倾向于把钱消费于哪些地方？ （　　）
A. 旅游、聚餐等交际 B. 买零食

C. 补给游戏装备、赌博等　　　　　　D. 追星
E. （男/女）朋友花销　　　　　　　　F. 买衣服、化妆品等
G. 创业　　　　　　　　　　　　　　H. 购置学习资料、报相关课程。
I. 电子产品（手机、电脑、手表、单反等）　J. 其他

14. 你或你身边的同学在寻找兼职的过程中发生过被骗的情况吗？　　　（　　）
　　A. 从没有　　　　　　B. 有，但损失不大　　　　　　C. 经常有

15. 你觉得我们需要掌握反恐常识吗？　　　　　　　　　　　　　　　（　　）
　　A. 迫切需要，同时也可以应用到其他紧急事件中
　　B. 一般需要，基本用不上
　　C. 不需要，到时会有警察的
　　D. 从来没考虑过

二、多选题

16. 在你身边，最常见的安全问题是什么？　　　　　　　　　　　　　（　　）
　　A. 财物被盗　　　　　　　　　　　B. 打架斗殴
　　C. 使用违规电器、明火引起火灾　　D. 学生外出游玩突发安全事故
　　E. 校外人员滋事　　　　　　　　　F. 校外人员诈骗
　　D. 其他

17. 你认为下列有关加强学生的校园安全意识的宣传形式中，哪些形式会更加有效？　　　　　　　　　　　　　　　　　　　　　　　　　　　（　　）
　　A. 主题班会　　　　　　　　　　　B. 征文
　　C. 安全教育讲座　　　　　　　　　D. 看反邪教宣传片
　　E. 手抄报　　　　　　　　　　　　F. 宣传单、海报、喷画、横幅
　　G. 广播　　　　　　　　　　　　　H. 安全知识竞赛
　　I. 其他

18. 你认为大学生加入且易陷入传销组织的原因是　　　　　　　　　　（　　）
　　A. 容易接受新事物　　　　　　　　B. 没有社会经验
　　C. 找工作心急　　　　　　　　　　D. 逆反心理强
　　E. 各种网络广告的影响　　　　　　F. 经朋友和亲人的介绍
　　G. 其他

19. 如果发生恐怖分子劫持事件，下列做法中正确的是什么？　　　　　（　　）
　　A. 保持冷静、不要反抗、相信政府
　　B. 不对视、不对话，趴在地上，动作要缓慢
　　C. 注意观察恐怖分子人数、头领，便于事后提供证言
　　D. 奋起与恐怖分子搏斗

20. 你认为你所在学校存在哪些安全隐患？　　　　　　　　　　　　　（　　）

A. 校园火灾 　　　　　　　　　B. 校园交通事故

C. 校园食品安全隐患 　　　　　D. 宿舍人员进出管理隐患

E. 盗窃 　　　　　　　　　　　F. 校外人员的治安管理

G. 触电、坠楼等意外事故 　　　H. 其他

21. 您觉得哪种禁毒宣传教育的形式更好？　　　　　　　　　（　　　）

A. 在学校、单位开展更广泛的禁毒教育

B. 公共场所更多地张贴禁毒的警示标语

C. 邀请知名人士进行公益宣传

D. 制作更多的影视节目

E. 社区的禁毒宣传活动

F. 网络宣传

G. 人群密集的地方开展禁毒咨询、发放宣传资料等

H. 能亲自参与的禁毒志愿者活动

第二节　对大学生安全管理调查结果的分析

一、高职学生安全及管理现状调查结果分析

课题组在云南交通职业技术学院发放了调查表共计1500份，回收1410份。针对高职学生安全教育和心理安全现状进行了调查。本研究采用问卷调查法，以单项选择和多项选择的形式，调查分析高职院校大学生安全认知、安全危机应对方式；对安全问题的态度；以及危机源的认识等情况。通过描述性统计分析，了解云南交通职业技术学院大学生安全问题产生的主要原因，以及其面临安全问题时的主要选择倾向和主要应对方式；同时了解大学生对网贷的态度，对安全问题的常识认知。根据现状特征分析，进一步探究高职院校在校园安全管理、学生人身安全、危机预防等管理及教育工作中的策略与方法。

表2-1　基本情况

类别	性别		专业		年级			是否开设安全教育课	
	男	女	社会科学	自然科学	大一	大二	大三	是	否
数量	301	459	538	222	210	314	236	153	607
占被调查人数 %	39.6%	60.4%	70.8%	29.2%	27.7%	41.3%	31%	20.1%	79.9%

被调查的对象中女生较多,男生较少,社会科学类的学生较多,自然科学类的学生较少,大一到大三的学生都发放了调查表,覆盖的面比较全面,得出的调查结果能够全面地反映在校高职学生安全认知和安全教育情况。根据调查结果显示,开设安全教育课程的学生只有20.1%,有将近80%的学生没有开设安全教育课程,在安全教育方面还有待加强和提高。

表2-2 你经常关注在校期间的安全问题吗?

选项	占被调查人数%
A 经常关注	43.14%
B 偶尔关注	52.94%
C 被动了解过	3.92%
D 从不关注	

由表2-2可知,52.94%的学生只是偶尔关注安全问题,3.92%的学生被动了解,在思想上对安全的重视和认识程度均不足,成为预防安全事故发生的薄弱环节。

表2-3 在校园内财产被盗,你认为最有可能的原因是什么?

选项	占被调查人数%
A 意识淡薄	67.31%
B 宿舍员管理疏忽	5.77%
C 学校安全系统不健全	19.23%
D 其他原因	7.69%

由表2-3可知,67.31%的学生认为安全事故的发生是安全意识淡薄造成的,反映出学校环境相对安全,但是仍然存在管理不到位的现象,19.23%的学生认为安全事故的发生是学校安全系统不健全造成的,安全工作有待进一步改进。

表2-4 如果遇到火灾时,你会怎么做?

选项	占被调查人数%
A 立即报警	9.43%
B 盲目寻找安全出口	1.89%
C 使用正确方法逃离	88.68%
D 坐等救援	

由表2-4可知,88.68%的学生能够使用正确方法逃离火灾现场,9.43%的学生能及时报警,反映出学校每学期的消防演练成果突出,学生具备火灾逃生的基本知识和意识。

表 2-5　你有在宿舍使用过大功率的电器吗?

选项	占被调查人数 %
A 经常使用	1.96%
B 偶尔使用	23.53%
C 不安全、从不使用	74.51%

由表 2-5 可知，在调查中经常使用大功率电器的同学占到 1.96%，偶尔使用的占到 23.53%，认为不安全，从不使用的学生占 74.51%，反映出学校安全教育方面做了大量工作，大部分学生有较强的防火安全意识，但仍然有近 26% 的同学使用大功率电器，防火安全意识较差，从而留下安全隐患。

表 2-6　你了解你们学校的教学楼、宿舍楼的灭火器和逃生通道的位置吗?

选项	占被调查人数 %
A 完全了解	13.46%
B 教学楼了解，宿舍楼不了解	1.92%
C 教学楼不了解，宿舍楼了解	19.23%
D 都了解一部分	61.54%
E 完全不了解	3.85%

由表 2-6 可知，完全了解本校的教学楼、宿舍楼的灭火器和逃生通道的位置的同学仅占 13.46%，教学楼了解，宿舍楼不了解的学生占 1.92%，了解一部分的占到 61.54%，反映出学校安全教育方面的薄弱，大部分学生不了解灭火器和逃生通道位置，在火灾逃生这一环节的工作上有较大的安全隐患和教育薄弱现象。

表 2-7　在校期间，学生团体外出游玩应怎样做?

选项	占被调查人数 %
A 向学校申报同意后方实施	90.74%
B 学校不允许依旧偷偷出去	1.85%
C 从不申报	1.85%
D 未经允许就出去	5.56%

由表 2-7 可知，90.74% 的学生明确团体外出游玩需要报备和申请，但仍然有近 10% 的同学认为可以不经批准偷偷外出，在纪律遵守方面仍然需要加强平时的管理，特别是节假日对学生外出的监控和管理。

表 2-8　你觉得学校的食堂在食品安全问题上做的怎样?

选项	占被调查人数 %
A 很好	11.54%
B 好	13.46%

续表

选项	占被调查人数%
C 一般	65.38%
D 不好	9.62%

由表 2-8 可知，65.38% 的学生认为学校在食品安全问题上做得一般，25% 左右的学生认为做得好和很好，有 9.62% 的学生认为做得不好。学校食堂和食品安全历来是学生争议比较多的地方，但是各个学校在食品安全方面都做了大量的工作，极少见到较大的食品安全事故的发生和报道，反映出学生对食品安全管理工作缺乏一定程度的了解。

表 2-9　当有人上门或在街道上宣传法轮功时，你会怎样做？

选项	占被调查人数%
A 设法报警	38.46%
B 不予理睬	53.85%
C 积极参与	5.77%
D 顺其自然	1.92%

表 2-10　你认为有必要开展反邪教宣传教育吗？

选项	占被调查人数%
A 有	78.85%
B 没有	7.69%
C 无所谓	13.46%

由表 2-9、2-10 可知，面对邪教的宣传和动员，53.85% 的同学能够不予理睬，38.46% 的同学能够设法报警，但是仍然有 5.77% 的同学积极参与，78.85% 的学生赞同开展反邪教教育，反映出在价值多元化的社会环境下，一部分学生对邪教的危害性认识不足，没有树立正确的是非判断标准，需要进一步加强教育和学习，同时也需要辅导员在平时的学习和生活中加以引导和教育。

表 2-11　你知道下面哪个不是毒品？

选项	占被调查人数%
A 鸦片、吗啡、海洛因、可卡因	3.85%
B 香烟、酒精	96.15%
C 甲基苯丙（冰毒）、大麻	

由表 2-11 可知，96.15% 的学生能够正确认识毒品，对毒品有清晰的了解和认识。

表 2-12　你最希望获得哪方面的禁毒信息？

选项	占被调查人数 %
A 毒品知识	16.98%
B 防范毒品的技巧	45.28%
C 吸毒案例和戒毒知识	26.42%
D 毒品大案	9.43%
E 国际国内禁毒斗争形势	1.89%

由表 2-12 可知，在禁毒宣传和教育中，45.28% 的学生最希望获取的信息是防范毒品的技巧，26.42% 的学生最希望获取的信息是吸毒案例和戒毒知识。反映出学生对毒品的危害认识比较清晰，迫切希望能掌握毒品的知识，有效防范毒品和保护自己。

表 2-13　你是否是有过贷款消费？
（包括消费贷款、办理信用卡、分期付款、京东白条、借款宝等）

选项	占被调查人数 %
A 未使用过	94.12%
B 一个月 8 次以上	1.96%
C 一个月 3—5 次	3.92%

由表 2-13 可知，有 94.12% 的学生从未使用过贷款消费，有不到 5% 的学生有使用贷款消费的情况。反映出在学校和家长的努力下，绝大部分学生对校园贷的危害有正确认识，并杜绝这类现象的发生，但仍然有极少部分学生没有形成合理的消费观，还有贷款消费的现象发生。

表 2-14　你觉得我们需要掌握反恐常识吗？

选项	占被调查人数 %
A 迫切需要，同时也可以运用到其他紧急事件中	64.71%
B 一般需要，基本上用不到	27.45%
C 不需要，到时会有警察的	1.96%
D 从来没考虑过	5.28%

由表 2-14 可知，有 64.71% 的学生认为迫切需要掌握反恐常识，27.45% 的学生认为只需要一般掌握反恐常识即可，反映出学生对反恐有正确的认识。

表 2-15　在你身边，最常见的安全问题是什么？

选项	占被调查人数 %
A 财物被盗	20.00%
B 打架斗殴	18.93%

续表

选项	占被调查人数 %
C 使用违规电器，明火引起火灾	15.79%
D 学生外出游玩时突发安全事故	15.29%
E 校外人员滋事	10.53%
F 校外人员诈骗	19.47%
G 其他	2.11%

由表 2-15 可知，在学生身边，最常见的安全问题排名前三的分别是：财物被盗、校外人员诈骗、打架斗殴。反映出学生在平时的校园生活中管理自己的财务的严谨性和细腻性不够，经常发生财物丢失和被盗的现象，需要加强自我管理能力；排名第二的是校外人员诈骗，反映出一些不良人员盯住在校大学生社会经验比较少，容易相信别人，专门对大学生进行诈骗，在校大学生要加强学习和了解，关注国家和社会生活中发生的事情，增强防骗意识和防骗能力；排名第三的是打架斗殴，反映出在校大学生在平时的活动中和生活中容易因为一点小事发生冲突，容易冲动，不能冷静处理冲突和问题，学生打架斗殴屡见不鲜。

表 2-16 你认为下列校园安全意识宣传形式中，哪些形式会更加有效？

选项	占被调查人数 %
A 主题班会	13.37%
B 征文	5.45%
C 安全教育讲座	16.83%
D 看反邪教宣传片	17.82%
E 手抄报	7.92%
F 宣传单、海报、喷画、横幅	14.36%
G 广播	7.43%
H 安全知识竞赛	15.84%
J 其他	0.99%

由表 2-16 可知，17.82% 的学生认为看反邪教宣传片更有效；16.83% 的同学认为安全教育讲座的宣传效果更好，14.36% 的学生认为宣传单、海报、喷画、横幅的宣传效果较好。由此可见，集中学习和环境熏陶的效果对安全意识宣传和教育更为有效。

表 2-17　如果发生恐怖分子劫持事件，下列做法中正确的是什么？

选项	占被调查人数 %
A 保持冷静、不要反抗、相信政府	43.92%
B 不对视、不说话、趴地上、动作缓慢	18.25%
C 注意观察恐怖分子人数、头领，便于事后提供证言	39.68%
D 奋起与恐怖分子搏斗	7.14%

由表 2-17 可知，43.92% 的学生在遇到恐怖分子劫持事件时，选择保持冷静、不要反抗、相信政府；39.68% 的学生选择注意观察恐怖分子人数、头领，便于事后提供证言；大部分学生能够冷静地处理突发性危机事件。

表 2-18　你认为你所在学校存在哪些安全隐患？

选项	占被调查人数 %
A 校园火灾	15.00%
B 校园交通事故	18.25%
C 校园食品安全隐患	39.68%
D 宿舍人员进出管理隐患	7.14%
E 盗窃	22.94%
F 校外人员的治安管理	8.23%
G 触电、坠楼等意外事故	5.88%
H 其他	7.06%

由表 2-18 可知，所在学校存在哪些安全隐患的选项中，39.68% 的学生选择食品安全隐患，22.94% 的学生选择盗窃，18.25% 的学生选择校园交通事故，说明在学生的生活中，食品安全仍然是一个比较大的安全隐患，大部分学生生活在开放集体环境中，对财务的保管缺乏安全的空间和应有的谨慎，导致盗窃事件成为第二大安全隐患；排名第三的是校园交通事故，许多学生在校内的道路上经常低头玩手机或打闹，加上校园内的车辆也相对较多，容易造成交通事故。需要从学校和学生两方面进行努力。

表 2-19　你觉得哪种禁毒宣传教育的形势更好

选项	占被调查人数 %
A 在学校、单位开展广泛的禁毒教育	20.42%
B 公共场所更多地张贴禁毒警示标语	8.90%
C 邀请知名人士进行公益宣传	10.99%
D 制作更多的影视节目	17.28%
E 社区的禁毒宣传活动	8.90%

续表

选项	占被调查人数%
F 网络宣传	10.47%
G 人群密集的地方开展禁毒咨询，发放禁毒资料等	8.90%
H 能亲自参与禁毒志愿者活动	14.14%

由表 2-19 可知，20.42% 的同学赞成在学校、单位开展广泛的禁毒教育，17.28% 的同学赞成用影视作品进行宣传和教育，14.14% 的学生愿意参加志愿者活动，说明学生对禁毒宣传的形式更趋向于实践和宣传。

表 2-20 在下列几个因素中，按对你人生影响作用顺序排列

选项	占被调查人数%
A 自己的性格	27.10%
B 社会现象和影响	24.29%
C 学校的教育和帮助	24.86%
D 父母及家庭的影响	23.73%

由表 2-20 可知，学生对人生影响作用因素顺序排列的结果为：自己的性格、学校的教育和帮助、社会现象和影响、父母及家庭的影响，除个人性格百分比稍高外，其他因素均占差不多的比例。反映出学校教育和社会家庭的教育的三位一体的教育效果，以后在学生的安全教育中可充分发挥三者的作用。

表 2-21 你如何看待频频发生的大学生轻生事件

选项	占被调查人数%
A 可以理解，因为他们的压力过大，也是获得解脱的唯一办法	14.74%
C 不赞同，因为此行为愚蠢，想法过度极端	72.58%
D 无所谓，不关我事，我麻木了	11.54%

由表 2-21 可知，72.58% 的学生对大学生轻生不赞同，认为此行为愚蠢，想法过度极端。反映出大部分学生对珍惜生命，热爱生活。但也有 11.5% 的同学表现出不关我事的麻木和冷漠。这对于和谐社会人际关系构建有不良的影响，有悖于社会主义核心价值观。

表 2-22 你觉得频频轻生背后的原因是什么

选项	占被调查人数%
A 缺少父母朋友的关爱和教育	31.36%
B 自我心理调节能力差	41.53%
C 受外界刺激	27.12%

由表 2-22 可知，学生对大学生轻生原因的分析排在首位的是自我心理调节

能力差,其次是缺少父母朋友的关爱和教育,最后是受外界刺激。说明大学生由于在成长过程中受不良家庭环境和社会环境的影响,抗挫折能力差,不能自我调适,导致轻生。在家庭生活中亲人间的关爱是治愈心理疾病的良药,家庭情感的缺失成为大学生不能健康成长的首要因素。

表 2-23　你有心理压力的时候一般怎样解决

选项	占被调查人数 %
A 向朋友倾诉发泄	23.72%
B 喝酒抽烟来麻痹自己	3.21%
C 听音乐来放松自己	26.28%
D 自我反省,分析压力的来源 自行解决	23.72%
E 向专业人士或老师求助	6.41%
F 去跑步或运动来释放压力	16.67%

由表 2-23 可知,一般大学生面对心理压力时都能找到正确的、健康的疏导方式,采取的方式多数是与老师和同学、朋友交流和倾诉,说明一个和谐的集体对大学生的健康成长有重要的作用,因此,在学校教育中要注重班级班风建设和学生宿舍的文化建设,形成健康的育人环境,培养学生健全的人格。

表 2-24　你觉得下列哪些因素是引起心理危机的主要原因?

选项	占被调查人数 %
A 宿舍人际关系	15.24%
B 家庭矛盾	15.99%
C 恋爱问题	12.64%
D 学习负担	14.66%
E 批评处分	7.81%
F 评优落选	7.06%
G 意外事故	8.92%
H 自己或友人急重病	10.04%
I 家庭经济困难	7.80%
J 其他	2.60%

由表 2-24 可知,引起心理危机的主要原因依次是家庭矛盾、宿舍人际关系、学习负担、恋爱问题、自己或友人急重病、意外事故、家庭经济困难、批评处分、评优落选、其他等,反映出学校学生之间的人际关系对学生的影响比较明显,学生对自我的评价较多依赖同学和老师的评价,体现出学生集体生活的特点。其次是学习压力,毕竟学习的过程是一个不断挑战自我的过程,有压力是必然的;再其次是恋爱问题,具有明显的年龄阶段的特点;最后是家庭经济困难,由于本校学生生源 80% 来自农村,家庭收入不稳定,对学生的学习和生活也产生影响。

第二章 大学生安全管理现状及存在问题分析

表 2-25 你对艾滋病病毒感染者或艾滋病病人的态度是？

选项	占被调查人数 %
A 尊重	29.79%
B 帮助	24.82%
C 同情	21.28%
D 保密	17.02%
E 躲避	2.13%
F 害怕	2.26%
G 活该	
H 厌恶	0.71%

由表 2-25 可知，学生对艾滋病病毒感染者或艾滋病病人的态度依次是尊重、帮助、同情、保密，极少数学生选择躲避、害怕、厌恶，没有人选择活该。反映出学校的防艾宣传和教育工作比较到位，学生 90% 以上对艾滋病和病人有正确的认识。

表 2-26 哪些地方可以检测艾滋病

选项	占被调查人数 %
A 医院	45.00%
B 疾病预防与控制中心	49.00%
C 社区医院	5.00%
D 小诊所	1.00%

由表 2-26 可知，检测艾滋病时 94% 以上的学生选择疾病预防与控制中心、医院，极少有人选择社区医院和小诊所。

表 2-27 下列哪些途径可以感染艾滋病

选项	占被调查人数 %
A 与感染 AIDS/HIV 的人性交	27.71%
B 输入被 AIDS/HIV 污染的血液或血制品	27.71%
C 蚊虫叮咬	13.04%
D 共用马桶	3.80%
E 共用剃须刀	10.87%
F 共用餐具	3.80%
G 共用牙刷	7.87%
H 与艾滋病感染者同池游泳	2.17%

表 2-28　下列哪些途径可以有效地预防艾滋病？

选项	占被调查人数 %
A 正确使用安全套	28.74%
B 艾滋妈妈注射母婴阻断因子	12.57%
C 艾滋妈妈采取剖宫产	5.92%
D 不非法卖血	28.74%
E 不吸食毒品	23.95%

由表 2-27、28 可知，感染艾滋病主要途径的选择，性交和血液传播的选择都是 27.71%，说明学生对艾滋病感染都有正确的认识，对于艾滋病的防治分别有 28.74% 选择正确使用安全套、23.95% 的学生选择不吸食毒品，反映出学校的防艾宣传和教育工作比较到位，学生对如何预防艾滋病都有正确的认知。

表 2-29　如果能贷款消费，你倾向于把钱消费于哪些地方？

选项	占被调查人数 %
A 旅游、聚餐等交际	16.00%
B 买零食	6.29%
C 补给游戏装备、赌博等	3.43%
D 追星	2.86%
E（男/女）朋友花销	5.71%
F 买衣服、化妆品等	14.86%
G 创业	16.75%
H 购置学习资料、报相关课程	16.00%
I 电子表品（手机、电脑、手表、单反等）	10.86%
J 其他	7.43%

由表 2-29 可知，学生由于生活费不多，消费比例占前三的主要是聚餐旅游、购买衣服和化妆品、购买学习资料和学习相关课程。消费第四的是电子产品，反映出大学生对电子产品的依赖程度比较高和对电子产品的关注程度比较高。

表 2-30　你觉得自己应该具备一定的心理承受能力

非常重要	比较重要	一般	不太重要
67.92%	28.30%	3.78%	

由表 2-30 可知，67.92% 的大学生认为自己应该具备一定的心理承受能力，对困难和挫折有清醒的认识并且希望能够有对抗困难和挫折的勇气。

表 2-31 存在心理压力或危机时，你认为求助他人

非常重要	比较重要	一般	不太重要
11.76%	47.06%	27.45%	13.73%

表 2-32 你认为遇到危机时，物质援助

非常重要	比较重要	一般	不太重要
13.46%	40.38%	32.49%	13.67%

表 2-33 对于心理压力或危机来说，利用社会的支持和帮助

非常重要	比较重要	一般	不太重要
9.43%	33.96%	39.62%	16.99%

表 2-34 心理危机时需要专业的精神援助

非常重要	比较重要	一般	不太重要
23.08%	42.69%	30.38%	3.85%

表 2-35 心理压抑或危机时，有人能耐心认真的倾听

非常重要	比较重要	一般	不太重要
50.00%	28.85%	19.23%	1.92%

由表 2-31—35 可知，大学生在面对困难和挫折或者是心理问题时，由于受到自身的生活经历、认知水平、生活环境的影响，并不能完全自我排解压力和解决困难，对外界的帮助抱有很高的期望，希望能从老师、同学、家长等身边的人身上得到帮助，因此，在高校建立心理咨询中心，能够有专业的心理咨询师为学生提供专业的帮助，能有效地帮助大学生获得心理健康，回归阳光心态，完成学业，以后成为对社会有用的人才。另一方面，对于高校辅导员来说，也应该在业务培训时加强对心理学知识的学习，在平时与学生的交流交往中，及时发现学生的心理问题并及时给予疏导和帮助，使学生的心理问题不会郁结成大的心理问题。

二、高职学生心理健康状况调查结果分析

心理危机，是指当个体面临突然或重大的生活逆境时，个体的资源和应付机制无法解决所出现的心理失衡状态。近年来，大学生作为一个特殊的群体，其屡见不鲜的自杀或杀人报道引起了社会各方的高度重视。大学生的身心不成熟性决定了其是心理危机的高危群体，会遇到学业、就业、恋爱、结婚等方面的危机心理。承受能力较差的人，在危机发生时，就可能产生心灵扭曲、行为怪异，导致认知、情感、意志和行为上的"错位"，甚至可以诱发具有内、外两种指向性的"破坏性行为"或"破坏性行为倾向"。对内指向是个体对自身的破坏，如自杀、自残、自虐等；对外指向是个体对他人的破坏，如"马加爵事件""刘海洋伤熊

事件"等。自杀或杀人只是一些极端的现象，但日益频发的心理危机对大学生的身心发展产生了严重的冲击，开展对大学生心理危机干预的研究成为高校学生安全教育管理的一个重要课题。

本研究采用问卷调查法，以单项选择和多项选择的形式，调查分析高职院校大学生心理危机源、心理危机应对方式；对生命的态度；以及艾滋病的认识等情况。通过描述性统计分析，了解云南交通职业技术学院大学生心理危机源的主要因素（事件），以及其面临心理危机时的主要选择倾向和主要应对方式；同时了解大学生对珍爱生命的态度，对预防艾滋病的常识认知。根据现状特征分析，进一步探究高职院校在学生心理危机、生命安全、艾滋病预防等管理及教育工作中的策略与方法。

（一）被调查学生基本情况

通过对原始数据和资料的整理，得到了951名交职院大学生的基本资料，具体情况见下表。

表 2-36　被调查学生基本信息总体情况（N=951）

人口学变量	信息分类	人数（人）	百分比（%）
性别	男	478	50.26
	女	437	49.74

表 2-36 显示，被调查的高职院校大学生男女比例基本均衡，说明此次调查取样维持了男、女平衡的原则，对于后续以人口学因素为自变量的差异分析，具有极其重要的意义。

（二）交职院大学生心理危机源分析

1. 心理危机源主观判断

通过多项选择的方式，调查高职院校对心理危机源的主观判断，进而分析出大学生认为能引发心理危机和困扰的主要因素或事件，各选项百分比如下表 2-37 所示：

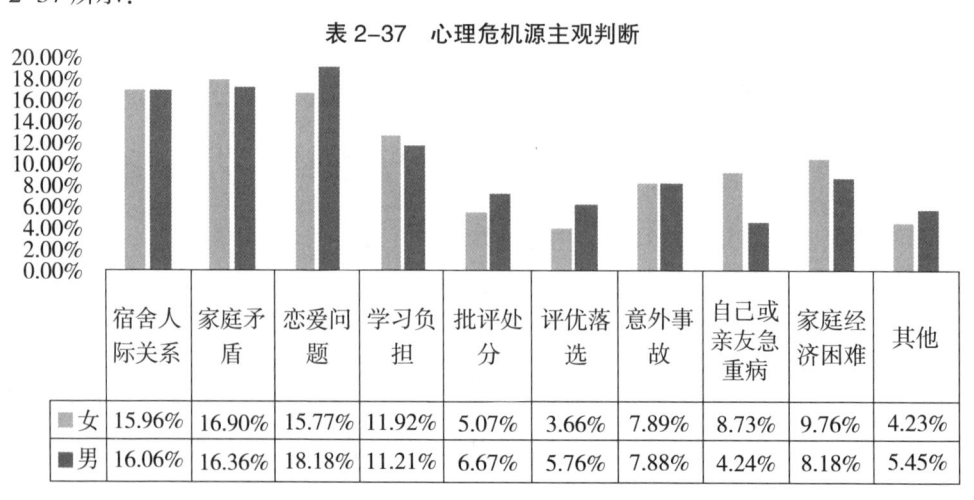

表 2-37　心理危机源主观判断

	宿舍人际关系	家庭矛盾	恋爱问题	学习负担	批评处分	评优落选	意外事故	自己或亲友急重病	家庭经济困难	其他
女	15.96%	16.90%	15.77%	11.92%	5.07%	3.66%	7.89%	8.73%	9.76%	4.23%
男	16.06%	16.36%	18.18%	11.21%	6.67%	5.76%	7.88%	4.24%	8.18%	5.45%

由表 2-37 可看出，无论男生还是女生，高职院校的大学生认为，最能够引发心理危机或困扰的事件依次是：宿舍关系、家庭矛盾、恋爱问题、学习负担，这四个因素在学生心理危机源主观判断中表现突出。而这四个因素中，宿舍关系、恋爱问题、家庭矛盾均属于人际关系因素，可见对于高职院校的大学生来说，人家关系问题是引发心理危机的主要因素。

2. 具体心理危机源分析

（1）人际关系

对男生、女生进行分类，分别求出不同性别在人际关系的五个问题上的百分比，通过百分比的图表呈现，如表 2-38 所示，分析学生人际关系问题中哪些是引发学生心理困扰和危机的主要原因事件，进而探究心理危机源的人际关系问题成分。

表 2-38 人际关系分析

	男 在日常生活中时常被人误解或错怪	女 在日常生活中时常被人误解或错怪	男 在最近一年内时常受人歧视冷遇	女 在最近一年内时常受人歧视冷遇	男 容易与同学或好友发生纠纷	女 容易与同学或好友发生纠纷	男 最近一年恋爱不顺利或失恋	女 最近一年恋爱不顺利或失恋	男 与老师关系紧张，害怕或回避与老师交流	女 与老师关系紧张，害怕或回避与老师交流
极为严重	12.29%	5.50%	5.46%	3.80%	5.78%	3.80%	7.02%	4.35%	2.96%	5.21%
严重	13.97%	17.50%	13.11%	5.69%	11.56%	8.25%	9.94%	13.04%	8.28%	8.53%
中度	26.25%	30.00%	20.76%	18.96%	19.08%	14.56%	18.71%	14.00%	18.93%	20.85%
轻度	37.64%	40.00%	24.59%	28.44%	27.75%	39.32%	21.05%	15.46%	21.89%	20.38%
没有	12.85%	7.00%	36.06%	43.13%	35.84%	33.98%	43.27%	53.14%	47.92%	45.02%

由表 2-38 可得，在被人误解、受人歧视、同学矛盾、恋爱不顺、师生关系紧张五个人际关系问题上，高职院校学生主要的心理危机源集中在"日常生活中常被人误解或错怪"，被调查的 900 多名学生中，有 37.64% 的男生和 40.00% 的女生都认为有轻度的现实情况存在；而从其余的四个人际关系问题来看，学生们并不认为它们是严重的，甚至认为不存在这样的情况。可以看出，日常人际关系中的"被误解、被错怪"以及"不被信任"是造成高职院校学生的心理困扰、心理危机主要因素之一。

（2）健康适应

分别求出不同性别在健康适应四个问题上的百分比，通过百分比的图表呈现，如表 2-39 所示，分析学生健康适应问题中引发心理困扰及危机的主要事件和因素，进而探究心理危机源的健康适应问题成分。

表 2-39　健康适应分析

	女 最近一年生活习惯改变	男 最近一年生活习惯改变	女 最近一年本人或亲友患急重病	男 最近一年本人或亲友患急重病	女 最近一年遇到意外事故或意外恐吓	男 最近一年遇到意外事故或意外恐吓	女 最近一年亲友死亡	男 最近一年亲友死亡
■极为严重	4.39%	5.95%	2.84%	5.56%	5.29%	4.55%		6.00%
■严重	7.80%	17.86%	17.06%	13.33%	5.76%	7.95%	11.00%	4.00%
■中度	40.49%	27.98%	16.59%	20.56%	18.27%	11.93%	12.92%	14.00%
■轻度	28.29%	28.57%	19.90%	13.84%	15.87%	18.18%	11.48%	11.50%
■没有	19.02%	19.64%	43.60%	46.67%	54.81%	57.39%	60.28%	64.50%

由表 2-39 可得，在"生活习惯""本人病重""意外事故""亲友病重"等四个健康适应特征上，高职院校学生的心理危机源主要集中在"生活习惯改变"方面，在被调查学生中，有 40.49% 的女生和 27.98% 的男生表示最近因生活习惯改变而受到中度困扰，另有 28.29% 的女生和 28.57% 的男生也因生活习惯改变而受到轻度困扰。从其他三个特征的百分比分析来看，并没有成为高职院校学生主要的心理困扰和危机源，只有少部分的学生可能因近期遇到了类似的事件和情况，造成了其心理困扰。可以看出，"病重、意外事故、亲友病重"等偶然事件并不会造成学生的心理困扰，也表明这类事件极少引起学生心理危机；而"生活习惯"的改变、适应却是学生心理困扰和危机的突出原因。

（3）"丧失感"

"丧失感"特征包括"丢面子""评选落空"两个相关事件，分别求出男、女生在这两个问题上的百分比，通过对百分比的比较分析，探究在"丧失感"特征上，哪些因素是引发学生心理困惑和危机的主要事件。百分比分析如下表 2-40 所示：

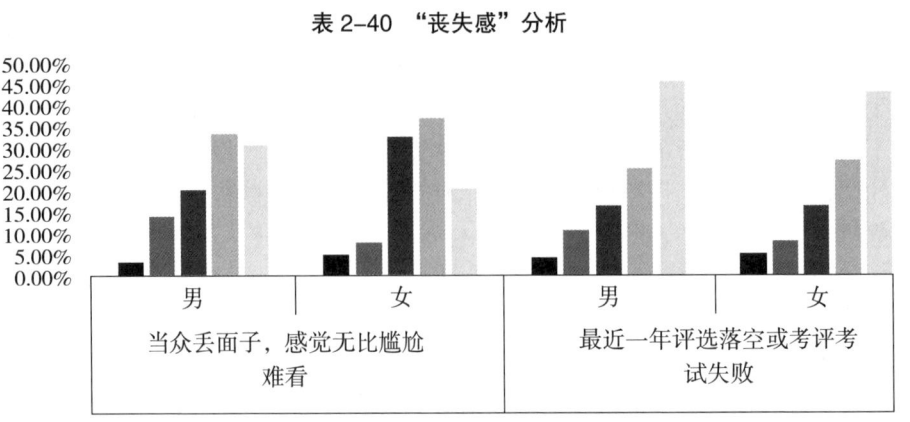

表 2-40　"丧失感"分析

■极为严重	3.33%	4.27%	3.49%	5.16%
■严重	13.33%	7.11%	10.46%	7.98%
■中度	20.00%	32.23%	16.28%	16.43%
轻度	32.78%	36.49%	24.42%	27.23%
没有	30.00%	19.91%	45.35%	43.19%

由表2-40得出，高职院校学生认为"丢面子、尴尬难看"事件对其有轻度或中度困扰和影响，有32.78%的男生和36.49%的女生表示有轻度困扰，有20%的男生和32.23%的女生则表示有中度困扰；而"评选落空、考证失败"等事件并没有给大多数学生造成困扰。可以看出，高职院校学生在日常学习生活中，"丢面子，当场尴尬、难看"等有失自尊的事件会引发其心理困扰和危机。

（4）家庭因素

分别查看男、女生在家庭困难或家庭矛盾中的选项百分比，分析家庭负面因素是否会引起学生心理困扰和危机，百分比图表如表2-41：

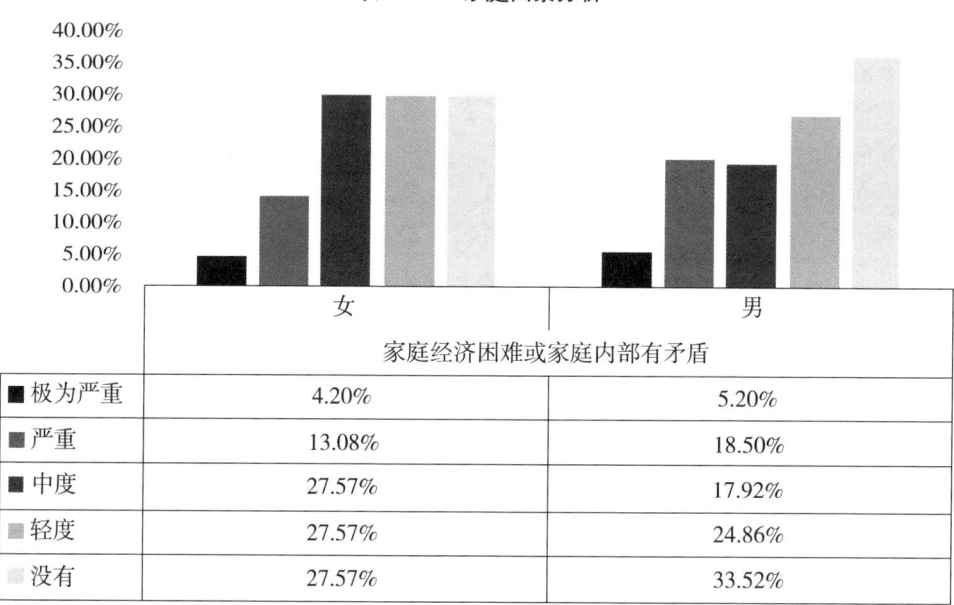

表2-41 家庭因素分析

	女	男
■极为严重	4.20%	5.20%
■严重	13.08%	18.50%
■中度	27.57%	17.92%
■轻度	27.57%	24.86%
没有	27.57%	33.52%

由表2-41可看出，相对男生而言，女生对家庭困难、家庭矛盾等家庭负面问题更加关注，同时家庭负面因素给女生造成心理困扰更深刻，27.57%的女生认为有中度影响，而男生只有17.92%认为有中度影响，33.52%的男生都认为没有影响。可以看出，高职院校学生中，因家庭负面因素引发心理困惑甚至心理危机的女生群体居多。

（三）高职院校大学生心理危机应对特征分析

1. 个体应对方式选择特征

采用多项选择的方式，调查学生面对心理危机和困惑时，通常会采取哪些方式进行应对。男女生在选择应对方式上略微表现出差异，具体分析如下表2-42：

表2-42 危机应对主观判断

	向朋友倾诉发泄	喝酒抽烟来麻痹自己	听音乐来放松自己	自我反省，分析压力的来源，自行解决	向专业人士或老师求助	去跑步或进行运动来释放压力
女	21.93%	4.36%	23.65%	21.80%	8.59%	19.68%
男	20.00%	9.82%	24.21%	16.84%	10.88%	18.25%

由表2-42可以看出，高职院校的学生面对心理危机和困惑时，依次选择的应对方式是："听音乐""向朋友倾诉""自我反省自行解决""跑步释放"。即大多数学生首先都是采取"自助"，然后才会"求助他人"。

2. 应对特征分析

（1）自助

对"自助"方式的五个单选问题进行百分比描述性分析，并对男、女生在"自助"方式上的选择进行比较，具体如下表2-43：

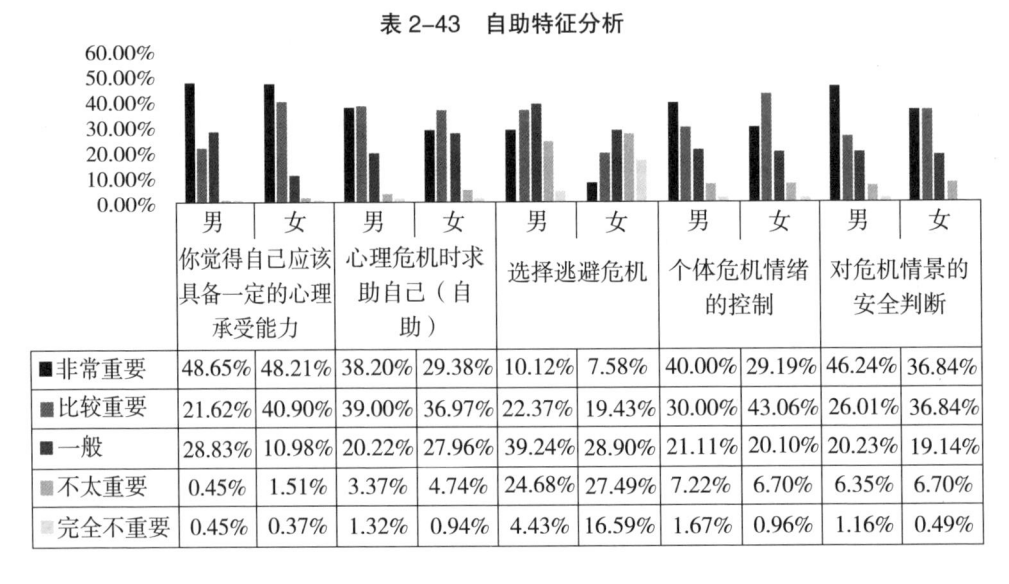

表2-43 自助特征分析

	男 你觉得自己应该具备一定的心理承受能力	女	男 心理危机时求助自己（自助）	女	男 选择逃避危机	女	男 个体危机情绪的控制	女	男 对危机情景的安全判断	女
非常重要	48.65%	48.21%	38.20%	29.38%	10.12%	7.58%	40.00%	29.19%	46.24%	36.84%
比较重要	21.62%	40.90%	39.00%	36.97%	22.37%	19.43%	30.00%	43.06%	26.01%	36.84%
一般	28.83%	10.98%	20.22%	27.96%	39.24%	28.90%	21.11%	20.10%	20.23%	19.14%
不太重要	0.45%	1.51%	3.37%	4.74%	24.68%	27.49%	7.22%	6.70%	6.35%	6.70%
完全不重要	0.45%	0.37%	1.32%	0.94%	4.43%	16.59%	1.67%	0.96%	1.16%	0.49%

第二章　大学生安全管理现状及存在问题分析

由表 2-43 可得，在"自助"方式上，大学生认为重要的特征依次是："一定的心理承受能力""对安全的判断""情绪控制"；而认为"逃避危机"不太重要或一般重要。可以看出，高职院校大学生在心理危机"自助"方式上，大多都能选择理性正确的应对方式，只有少部分会选择回避或逃避。

（2）求助他人（他助）

对"他助"方式的三个单选问题进行百分比描述性分析，并对男生、女生在"他助"方式上的选择进行比较，具体如下表 2-44：

表 2-44　求助他人特征分析

	男 存在心理压力或危机时，你认为求助他人	女	男 心理压抑或危机时，有人能耐心认真地倾听	女	男 有人能设身处地理解自己的境况	女
非常重要	16.56%	16.42%	30.06%	36.36%	19.77%	22.07%
比较重要	38.85%	39.80%	39.08%	34.45%	38.95%	41.78%
一般	39.49%	37.31%	25.43%	22.01%	31.40%	23.84%
不太重要	4.46%	4.98%	4.02%	6.22%	6.98%	11.74%
完全不重要	0.64%	1.49%	1.15%	0.96%	2.91%	0.47%

由表 2-44 可得，在"他助"方式上，大学生认为求助他人、有人倾听、理解很重要。无论男、女绝大部分学生尤其认为有人"倾听"很重要。可见，在大学生心理危机"他助"方式上，我们应该考虑给予耐心的倾听和设身处地的理解。

（3）社会支持

对"社会支持"的五个单选问题进行百分比描述性分析，并对男生、女生在社会支持方式上的选择进行比较，具体如下表 2-45：

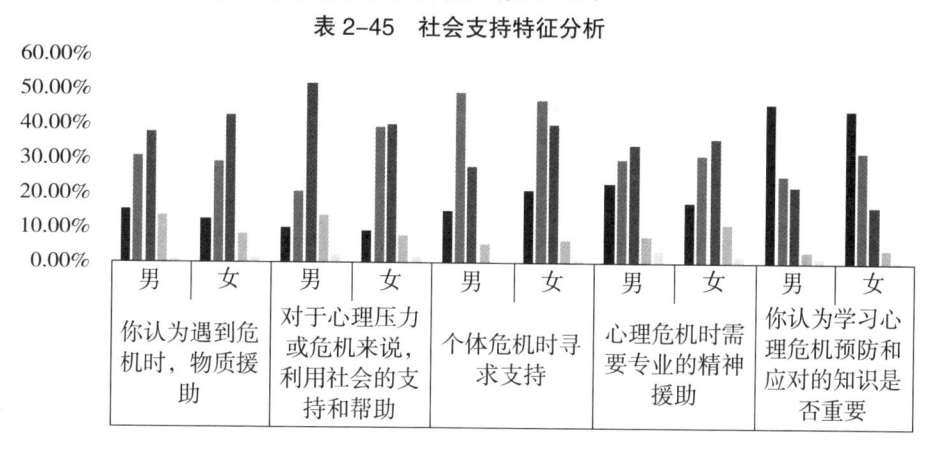

表 2-45　社会支持特征分析

043

非常重要	15.88%	12.68%	10.30%	9.17%	15.38%	21.70%	23.46%	18.00%	47.31%	45.28%
比较重要	31.33%	30.15%	20.99%	40.37%	50.55%	48.11%	30.73%	31.75%	25.81%	32.55%
一般	38.20%	43.41%	53.05%	40.83%	28.57%	22.64%	34.64%	36.49%	22.58%	16.98%
不太重要	13.74%	8.29%	13.74%	8.26%	5.49%	6.60%	7.82%	11.37%	3.23%	4.25%
完全不重要	0.85%	1.46%	1.90%	1.38%	0.00%	0.94%	3.35%	2.37%	1.08%	0.94%

由表 2-45 可看出，大多数学生认为，面临危机时寻求社会支持、利用社会帮助很重要，同时，学习心理危机预防知识和方法也很重要。而对社会支持的方式，是物质支持还是精神支持，学生们并未表现出突出的选择倾向。

（四）高职院校大学生对生命认识的分析

1. 对生命的主观态度分析

采用单项选择方式对大学生生命态度进行调查，对男女生的选项进行分类分析，如下表 2-46 所示：

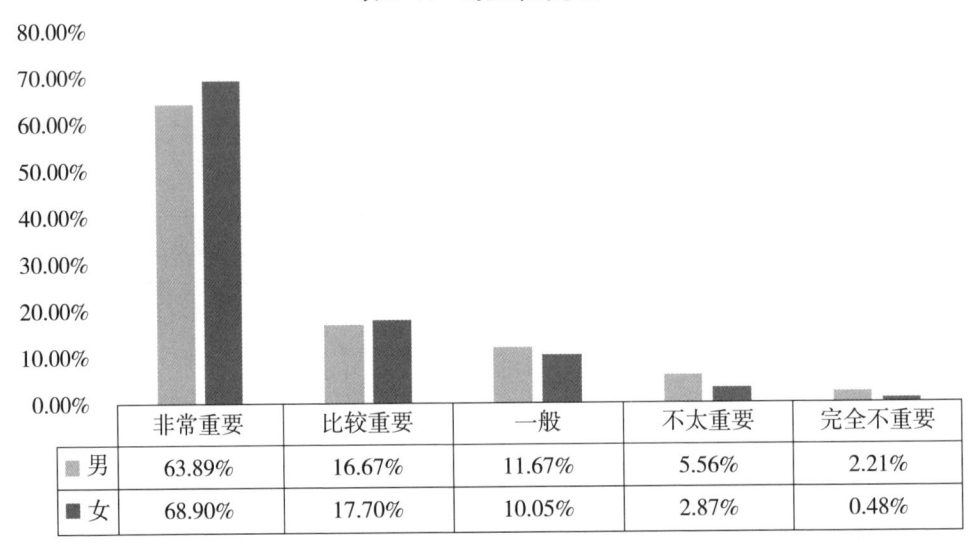

表 2-46 对生命的态度

	非常重要	比较重要	一般	不太重要	完全不重要
男	63.89%	16.67%	11.67%	5.56%	2.21%
女	68.90%	17.70%	10.05%	2.87%	0.48%

由表 2-46 可得，高职院校大学生绝大多数认为珍爱生命是非常重要的，男生有 63.89%、女生有 68.90% 均认为生命是非常重要的。当然从图表中不难看出，仍有 2.21% 的男生认为生命完全不重要，从男生、女生各选项的对比也可以看出，"不重要"趋势上，男生的百分比高于女生，而"重要"趋势上，男生的百分比反而低于女生，说明男生对真爱生命的态度并没有女生深刻。

2. 对轻生问题的认识分析

（1）对轻生问题的态度

运用多项选择的方式，调查大学生面对轻生事例的看法和态度，并对男生、女生进行分类比较，得出不同性别对轻生问题的态度百分比，具体如下表 2-47 所示：

表 2-47 对轻生问题的态度

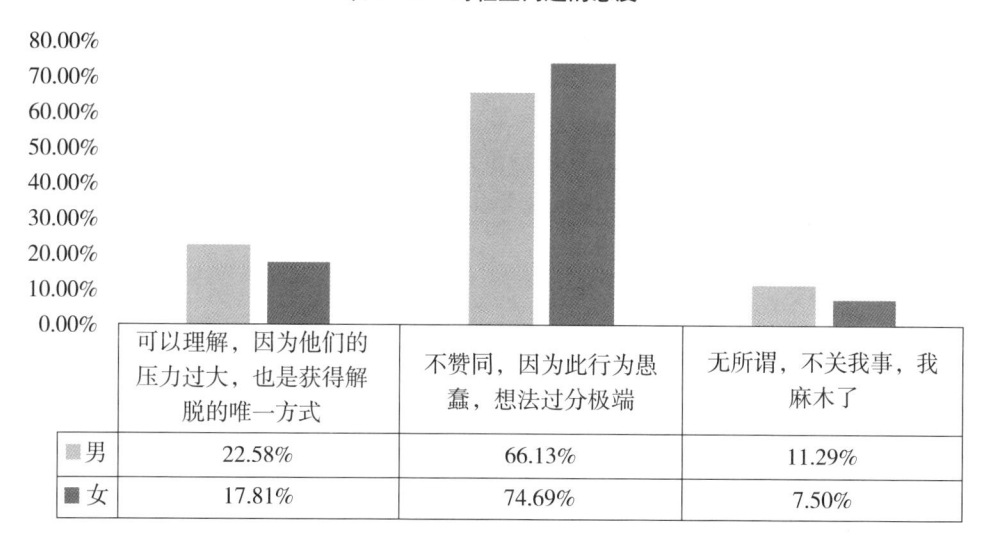

	可以理解，因为他们的压力过大，也是获得解脱的唯一方式	不赞同，因为此行为愚蠢，想法过分极端	无所谓，不关我事，我麻木了
男	22.58%	66.13%	11.29%
女	17.81%	74.69%	7.50%

由表 2-47 可得，有 66.13% 的男生和 74.69% 的女生均不赞同轻生行为，说明绝大部分学生并不认同轻生的举动，也不会选择轻生这样的极端行为。当然，对比第一个选项"可以理解"来看，22.58% 的男生认为该行为是可以理解的，只有 17.81% 的女生认为"可以理解"，结合上述生命态度分析来看，男生对生命态度的重视不够深刻，以及对轻生行为的"理解"，应该引起高职院校对男生生命安全教育的重视。

（2）认为轻生的原因

运用多项选择的方式，调查大学生轻生行为的原因，并对男生、女生进行分类比较，得出不同性别对轻生原因认识的百分比，具体如下表 2-48 所示：

表 2-48 认为轻重的原因

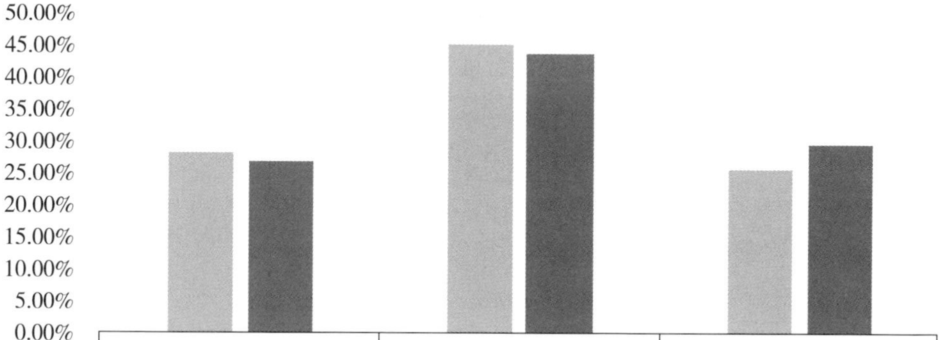

	缺少父母、学校的关爱和教育	自我心理调节能力差	受外界刺激
男	28.43%	45.69%	25.89%
女	26.82%	43.39%	29.80%

由表 2-48 可以看出，男生 45.69%、女生 43.39% 均选择第二个选项，即大多数学生认为轻生的主要原因是自我心理调节能力差，没有及时调节好负面情绪和问题；而选择"缺乏各方面的教育与关爱"的男生多于女生，为 28.43%，认为"受外界刺激"的女生要多于男生，为 29.80%。可以看出，高职院校大学生面对轻生问题，更加看重的是自身的心理调节能力，因此，在生命安全教育工作中可以考虑加强对学生心理调节能力的教育和培养。

（五）对艾滋病的认识分析

1. 对预防艾滋的主观态度分析

采用单项选择方式对大学生艾滋病预防态度进行调查，对男生、女生的选项进行分类分析，如下表 2-49 所示：

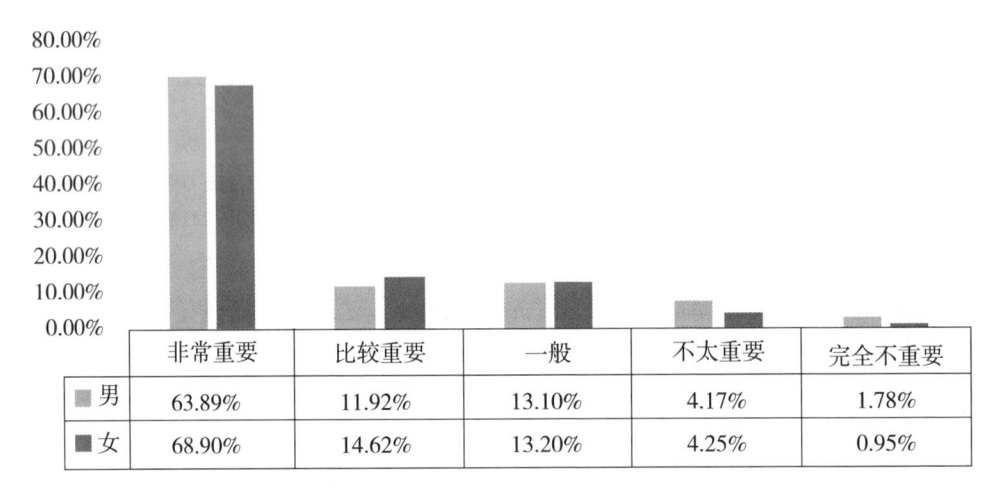

表 2-49　对预防艾滋病的态度

	非常重要	比较重要	一般	不太重要	完全不重要
男	63.89%	11.92%	13.10%	4.17%	1.78%
女	68.90%	14.62%	13.20%	4.25%	0.95%

由表 2-49 可看出，高职院校大学生对艾滋病的预防绝大多数认为非常重要，男生为 69.05%，女生为 66.98%，女生的百分比高于男生；当然也有 1.78% 的男生认为完全不重要，对艾滋病的预防态度表现出极为散漫、无所谓的态度。在学校艾滋病的预防教育工作中可以考虑专门针对男生的教育，以加强其自我保护意识。

2. 关于艾滋常识的认识

（1）检测方法的认识

第二章　大学生安全管理现状及存在问题分析

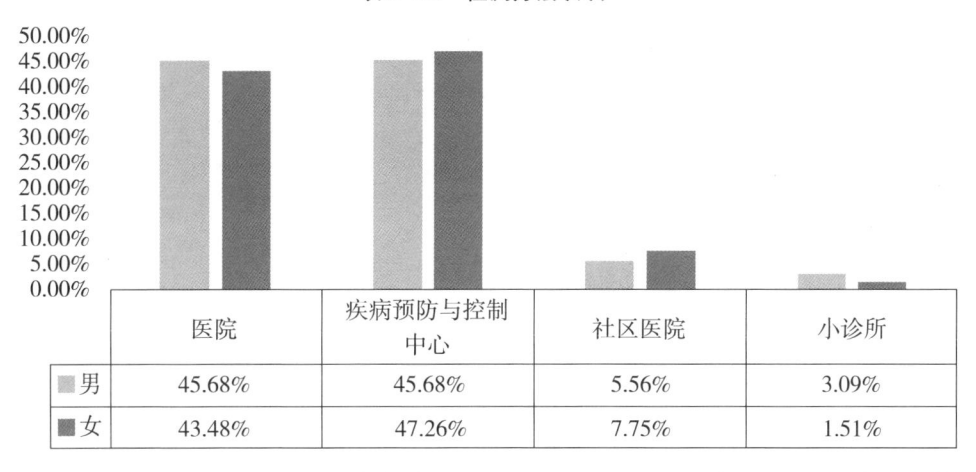

表 2-50　检测方法认识

	医院	疾病预防与控制中心	社区医院	小诊所
男	45.68%	45.68%	5.56%	3.09%
女	43.48%	47.26%	7.75%	1.51%

从表 2-50 可以看出，绝大部分学生主要认识到的检测方法是到医院和疾控中心进行检测，只有极少部分学生认为到小诊所就可以进行检测，说明大多数学生了解、认识到了正确的检测方法。

（2）传染途径的认识

表 2-51　传染途径

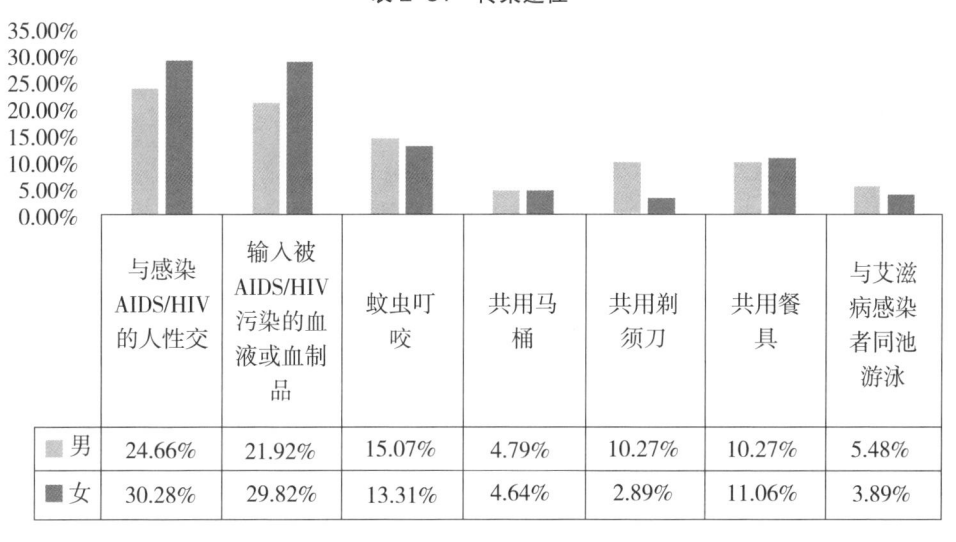

	与感染AIDS/HIV的人性交	输入被AIDS/HIV污染的血液或血制品	蚊虫叮咬	共用马桶	共用剃须刀	共用餐具	与艾滋病感染者同池游泳
男	24.66%	21.92%	15.07%	4.79%	10.27%	10.27%	5.48%
女	30.28%	29.82%	13.31%	4.64%	2.89%	11.06%	3.89%

从表 2-51 中的百分比可以看出，绝大多数学生能正确认识艾滋病的传染途径，但仍有一些学生认为蚊虫叮咬、共用马桶、剃须刀、餐具、游泳等不会传染艾滋病，说明对艾滋病的日常传染途径学生还有认识不清的情况，需要加强宣传和教育。

（3）预防措施的认识

表 2-52　预防措施

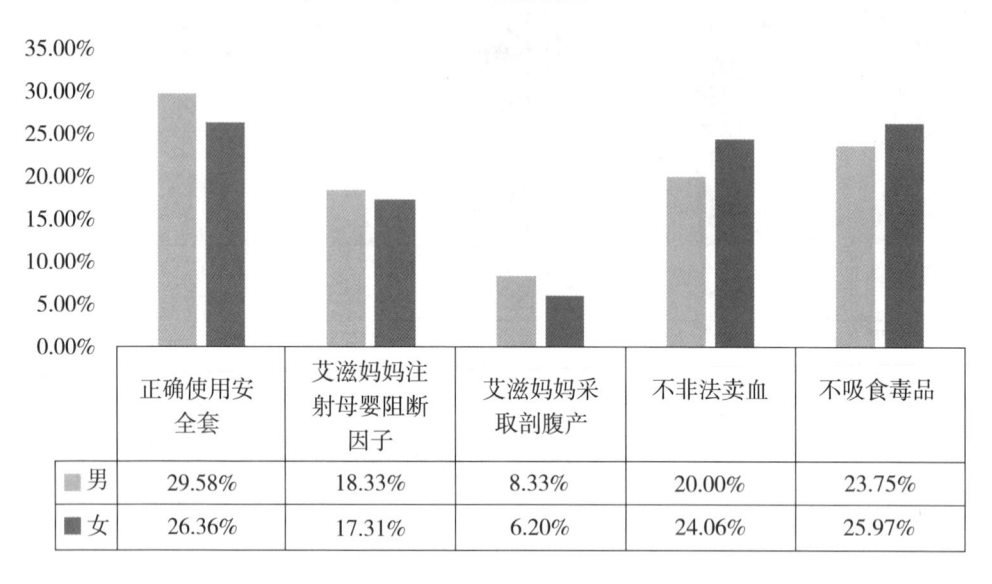

	正确使用安全套	艾滋妈妈注射母婴阻断因子	艾滋妈妈采取剖腹产	不非法卖血	不吸食毒品
男	29.58%	18.33%	8.33%	20.00%	23.75%
女	26.36%	17.31%	6.20%	24.06%	25.97%

由表 2-52 可以看出，高职院校学生基本了解和认识到了预防艾滋病的几种方法，只是对于"艾滋妈妈采取剖腹产"认识还不够明确和清楚，在教育过程中可以进一步加强教育和宣传，增加学生的预防知识，增强自我保护意识。

（六）结论

1. 高职院校大学生主要面临的心理危机源。

根据心理危机源主观判断及各类因素百分比分析得到，高职院校大学生主要面临的心理危机源首先是人际关系问题，包括宿舍人际关系、恋爱问题和家庭关系矛盾；其次是健康适应，包括生活习惯的改变、适应问题，以及患病等；而考试落榜、评优落选等"丧失感"，以及家庭经济等因素引起心理危机的比例不大。

2. 高职院校大学生主要选择的心理危机应对方式。

根据心理危机应对主观选择及各类方式百分比分析得到，高职院校大学生在面对心理困扰或危机时，首先选择的是"自助"方式，包括听音乐、自我情绪控制、自我心理调节能力培养等方法，其次会选择"求助他人"，尤其看中别人对自己倾诉的倾听和理解，最后才会选择社会支持，且对于社会支持的具体方式并没有表现出具体要求。

3. 高职院校大学生对生命的态度。

通过分析学生对珍爱生命的态度、对轻生问题的认识，得出绝大多数高职院校大学生对生命持有珍惜、尊重的态度，对轻生行为也有着相对正确的认识和了解。但相对女生群体而言，男生群体对生命的态度和认识还不够深刻。

4. 高职院校大学生对艾滋病认识及预防。

通过分析学生对艾滋病的检测方法、传染途径、预防措施等方面的认识，得出高职院校大学生对艾滋病的危害及预防认识相对清楚和深刻，但在艾滋病的日常传染途径及预防措施方面，认识还不够全面和清晰。

第三节　大学生安全管理存在的突出问题

一、人身和财产安全问题

1. 治安管理疏漏造成的财产安全和人身安全问题。

（1）由于治安管理疏漏造成的大学生财产安全问题主要有盗窃、抢劫、诈骗、非法传销等。

盗窃是指用不合法的手段秘密地盗取他人钱物的行为。作案者行事隐秘，不希望被他人发现，盗窃直接损害大学生的财产安全。盗窃犯罪是高校中常见的一种犯罪行为。目前发生在我国高校的盗窃案可分为外盗、内盗和内外勾结盗窃3种类型。①外盗。指校外人员进入高校校园内实施的盗窃行为。当前大部分高校都实行开放式管理。随着高校对外交流的日益广泛，进入校园的外来人员越来越多。校外盗窃分子往往利用学校管理上的漏洞，冒充学校人员，以找人、推销等为名进入宿舍园区和教学科研楼宇，盗取学校资产或师生财物。这类人员一般是团伙作案，有比较专业的作案工具和作案手法，所涉案件案值较高，案件侦破难度较大。②内盗。指校内人员（包括学校的学生、教职员工及其家属、临时工、合同工等）在学校内部偷盗公私财物的行为。根据有关资料统计，在高校发生的盗窃案件中，内盗案件就占一半以上。作案分子往往利用自己熟悉盗窃目标有关情况的长处，寻找最佳作案时机，因而易于得手。这类案件具有隐蔽性和伪装性，极易引起高校内部矛盾。③内外勾结盗窃。指学校内部人员与校外社会人员相互勾结，在高校校园内实施的盗窃行为。现实中，往往是由校内人员提供情报信息，真正进入现场作案的则是外部人员。这类案件的盗窃主体中，内部人员社会交往关系比较复杂，与外部人员都有一定的利害关系，通常形成盗、运、销一条龙团伙作案。

抢劫是指使用暴力胁迫或其他方法，强行劫取公私财物的行为。为了达到非法占有他人财物的目的，抢劫者在实施抢劫过程中，有时还伤害财物所有人或保管人的人身安全，因此，抢劫对被抢劫者的财物乃至人身安全具有较大的危害性。大学抢劫案件是指以非法占有为目的，以大学生为侵害目标，使用暴力、胁迫或其他的方法强行劫取财物的行为。抢夺，则是以非法占有为目的、乘人不备公然夺取大学生财物的行为。大学生涉世不深，缺乏社会经验以及被抢劫后大多数不敢反抗，往往成为犯罪分子选择的对象。这两类案件在一定情况下往往容易转化为凶杀、伤害、强奸等恶性案件，对被害人造成精神伤害，甚至危及生命安全，严重影响大学生正常的学习和生活，具有更大的危害性。广大同学只有充分认识其危害性，不断提高自我保护能力，才能有效地防止人身伤害和财产损失，才能在遇到危险时采取恰当的防范措施，减少不必要的伤害。

诈骗是指用虚构事实或隐瞒真相的手法，获得公私财物的行为。是大学生财物遭受侵害的主要形式之一。由于大学生涉世不深，思想单纯，易于感情用事，社会经验不足，缺乏防范意识，诈骗分子往往把诈骗的目标瞄准年轻的大学生。目前大部分高校在校园安全管理上面都会采用监控视频、定期巡逻等方式，在思想教育方面也进行了相应的安全教育及提醒，但是随着办学规模的扩大及校园面积的扩张，校园安保工作中的监控及管理还存在着盲区、存在着漏洞，在一些关键的区域监控视频布控不到位，致使安保人员调动不及时，让不法分子有机可乘。

非法传销是指组织者或经营者发展人员，以被发展人员直接或者间接发展的人员数量或者销售业绩为依据计算和给付报酬，或者要求被发展人员以缴纳一定费用为条件取得加入资格等方式牟取非法利益，扰乱经济秩序，影响社会稳定的行为。非法传销具有两个明显特征：一是传销的商品价格严重背离商品本身的实际价值，有的传销商品根本没有任何使用价值，服务项目纯属虚构；二是参加人员所获得的收益并非来源于销售产品或服务等所得的合理利润，而是他人加入时所交纳的费用。其表现形式有三种："拉人头""骗取入门费""团队计酬"。他们与国（境）外的"老鼠会""金字塔欺诈"如出一辙，实际上就是一种使组织者等少数人聚敛钱财，使绝大多数加入者沦为受害者的欺诈活动。参与者所交纳的费用完全被不法分子非法占有或支付上线的收益。多数不法分子仅将参与者交纳的费用的一小部分用于维持非法活动运作，大部分早已转入个人账户，一旦难以为继或败露，就准备携款潜逃。

（2）因治安管理疏忽导致的大学生人身安全问题有学生纠纷、打架斗殴、酗酒闹事、性侵害等问题。

大学生纠纷和打架斗殴的直接导火索常常是因为在公众场所的偶然摩擦处理不当所致，但究其根本，应归结为大学生个体的心理原因，如虚荣心理、报复心理、空虚心理、从众心理、人格障碍等。常因不拘小节、不尊重别人、开玩笑过分，或刻意地挖苦别人，猜疑、妒忌他人，不谦虚，目中无人，极端利己，不容他人，狂妄自大，争强好胜等，首先引起争吵斗嘴，互相攻击、谩骂，其次由谩骂发展为推搡，最后大打出手。两种形式联系紧密，以口角开始，以打架、甚至造成伤害告终。还有其他一些形式，如写恐吓信，背后进行造谣、污蔑。

性侵害是指违背当事人一方意志的性行为。它严重侵犯了受害人的人身权利，极大地损害了受害人的身心健康。性侵害的对象有女生，也有男生。高校女大学生是预防性侵害的重点。这是因为，女大学生正当青春年华，又是高密度聚集的特殊群体。尽管多数女大学生政治坚定、作风正派、奋发读书，但她们毕竟进入了青春期，正处在谈恋爱、交朋友阶段。爱美之心，人皆有之。她们有的长相漂亮，打扮入时；有的懦弱文静，无自卫能力；也有个别人精神空虚，寻求刺激；意志薄弱，难拒诱惑；作风轻浮，致使性失足。女大学生这些特点和弱点，恰是不法分子进行性侵害选择对象时的重点。

暴力式性侵害。指不法分子以暴力手段或以凶器相威胁，对女大学生实施性侵害。采取暴力式性侵害的方式多数是社会上的不法分子。有的直接以强奸为目的，有的以抢劫、盗窃为目的，在抢劫、盗窃过程中，见有机可乘，随即实施强奸，进而演变成暴力式性侵害。也有的是因恋爱破裂或单相思，走向极端，以性施暴等。暴力式性侵害往往遭到女性的强烈反抗或担心暴露极易演变为凶杀。因此，暴力式性侵害对女大学生的危害最大。

胁迫式性侵害。性侵害者一方大都是强者，往往以其特殊的身份、手中的权力、经济上的控制，或拿女大学生的隐私进行要挟，迫使侵害对象就范。

诱骗式性侵害。一些心术不正之徒，往往把性猎取的目标锁定在女大学生身上，他们先冠以谦谦君子，把真正企图掩盖起来，而后或以金钱引诱，或以交朋友谈恋爱相处，或以安排工作相许，或以娱乐相邀，设法投其所好，女大学生一旦失去警惕上钩，不法之徒便会撕下伪装，实施性侵害。

社交式性侵害。由于开放办学，大学生的社会活动越来越多，一些女大学生缺乏社会经验，交友不慎，结识一些社会不良人员时，有可能遭到性侵害；利用节假日、社会实践等机会勤工助学，承揽服务性工作（导游陪游、家庭陪聊、陪酒、坐台等），有时也可能跌入性陷阱；当涉足歌厅、舞厅、酒吧、咖啡屋等场所时，也可能遭到性侵害。

流氓滋扰式性侵害。往往是社会上的流氓混入校园，用下流的语言，用推、拉、撞、摸等下流的动作，或用暴露生殖器官等下流行为，或窥视女大学生洗澡、解手等进行流氓滋扰。当女大学生孤立无援时，便可能发展成为暴力式性侵害。

拐卖是指不法分子以出卖为目的，利用欺骗、利诱等方法，使被侵害人轻信后，置其于控制下，而后卖掉赚钱的行为。大学生作为高智商的人群，被拐卖的问题却屡屡发生。究其原因，有的是因为想找个好工作，轻信人贩子能给自己安排一份好工作的许诺上当被拐卖；有的是因缺乏生活常识，失去警惕喝了人贩子下有迷魂药的饮料，在不清醒状态下被拐卖；有的因交朋友上当被拐卖；有的因想占便宜，轻信人贩子丰厚利益许诺被拐卖等。在被拐卖的大学生中，有本科生，也有研究生，确实发人深省。

2.理化生实验，体育运动过程中也会出现意外伤害。

（1）理化生实验中引发意外伤害。

在理化生实验中实验仪器、试剂种类复杂,电器、热源、腐蚀、易燃、爆炸等不安全因素甚多,在实验中稍有不慎,极易发生意外伤害,如中毒、烧伤、烫伤、割伤、灼伤、触电等,造成严重后果。实验室里经常要装配和拆卸玻璃仪器装置,如果操作不当往往会造成割伤;高温加热可能造成烫伤或烧伤;因接触各类化学药品容易造成化学灼伤等。

(2)体育运动中引起的意外伤害。

大学生在体育运动过程中,各类体育伤害事故时有出现,给学生及其家庭带来很大伤害的同时,也给学校造成了极大的压力和沉重的负担。体育运动是学校教育的重要组成部分,它的基本任务就是增进学生身心健康、增强体质、强化体能,而它的开展与实施则主要是通过学校体育课和学校内的体育运动会。由于我国目前学生升学、就业在很大程度上都受到应试教育理念的影响,加上学生参与体育活动积极性不高,使得很多学校、家长甚至部分教师对体育都不重视,导致现在学生身体素质越来越差。同时由于体育的运动性、对抗性决定了它具有较高的意外伤害事件发生的风险性,而且高校体育的实施对象是大学生,由于社会原因造成其中绝大多数是独生子女,一旦出了体育伤害事故就会引起学生和家长对体育锻炼的抵触,也给学校体育工作者带来了负面影响和冲击。学生在体育活动中,因活动保护不当造成的意外伤害,轻则挫伤、擦伤、关节损伤、肌肉拉伤,重则造成骨折、呼吸紊乱、休克甚至丧失生命。

3. 高校学生饮食、住宿、交通方面存在的安全隐患。

(1)校园食品安全问题直接影响到大学生的身体健康与生命安全。

校园可以说是人口最为密集的地方之一,也是最容易出现食品安全事件的地方,学校食品安全关系到广大师生的身心健康,关系社会的和谐与稳定,关系国家和民族的未来。近年来,随着我国教育事业的快速发展,教育投入不断加大,学校食堂无论从硬件改造还是软件建设都有了显著进步,食品安全管理水平正在稳步提高。但由于我国经济社会发展不均衡,部分学校食堂安全风险意识不强,管理制度不健全,责任落实不到位,食品安全事件仍有发生。

学生对食品安全的重视不够,自我保护意识差。一些学校又忽视了对学生食品安全的教育,不少经营者受利益的驱动,向学生销售不达卫生标准的劣质食品。加上很多学校内部的超市属于承包经营,经营者及学校管理者盲目追求利益,对食品安全不够重视,使校园食品安全越来越成为一个不容回避的问题,成了流通环节食品安全监督的难题。

(2)高校学生住宿安全关系学生人身与财产安全。

学生宿舍作为学校最基层的管理单元,是除课堂之外,大学生日常生活与学习的最重要的场所。学生宿舍安全关系到学生人身和财产安全,关系到学校正常的教学和生活秩序,关系到学校和社会的稳定。随着高等院校后勤管理社会化的不断深化,学生人数的逐年增加,学生宿舍安全管理工作难度加大,学生宿舍已成为学校安全事故的多发地。

大学生在宿舍防盗意识淡薄、警惕性低，手机、钱包等贵重物品经常随手乱放，出入宿舍经常不锁门，或者为了贪图方便把钥匙放在门框、窗框等地方，这给不法分子创造了机会，使宿舍内财物盗窃案件时有发生。

人多物杂，通道狭窄，加之现在电脑比较普及，宿舍电脑多，造成电源线、网线杂乱，很多学生把电源线直接拉到铁架床上使用，一旦发生漏电，后果十分严重。学校为了不让学生在休息时间继续玩电脑便停止供应宿舍用电，但保留走廊和卫生间的供电，于是有学生为了继续上网玩电脑，便从卫生间灯头处私接电源线，存在较大的安全隐患。学生宿舍依然存在违规使用大功率电器的现象，特别是冬天天气冷，热水供应不足，一些学生就私自购买热得快来使用；电吹风已然成为难以定性的电器，南方天气潮湿，学生常用电吹风吹干衣服，然而使用之后还在发烫的电吹风，学生便随手丢在床上，存在较大的隐患。不良的用电习惯：出门上课，电脑不关机、不断电；很多学生在宿舍用手机充电器充电完成后，只将手机端拔出，手机充电器则每天24小时不拔出，一旦有质量不过关的充电器出现短路现象后果将不堪设想。

学生在宿舍抽烟的现象越来越多，烟头在宿舍地板上随处可见，很多学生没有树立较强的消防安全意识和养成良好的处置烟头的习惯，经常随手扔烟头，这种不良习惯给学生宿舍造成了较大的安全隐患。

近年来，高等院校学生因醉酒引发的各类案件居高不下，因醉酒引发的校园安全事件在各类事件中比例最高，而且呈逐年增高的趋势。

非法组织渗透到学生宿舍，如非法传销利用兼职、毕业生就业等名义引诱学生上当受骗；基础设施陈旧导致的安全隐患等。

（3）高校学生交通出行存在的问题。

校园内发生交通事故的主要原因是思想麻痹和安全意识淡薄，许多大学生刚刚离开父母和家庭，缺乏社会生活经验，头脑里交通安全意识比较淡薄，同时有的同学在思想上还存在校园内骑车和行走肯定比公路上安全的错误认识，一旦遇到意外，发生交通事故就在所难免。校园内发生交通事故的主要形式有以下几种：①注意力不集中。这是最主要的形式，表现为行人在走路时边走路边看书边听音乐，或者左顾右盼、心不在焉。②在路上进行球类活动。大学生精力旺盛、活泼好动，即使在路上行走也是蹦蹦跳跳、嬉戏打闹，甚至有时还在路上进行球类活动，更是增加了发生事故的概率。③骑"飞车"。一般高校校园面积都比较大，宿舍与教室、图书馆等之间的距离比较远，所以许多大学生购买了自行车，课间或下课时骑自行车在人海中穿行是大学的一道风景线。但部分学生骑车技术也实在"高超"，居然能把自行车骑得与汽车比快慢，殊不知就此埋下了祸根。

校园外常见的交通事故：①行走时发生交通事故。大学生余暇空闲时购物、观光、访友要到市区活动，这些地方车流量大，行人多，各种交通标志眼花缭乱，与校园相比交通状况更加复杂，若缺乏通行经验发生交通事故的概率很高。②乘坐交通工具时发生交通事故。大学生离校、返校，外出旅游、社会实践，寻找工作等都要乘坐各种长途或短途的交通工具。全国各地高校大学生因乘坐交通工具发生交通事故的情况时有发生，有时甚至造成群体性伤亡，教训十分惨重。

三、心理健康问题

相关链接

时代"空心病"

"我原来还站在一个极其不稳定、随时有可能四分五裂的小岛上，但是至少心里知道我在什么地方。现在是已经知道了，自己原来的地方是不对的。但我就变成了在茫茫大海上漂泊，看不到陆地，时不时感到恐惧。"这是一位专业能力和性格都非常优秀的同学，在一次尝试自杀未遂后写下的感受。又有一位同学这样描述自己的世界，"我的世界是一个充满迷雾的草坪，草坪上有井，但不知道在何处，所以有可能走着路就不小心掉进去了，在漆黑的井底我摔断了腿拼命地喊，我觉得我完全没有自我，这一切好难"。

他们共同的特点是：我不知道我是谁，我不知道我到哪儿去了，我的自我在哪里，我觉得我从来没有来过这个世界，我过去19年、20多年的日子都好像是为别人在活着，我不知道自己是要成为什么样的人，我的内心是空的，是没有灵魂的。这样的状况会让我想到一个词，叫作"空心病"。

"空心病"是一个比较形象的说法，也许我可以把它姑且称为"价值观缺陷所致心理障碍。"主要表现大概有这么几点：

1. 从症状上来讲它可能是符合抑郁症诊断的。它会表现为情绪低落，兴趣减退，快感缺乏。但是和典型抑郁症不同的是，所有这些症状表现并不非常严重和突出，所以外表上看起来可能跟其他同学或其他大多数人并没有差别。

2. 他们会有强烈的孤独感和无意义感。这种孤独感来自好像跟这个世界和周围的人并没有真正的联系，所有的联系都变得非常虚幻；更重要的是他们不知道为什么要活着，他们也不知道活着的价值和意义是什么。他们取得了非常优秀的成绩和成就，这些成就似乎是一种瘾，一种毒品。他们似乎很多时候都是为了获得成就感而努力地生活、学习和工作。但是当他发现所有那些东西都得到的时候，内心还是空荡荡，就有了强烈的无意义感。

3. 通常人际关系是良好的。他们非常在意别人对自己的看法，需要维系在他人眼里良好的自我形象，需要成为一个好孩子、好学生、好丈夫、好妻子。但似乎所有这一切都是为了别人而做的，因此做得非常辛苦，也疲惫不堪。

4. 对生物治疗不敏感，甚至无效。我们有很多案例，在国内最好的精神专科医院治疗，用了所有的药物，甚至用了电休克治疗，一次、两次、三次，但是都没有效果，也就是说看起来生物因素并不是导致他们问题的主要因素。

5. 有强烈的自杀意念。这种自杀意念并不是因为现实中的困难、痛苦和挫折，用他们的话来讲就是"我不是那么想要去死，但是我不知道我为什么还要活着。我完全不知道我活着的价值和意义是什么，每天的生活如同行尸走肉，如果是这样，还不如早点结束。"所以他们倾向于不用那么痛苦和惨烈的方式来结束自己，比如烧炭、自缢、服药。

6. 通常这些来访者出现这样的问题已经不是一两天。可能从初中、高中，甚至更早就开始有这样的迷茫，可能他之前已经有过尝试自杀的行为。

7. 传统心理治疗疗效不佳。他们的问题大概不是通过改变负性认知就可以解决的。

《2016年度大学生心理健康调查报告》发布结果显示：15%的大学生认为自己经常有心理方面的困扰，76%的大学生认为自己偶尔有心理方面的困扰，仅9%的大学生表示自己没有心理方面的困扰。

根据国家疾病预防控制中心的调查结果显示，我国大学生有16%—25.4%存在心理问题，其中有2.5%属于严重心理问题。大学生心理问题呈多样化的趋势，其中，有强迫症倾向的占47.59%，有人际关系敏感倾向的占42.86%，有抑郁倾向的占42.86%，有焦虑倾向的占32.65%，有睡眠及饮食障碍的占30.61%。这些心理问题如果任其发展下去，必然会造成大学生社会适应能力的减弱，进而引发学习问题、情绪障碍、人际关系不良、情感处理不当，甚至择业困难等深层次的问题。

同时，中国大学生自杀现象越来越普遍，高校在校学生自杀人数在逐年上升，据专业人士分析，在我国15—24岁的人群死亡原因中，自杀位居第一，尤其高校最为明显，可见心理健康（心理健康指一种持续良好的心理状态，在这种状态下，个体的认识活动、情感反应、意志活动都是积极的，调控能力也是正常的、适当的，且能充分发挥其身心的潜能）对大学生尤为重要，而正确看待大学生的心理健康问题也对高校安全管理工作尤为重要。

1. 大学生常见的心理健康问题。

（1）环境适应问题。

适应环境是心理健康的重要标志之一。对于大部分刚刚走进大学校园的新生，他们面临的是陌生的校园环境，与中学时候有较大差异的管理模式，对于他们而言，生活上依靠父母、学习上依赖老师的习惯不再适合大学的生活，面临的很多问题都要依靠自己独立解决，因此给大学生的学习和生活带来不同程度的影响。值得注意的是，当这种影响超出一定的限度时可能会给大学生带来心理健康问题，比如忧郁、失眠多梦、注意力不集中、食欲不振等，严重的话可能会导致神经衰弱，甚至自暴自弃、辍学。还有一种情况是难以适应学习条件及学习方法的变化，少部分同学会表现出自卑、产生嫉妒心理，更有甚者会产生攻击性。

（2）人际关系问题。

在中学阶段的主要任务是学习，而这种情况可能会造成有些学生较为封闭，但是进入大学后，大学的同学来自五湖四海，人与人之间的地域差异、性格差异普遍存在，由于思想观念、个性特点、利益角色等方面的差异，大学生人际交往的标准呈现出多样化的特点，需要大学生根据不同的交往对象改变自己的交往态度和交往方式。面对和以前学习、生活截然相反的新的交往群体，很多大学生处理不好与老师的关系，与同学的关系，与舍友的关系，与异性的关系，表现出很多的不适应，从而有相当数量的大学生出现人际孤独、人际敏感、人际冲突、社交恐惧等问题，这都严重影响着大学生良好人际关系的建立。

（3）情感情绪问题。

大学生的情感情绪问题主要是恋爱和性心理问题。由于大学生恋爱人数急剧上升，特别是低年级学生参与人数增多。大学生的性生理虽然已完全成熟，性意识也不断增强，对两性关系有探讨和尝试的愿望，如果不能理性和科学地处理"性"的困惑，就会产生烦恼失眠，焦虑压抑、情感情绪不稳定等问题，严重者导致精神异常，言行失控，甚至发生犯罪现象。

（4）学业问题。

大学生的任务之一就是学习，而环境与地位的变化给大学生们带来了不少心理负担。一部分学生进入大学后，除了学习自己的专业课，还自学一些社会需要的其他课程，再加上辅修专业的学习，他们处于超负荷运转中，长期处于紧张的临战状态，压力大，学习效果不佳。因此，神经紧张、考试怯场等多种焦虑并发症就相继出现。还有一些学生在中学阶段学习成绩优异，是老师和家长眼中的天之骄子，但是进入大学之后学习成绩落后，由此可能出现焦虑、嫉妒等心理。

（5）就业、择业问题。

就业、择业问题不仅仅是就业压力，还包括专业选择、生涯发展、求职技巧、就业心态等方面的问题。考入大学，大部分学生都希望在毕业的时候找到一份令人满意的工作，但近年来，毕业大学生数量激增，出现大学生就业难等现象，这往往会引发学生产生失落、不安、彷徨和焦虑等情绪。

1.由家庭结构导致的心理健康问题。

不同的家庭结构、不同的经历，对大学生的日常生活和学习将会带来不一样的影响：

（1）单亲家庭大学生的心理健康问题。

近年来，高校单亲大学生的比重逐年上升，由于单亲大学生经历了家庭变故，使得他们在成长中出现了或多或少的心理问题，具体表现在以下几个方面：

① 自卑。

在单亲家庭长大的学生，由于缺少父亲或母亲的爱，心理难免会形成消极的心理暗示，常常对自己与客观社会环境缺乏正确的认知与评价，不能理性地看待自己的出身，总觉得自不如人，低人一等，无论做什么事情都极不自信，对自我肯定得少，否定得多，轻视自我的心理倾向强，长期如此就形成了严重的自卑心理，而这也是单亲大学生其他心理问题的根源。

② 敏感、多疑。

在单亲的家庭模式下，亲子关系的失衡，学生安全感缺失，总是处在一种本能的防卫状态。对于他人的话语、劝告不能正确理解，甚至是误解，怀疑别人是在针对他们。由于长年累月的浸润，已经累积到了无法与老师、同学倾诉的境地，更别说寻求帮助了，有极少数的同学会跟老师蜻蜓点水一般地说一下自己家的情况，但希望老师为其保密，不愿意让其他人知晓。因此他们对于身边的人和事都特别敏感、多疑，缺少信任感，经常使自己的情绪陷入无端的紧张、恐惧和猜忌中，对周围的人和事情抱怀疑态度，一定程度上导致了人际交往困局。

③ 自闭，社交意识差。

由于缺少幸福感和受到自卑心理的影响，单亲大学生把自己封闭在自己的圈子中，闭锁自己的内心，不愿与人交流，很少将心事说给人听，自我封闭。如果遇上不顺心的事情往往独自一个人面对，不愿与人交往，也没有可以交流的朋友，不参加集体活动，不能很好与周围同学打成一片，不能与大家形成良好的互帮互助关系，将自己封锁在自己的世界里，不与外界交流。

④ 心理承受能力差。

单亲家庭长大的孩子心理承受力差是一个比较普遍的现象。他们过早地经历了生活的艰难并感觉到现实的残酷，脆弱的心理防线使他们经受不了任何的打击，心理承受能力差，遇到点困难就会觉得天要塌下来了，觉得自己很难克服过去，这都是由于从小缺失父母双方的爱和呵护导致的。有烦恼自我压抑，不能积极寻求办法来解决问题。同时，因为从小缺少关爱，他们不知道如何去关爱别人，不知道怎么去换位思考。由于父母离异或缺失，从小孩子的心理受到一定的打击，他们对自己面临的不利或困难的境遇常常处于逃避状态，面对压力和挫折经常承受不住，消极对待，无法正确处理面对的压力和事情，甚至对压力采取不理会、不处理的态度，有着严重的趋避心理，有时会想要通过有害的途径来逃避，如酗酒、轻生等。

⑤ 没有树立正确的爱情观。

恋爱是许多学生大学生活重要的一部分，大学生因为感情问题殉情自杀、对他人造成人身伤害的事件屡见不鲜。单亲家庭的孩子有很大一部分对爱情缺乏责任感，总是抱着试试、玩玩的心态，觉得相处没有新鲜感了就去寻找下一个目标，这样往往伤害另一方；还有就是走向人生的另一个极端，要求对方时刻都要在自己的视线之下，忠于自己。缺乏安全感，缺乏自信，最终也会让另一方主动放弃，或是酿成悲剧。

⑥对学习缺乏兴趣。

单亲家庭的大学生进入大学后，出现了明显的注意力不能集中在课程学习上、自我控制能力差的情况。没有明确的奋斗目标，思想懈怠和迷茫，对未来的发展缺乏认知，不能积极主动地学习和提升自身能力。由于大学教学安排与紧张的高中生活截然不同，有了较多的自由支配的时间，但部分自我约束力较差的单亲大学生选择看小说、打游戏等，对学业的荒废全然不知，到检验学习效果的时候方才发现脑中空无一物。

单亲家庭，尤其是离异家庭，会出现联系不上家长，或可以联系上孩子的法定监护人，却又重新组建家庭。这些家长由于种种原因不能很好地处理孩子成绩下滑的情况，比如说亲生父母的一方严格教育，但是另一方由于对对方的憎恶而唱反调，甚至口头当面答应会教育孩子好好学习，实际上根本不闻不问，使家长在大学生成长过程中的教育管理上大打折扣。

⑦感情冷漠。

他们生活与成长于不完整的家庭之中，父母关系不好，亲子关系不睦，成长中受到的关心与关爱不够，导致他们对人淡漠，同情心较为缺失。当别人需要帮助之时，求助于他们之时，他们却常常袖手旁观，冷眼看待别人的困境，无动于衷。更有甚者，不仅不及时伸出援助之手，反而雪上加霜，落井下石。

⑧焦虑。

他们亲眼看见了父母关系剑拔弩张，相互攻讦，互不相容，而自己倍感无助、孤独，无形中学到了人与人之间的相互攻击、讨价还价、人际间火药味浓烈。因此，对人与人之间的正常交往缺乏自信心，焦虑感强，缺少必要的安全感。他们细腻敏感的人格特质和生理、心理上的"弱势"，使他们容易杞人忧天，经常会为一些琐事无端地烦恼和忧虑。

⑨叛逆。

由于在家庭中缺少足够的关爱，在大学"朋友圈"中接受度相对较低，易成为其他学生嘲讽与欺凌的对象。他们为了重拾自尊，重塑自信心，树立自我的尊严，常常在言行上刻意地表现出与众不同，有时甚至喜欢"顶牛角，对着干"，以显示自身的存在价值；为了吸引同学们的注意力与关注度，他们常常采取打架、斗殴等不良方式；为了引起家长的关心、老师的关爱，他们常常采取与家长、老师相悖的方式。

（2）有过留守经历大学生的心理健康问题。

曾经的父母缺位、情感缺失的留守经历影响着大学生的学习和生活。这类特殊的大学生群体虽然存在一些积极的特质，如：较强的独立性、能吃苦耐劳、有自控能力等，但是所具有的某些消极的特质会严重影响到他们的健康成长。与其他没有留守经历的大学生相比较，他们的心理问题更为突出，主要表现在以下几个方面：

①情绪消极、自我评价不高。

处于青年期的有留守经历的大学生存在自我评价低、情绪不稳定、心理发展不平衡等心理特点。有留守经历的大学生情绪的消极表现为：沉默寡言，对周围的一切不太感兴趣；情绪不稳定、容易被激怒；焦虑，遇到重大生活事件时，出现紧张不安，不能坦然、平静、平常心面对，如：考试前夜失眠，竞赛中不能发挥正常的水平，比较敏感多疑，呆板不灵活等情绪方面的问题，会导致人的认知范围狭窄，学习效率以及自控力也会跟着下降，更甚者使其行为失去理智，严重影响着大学生的健康成长。

②与人相处的困扰，对待人际关系和周围事物敏感性强，喜欢新鲜事物。

由于这类大学生在成长过程中，思想上缺乏正面的引导，加上隔代教育的弊端，使得他们在性格上大都沉默内向，不善与人交流沟通，语言表达也有所欠缺，容易对人、事产生误解，虽然对新鲜事物表现出兴趣，但是较少能积极主动地去争取。

③不善于向外界表达自己的感受，自尊心更容易受挫。

有留守经历的大学生内心十分渴望与别人交流，但是因为性格内向、语言表达能力比较差、人际交往的技巧欠缺等方面的原因，致使人际交往不尽如人意，很少有成功的经验，人际交流不顺畅，由此常常会体验到孤独感、不安全感，有困惑迷茫、情感淡漠等消极的情绪。久而久之，他们的人际交流圈子越来越小，越来越窄，对周围的人、事、物会变得越来越冷漠。加之这类大学生因其几乎都是农民工子女，多数家庭经济情况不佳，又由于我国经济发展的不均衡，加之小学和中学教育的功利化——成绩作为唯一的衡量指标，"留守儿童"进入大学后，面对城市生活的丰富多彩，自己和同学之间的差距，他们常常为自身感到沮丧，以致自尊心更容易受挫。

④易怒、易躁、易冲动。

"留守儿童"大学生因其童年时期父母呵护角色的缺失，当自己情绪需要宣泄时，没有人教给他们合理的方法以及提供稳定的宣泄渠道，导致了他们情绪不稳定时不能及时地找到合适的方法排解舒缓，造成了易怒、易躁、易冲动的性格特点。

⑤情感生活的困扰，以自我为中心。

"留守儿童"大学生的家庭体验与一般同龄人不同。他们对于家庭完整的幸福感体验较少，情感长期处于被忽视状态，因此一旦进入恋爱阶段，会觉得犹如久旱逢甘露一般滋润。另一方面由于自身焦虑严重，对周围事物的敏感性强，对恋爱关系的正常起伏与波动十分在意，他们在面对恋爱关系中的各种心理冲击时，会显得难以应对。

相关调查结果显示：有留守经历的大学生比一般大学生的主观幸福感明显低，心理韧性更差，所以有留守经历的大学生心理症状检出率也更高。其显著相关的变量有儿童期留守时间的长短、家庭支持、应对问题的方式等。他们的人际敏感度、精神质项目的得分明显高于非留守经历的大学生。性格的内向或外向程度得分则更低于一般大学生。

大学生的心理正处于从不成熟到逐渐成熟的一个阶段，受不同因素的影响，容易产生各种心理健康问题，目前，高校大学生心理健康形势日益严峻，因心理障碍等问题所引发大学生心理疾病的现象不一而足，这些情绪使大学生心理健康出现了前所未有的矛盾与问题，引发种种不良的心理状态，造成因心理问题发生的恶性事件不断增多，在一定程度上影响校园的和谐稳定，不利于高校安全管理工作的开展。

拓展窗口

5·25大学生心理健康日

每年的5月25日是全国大学生心理健康日，"5·25"的谐音即为"我爱我"，提醒大学生"珍惜生命，关爱自己"。核心内容是：关爱自我，了解自我，接纳自己，关注自己的心理健康和心灵成长，提高自身心理素质，进而爱别人、爱社会。

2000年首届大学生心理健康日围绕主题，提出了自己的口号："我爱我，给心理一片晴空！"

2001年第二届活动的主题确定为改善人际沟通能力，口号是："我爱我，创造一个良好的人际空间。"

2002年的第三届活动主题围绕"自我"方面展开，口号是："我爱我，了解我自己。"

2003年的第四届活动针对"非典"，以危机干预为主题，口号是："我爱我，危机、理性、成长。"

2004年的活动主题为大学生的社会化，和人际关系问题，口号是："我爱我，走出心灵孤岛。"这一年的5·25是一个值得纪念的日子，团中央和教育部将这一天定为"全国大学生心理健康节"。

2005年第六届5·25心理健康节围绕大学生生涯规划的问题，主题是："我爱我，放飞理想、规划人生。"

2006年的主题是："我爱我，快乐自在我心，健康、自信的心理。"让我们尽情体验快乐的感觉。

2007年的主题是"人际交往与师生互助",口号为:"我爱我,用心交往,构建和谐。"

2008年的主题是:"和谐心灵绿色奥运。"

2009年第十届大学生心理健康节主题是:"直面压力,放飞理想。"

2010年的主题是:"和谐心灵,健康成才。"

2011年的主题是:"共建幸福校园,共享快乐生活。"

2012年的主题是:"寻找我·拥抱我。"

2013年的主题是:"中国梦·校园情·快乐心。"

2014年的主题是:"中国梦,成才梦。"

2015年的主题是:"爱我、爱他、爱社会。"

2016年的主题是:"阳光心态,共享生活"

第四节 大学生安全管理问题形成原因分析

一、由于高校自身管理过程中出现疏漏,引发大学生群体性安全事件的管理类问题

近年来,伴随着我国高校招生政策的变化,我国高校办学规模出现不断壮大和招生数量不断增加的趋势,许多省份高校采取了合并或者多校区办学的新型模式,高校校区和人数急剧扩大,这对高校的教学、管理工作提出了更高的要求。由于社会经济发展和国际环境的变化,导致高校面临的内外部环境变得比以前更加复杂且多样化,旧的高校管理理念、管理方式、管理方法已经不能适应快速增长的大学生人数规模和大学生成长发展的社会需求,造成了大学内部发展的不平衡性,出现了许多新问题,并有可能侵害到高校大学生的群体利益,当这种伤害积累超出了大学生群体的承受程度时,他们的情感、情绪、态度就会通过某种激烈的途径、方式彻底爆发出来。高校扩招使高校大学生人数迅速增加造成了学校硬件、软件资源的不足和稀缺,管理出现漏洞,这是引发高校大学生群体性事件发生的内部因素之一。同时高校各种校内外利益关系的调整,以及高校管理工作的某些疏漏,校园民主沟通渠道不够顺畅,这些都容易诱发高校大学生群体性事件。

第一,高校的教师和管理人员紧缺,造成管理的漏洞。我国一些高校尤其是一些高职、高专和民办院校的教师、管理人员,特别是班主任、辅导员力量配备明显不足,不能及时沟通、了解、掌握高校大学生的现实想法和所面临的问题,难以十分有效地开展针对高校大学生的思想政治教育工作、校园文化活动工作、

心理辅导工作、贫困生工作、党团工作等，长此以往将会使高校大学生遇到的矛盾、问题持续积累，造成应该能及早解决的小矛盾、小问题逐步演化成大矛盾、大问题，最后导致高校大学生群体性事件的发生。

第二，由于我国高校大学生在校人数的不断增加，许多大学交通、宿舍、食堂、公共场所变得拥挤不堪，高校大学生所需要的公共资源十分紧张。许多基础设施、设备老化，更新慢，教室、图书馆、实验基地、训练场地、食堂、宿舍和浴室等配备明显不足，这些问题容易使高校大学生在校园生活、学习中产生摩擦，造成矛盾，因此会因为使用公共资源发生高校大学生群体性事件。

第三，高校管理理念、制度、手段落后。伴随着我国高教体制的变化，大学旧的管理体制已经逐渐不能适应时代需要，新的管理体制还不完善，没有对新时期下高校的发展起到有效的规范性作用。许多高校都在进行后勤社会化改革，将高校原有的利益平衡格局打破，引发了各种新矛盾和新问题，对高校的安全稳定造成负面影响，同时有可能侵害高校大学生的个人和公共利益。面对这些内外部复杂环境的发展变化，许多高校现有的管理理念、方式和管理制度还很落后，不能适应高校大学生发展的需要。

第四，高校受传统教学管理理念、模式的影响，在教学管理活动中仍然比较关注对高校大学生共同价值、公共理念、共同行为准则的重点培养，其管理手段多以传授、灌输、命令、接受、服从、无条件执行为特点。因此，在传统教学管理理念、模式的影响下，造成了在教育、教学活动中，高校老师一味地灌输，学生只能被动地接受；同时在高校学生管理制度制定过程中，特别是在涉及高校大学生切身利益时把大学生看作被管理的对象，忽视了大学生的主体地位以及主观能动性和思想性，没有做到以人为本、人性化管理。

第五，高校大学生利益受到侵犯时，部分高校缺乏有效、健全的利益诉求机制和疏导机制，造成高校大学生在谋求、维护和争取自身正当权益时得不到及时、合理、公平、公正的疏导，同时，部分高校管理人员对高校大学生缺乏人文关怀，以领导为中心，没有做到以学生为本，甚至无故刁难学生。这些消极做法，导致高校大学生群体有时会通过计算机网络、手机网络寻求情感认同，发泄其所受到的不公正待遇，互相串联，导致大学生高校群体性事件时常发生。

二、大学生道德观失衡、价值观扭曲、是非不分导致的高校学生违反校纪校规甚至违法犯罪引发的政治类问题

随着我国改革开放的不断深入和社会主义市场经济的不断发展，当今社会正处于一个社会大变革时期。当代大学生正是在这样一个变革时期出生和成长起来的一代。现实社会思想多元化、行为多样化常常导致一些道德标准失范，

价值评判失衡，违法犯罪上升的现象。纷繁复杂的社会现实和多样式的道德行为规范的矛盾和冲突日益影响着作为社会最为敏感、最为活跃的大学生群体，常常使他们出现各种越轨行为。近几年，大学生的各种越轨行为如旷课、破坏公物、打架斗殴、自杀甚至违法犯罪的现象越来越普遍，对学校的正常秩序和安全管理以及大学生的健康成长造成了极为不良的影响，已引起社会各界的关注。

越轨是人类社会普遍存在的一种社会现象，它与人类社会相生相伴。在社会学中，越轨行为是指社会成员（包括个体、社会群体和社会组织）偏离或违反现行社会规范的行为，包括犯罪、违法及违反道德规范、社会习俗的所有思想和行为，它存在于不同时空和制度的国家或社会中，在一般情况下均受当时社会主导价值评判体系的否定性评价。大学生越轨行为主要指作为学生这一特殊身份，在学习、生活、人际交往、社会活动过程中违反学校的纪律、规章制度和社会规范以及国家法律法规的行为，完全属于消极的、被社会否定的行为，主要包括违反社会公德、违反校纪校规、违法犯罪以及自杀等行为。

（一）大学生产生越轨行为的原因

1. 社会变革带来大学生价值观念的急剧变迁。当代大学生是在改革开放中出生和成长起来的一代，改革开放作为我们这个社会的一种具体的社会变革形式，它给大学生所带来的重要影响之一就是价值观念的急剧变迁。在价值观的碰撞和冲突过程中，大学生一方面要适应新的价值观念，另一方面还要对新的价值体系进行整合，增强其开放性和应变能力。由于大学生处于一个自我意识尚未完全成熟，价值选择和判断仍不稳定和不统一的发展阶段，他们在处理价值冲突问题时就会显得紧张甚至困惑。特别是在东西方文化的交流过程中，西方的"享乐主义""拜金主义"和"个人主义"价值观很容易被东方青少年所欣赏、影响，而一旦接受了这些思想，就会像吸食鸦片一样明知其毒，欲罢不能。比如，盗窃行为在当前大学生违法违纪行为中日益突出，根据大学生盗窃行为不同的动机和目的看，许多大学生是因为贪图虚荣享乐，缺乏健康的消费观、生活观和正确的人生观、价值观及远大的人生理想。其特点是行为人盗窃的目的和动机是为了满足自己不断膨胀的物质欲望。行为人在生活上追求物质享受，盲目攀比，虚荣过度，当强烈的主观欲望不能成为现实时，便采取盗窃他人财物的方式实现自己的物质需求，导致行为越轨。比如，当前大学生旷课行为和考试作弊作为一种常见的越轨现象，逃课成了"必修课"，必修课成了选修课，选修课相当于没课。考试作弊现象也是屡禁不止。面对这些情况，一些高校没有拿出更多的管理措施，个别老师对上课自由、漫散的学生是不闻不问，我讲我的，你愿来就来，不来随便。

2. 家庭教育的缺失是大学生越轨行为产生的重要起因。家庭是中国文化的基本单位，俗话说"父母是孩子的第一任老师"。人最初的道德观念和行为模式主要是在家庭的影响下形成的。然而面对当前纷繁复杂的社会，家庭教育的缺失是大学生越轨行为产生的重要起因。有的条件好的家庭将孩子当成上帝，成天围着孩子转，有呼必应，有求必给，对孩子由关爱变为溺爱。在物质消费上一味地、无原则地迁就孩子，予以满足，久而久之在某种程度上助长了孩子不良行为的"惯性"。正如有的学生在忏悔中说道："在家里只要是自己喜欢的想要的东西，父母就给买，都能得到满足，长此以往形成了习惯。在学校看到其他同学的东西好，自己也想要，父母不在身边，自己没钱买就禁不住想拿，也知道这样做是违纪违法的，但有时就是控制不住。"有的经济发展滞后的农村，为了支撑家庭众多人口的生计和日益上涨的学费，父母只得外出打工，使得这些年龄段的孩子成了中国的第一代留守少年（儿童），家中只剩下老人和孩子，祖辈因忙于农活或年事过高，当然也就无暇顾及对孩子的教育和引导。

（二）大学生违法犯罪问题

大学生是社会主义现代化建设的希望，也是当今我国法治社会的生力军，他们的法律素质、法律意识、法律信仰等关系着我国法治社会的进程及社会的安定。处于青春期的大学生，多数容易冲动、自我管理控制能力较差且做事情考虑不够周全，加上大学生群体涉世较肤浅，对社会的复杂程度认识不够，所以在大学阶段，如果没有正确及时的引导，他们就很容易误入歧途，甚至导致违法犯罪现象的发生。近几年来高校校园里大学生犯罪率不断上升，犯罪类型的多变，频频向我们发出警告：校园很不平静，大学生的法治教育很缺乏，对法律的了解知之甚少。

1.当前大学生的法治概况。大学生对法律的了解途径简单地来自学校的法律公共课、社会重要见闻、报纸杂志等，对于常见的刑法、民法等常用法律条例只是简单的了解，知道偷、盗、抢、杀人等是犯法行为，但对很多边缘化的法律情况不了解。当自身遇到问题时要么是选择忍耐、多一事不如少一事、私了等，不会运用法律武器维护自己的合法权益，要么就是按自己当时不理智的想法做出触犯法律的事情。大学生的违法犯罪有其特点：第一，主体范围逐渐扩大，从院校的办学层次上看，不排除名牌院校；从学历上看，不排除硕士生、博士生；从成绩来看，不排除"非常优秀"的学习尖子生。第二，年龄的低龄化，很多家庭因多方的因素，孩子过早进入学校接受教育，使得很多低龄的学生较早进入象牙塔，因年龄较小，在生理、心理、身体等不成熟的情况下容易因矛盾、困惑、不解等因素引起刑事案件的发生。第三，团伙性犯罪，学生外出求学，因思乡、孤独、空虚，互相寻找保护、依赖，容易拉帮结派，形成同乡组织。为了某些利益、义气、共同目的时容易形成犯罪集团。第四，智能型犯罪，学生随着知识的积累、科技的进步、网络的普及，往往利用所学知识实行各种高科技犯罪。

2.大学生违法犯罪的原因及分析。每个大学生违法犯罪案件都与学生个人、学校、家庭、社会等多方面因素有关。大学生违法犯罪的主要原因有：

（1）社会责任意识差，多数以自我为中心。当下的大学生一般都在家庭中有着非常重要的地位，他们备受家人的呵护，家长对其提出的任何要求一般都会无条件满足。长此以往，这就导致他们形成为所欲为、自私任性、蛮横贪婪的不良习惯。在社会生活中，他们只顾及自身的感受，却不顾及他人或社会利益，更别说什么社会责任，什么扶危济困，都与其无关。甚至有些大学生，为了追名逐利、争强好胜而不择手段。

（2）独立意识强，承受挫折能力差。由于学校是一个比较单一的组织，因此，多数大学生的成长过程几乎都是一帆风顺，很少经历大风大浪，这就导致大学生习惯了温室般的大学生活。然而在日常生活中，难免会遇到一些挫折。当遇到挫折时，多数大学生的承受能力都显得相当之差，他们往往会表现出失望、沮丧和焦虑的情绪，甚至自暴自弃，破罐子破摔，最终导致意志消沉，萌发出违法犯罪的想法，走上了违法犯罪的道路。

（3）情感丰富，自我控制能力差。由于受到客观现实原因的影响，当下的大学生多为家中的独生子女，他们从小到大一直在父母无微不至的关怀呵护和严格的监督管控之下进行着单调的生活和学习。因此，他们渴望与人交流，渴望了解社会，但由于他们辨别是非能力不足，自我控制能力差，感情易冲动，这就导致他们的人生观和价值观很容易发生偏差。他们只关心自己的需求，很少去顾及他人的感受。所以，当他们的需求得不到满足的时候，他们便会大打出手，甚至报复、伤害、故意杀人犯罪。

（4）模仿能力强，辨别是非能力差。多数独生子女大学生自我意识较强，在社会交往中具有探索未知、学习新鲜事物、模仿他人行为的求知欲，但由于他们年幼，缺乏是非辨别能力，把坏的当成好的，把腐朽当作神奇。把打架当成勇敢，把酗酒当作豪爽，把一起干坏事当作义气，把挥霍当作潇洒，把吸毒涉黄当作探索。这些人极易被社会上心存不良的人拉下水，从而走上犯罪道路。大学阶段是青春勃发、奋发有为的黄金阶段，大学生一直以来被人们视为精英和骄子。但是，近年来大学生犯罪的报道频现各类媒体，之前的"马加爵案件""清华学子刘海洋硫酸泼熊事件"等大学生违法犯罪案件的出现，让人触目惊心的同时也为之扼腕叹息。

（5）社会原因。改革开放的春风使得社会不断前进的同时也带来了一些负面的影响，比如，社会不良风气，权力和金钱凌驾于法律之上，贪污腐败权钱交易没有得到应有的惩罚，文化渗透、价值观错位、腐朽思想、暴力、享乐主义、极端的个人主义以及不良的网络内容等，迫使、诱使大学生走上犯罪道路。

（6）家庭原因。家庭是孩子最原始接受教育的环境。家庭的教育方式的好与坏，也在一定程度上影响与决定着孩子的人生观、价值观、世界观。在高考制度下，家长比较重视孩子的智力教育和投资，而忽视了对孩子的德育培养，对于孩子在学习上的要求全部满足，对于生活上的琐事全部包揽，最后培养的孩子只会学习而不会独立生活，更不会与人相处，是一个以自我为中心，以实现自我价值为目的而不惜以伤害别人和社会为代价的人。这些孩子进入大学后就会因各种矛盾、纠纷而产生厌学、怨世、怨人的不良心理和过激行为。

大学阶段是大学生世界观、人生观、价值观形成的重要阶段，也是生理和心理逐渐走向成熟的阶段。大学生年轻幼稚，思想单纯，生活阅历浅，识别能力差，容易受不良环境的诱惑，不良心理如逆反心理、争强好胜心理、享乐攀比心理、好逸恶劳心理、嫉妒嫉恨心理、激情冲动心理等影响，这些心理不处理好都会成为大学生违法犯罪动机和行为产生的因素。大学生应当自觉遵守国家的各项法律法规及社会公共规范，树立起自强、自立、自爱、自尊、自律、自信的生活意识和人生态度，不断增强辨别是非的能力和自我保护的意识，要学会用法律武器来维护自身的合法权益，要具备良好的心态，要勇于同违法犯罪行为做斗争。

（三）大学生违法犯罪的特点

相对社会其他涉罪的犯罪主体而言，大学生犯罪的范围、性质及其危害并没有质的区别，但也有其自身独特的一些特点，主要体现在：

1. 侵犯的客体以财产型为主，犯罪类型多样化。大学生违法犯罪涉及的罪名多以财产型为主，绑架、杀人、伤害、强奸等侵害人身权案件也逐渐有抬头的趋势。在大学校园里，70%以上的刑事案件主要涉及盗窃罪、诈骗罪、抢劫罪等罪种，这些罪种所侵犯的客体都是财产所有人或管理人的财产利益。

2. 犯罪主体范围逐渐扩大化。犯罪主体范围扩大化包括几方面：一是从过去犯罪的学生主要来自高职高专与民办院校逐步向重点院校蔓延。例如，马加爵案件、刘海洋案件等一些名牌院校的学生犯罪；二是高学历犯罪增多，不乏硕士生、博士生；三是从年龄来看，朝低龄化趋势发展；四是从性别来看，受到一些拜金主义和享受主义思想的不良影响，女大学生违法犯罪比例增加。

3. 侵害客体。大学生犯罪侵害的客体多是熟悉的人，如同学、老乡。越熟悉的人越容易成为被侵害对象。

4. 犯罪后果。涉嫌盗窃罪的大学生们下手目标均是移动性强的个人物品，如手机、现金、信用卡、相机、随身听等，且涉案金额大小不一，但多数都在千元左右；而故意伤害罪的犯罪情节一般轻伤为多，严重者则是将受害人身体致残。

5. 犯罪团伙化、多元化和智能化。在大学校园里，集体团伙性的打架斗殴现象越来越突出，并且这种犯罪团伙经常伴以社会成员。大学生犯罪手段相对一般犯罪表现出高智商、高技术以及高危害性。如编制、传播计算机病毒；利用计算机网络诈取钱财；制作、传播淫秽音像物品；利用生化知识研制毒品等。

据有关统计资料表明，我国高等学校学生违法犯罪的占高校总人数的1.26%，而且犯罪类型向多样化、智能化方向发展，同社会其他涉案人员相比涉罪范围、性质及其危害并没有质的区别，几乎应有尽有。

由于大学生缺乏相关安全防范知识和训练，自身安全意识淡薄导致公共卫生、公共安全类问题频发。

高校是国家培养高素质人才的重要基地。新形势下高校及其周边环境不安全因素的增加，会给学生的人身、财产带来损失并影响其身心健康。当前大学生普遍存在缺乏安全防范知识和训练、自身安全意识薄弱、防范能力差的现象，因而近年来涉及大学生公共卫生和公共安全方面的案件有上升趋势，给高校的安全稳定工作带来了许多负面影响。因此，新形势下如何增强大学生的自我防范意识，提高自我防范能力，创建平安文明校园很值得我们认真研究。

（一）新形势下影响大学生的不安全因素。

1.高校办学体制的多元化和周边环境的复杂化，使大学生的安全问题出现了许多新情况和新特点，校园犯罪、校园暴力、高智商犯罪等问题层出不穷。大学生财产被盗、被抢劫、被侵害、被诈骗、自杀以及交通事故频频发生，甚至火灾、爆炸等恶性事故也有上升趋势。

2.计算机网络的飞速发展，在给高校教学和管理带来方便的同时，也给犯罪分子进行高科技犯罪提供了便利条件。一部分大学生网络安全防范能力差，因网上有害信息而受到伤害甚至违法犯罪的事件也不断出现。

3.一些大学生安全防范意识淡薄，对可能发生的各种安全问题，缺乏必要的重视和警惕，留下了种种影响安全的隐患。如因不遵守交通安全法规导致交通事故，有的学生违反宿舍安全管理规定，在宿舍内乱接乱拉电线、违章使用电器、吸烟乱扔烟头等，并由此造成各种安全事故。调查表明大学生在宿舍被盗80%都是因为缺乏安全防范意识，如贵重物品乱扔乱放，有的同学把现金不及时存入银行而放在宿舍，有的同学不妥善保管自己的银行卡，有的同学把银行卡的密码随便告诉其他同学等，闲杂人员随便乱窜、离开寝室不锁门等现象非常普遍。此外大学生被骗、被抢都是在毫无防范和心理准备的情况下发生的。这些都为不法分子盗窃提供了方便；还有一些女大学生在求职、打工和日常生活中安全防范意识不强，随便把自己的真实信息告诉陌生人，轻受某种利益诱惑，结果人身和财产遭到不法侵害。

4.大学生安全防范能力差，缺乏安全防范技能。目前许多大学生不但安全防范意识薄弱，而且缺乏安全防范能力和技能，如遇到现金、手机等贵重物品被盗或遇到歹徒抢劫、行凶等不法侵害时不知如何处理，不会应用正确的防范措施。大学生应通过学习，了解和掌握必要的生活常识和安全防范的基本知识，明确"应当""正当"与"不当"之间的关系和界限，做到心中有数，在特殊情况下，知道该怎么做。这样既可以有效地保护自己，也可以在遇到危险时更多地帮助周围的同学。扼腕叹息的是很多伤害案件或灾害事故都是可以通过一些防范和自我保护手段避免或减少损失的。如火灾如何逃生，遇到抢劫如何应付、摆脱和斗争并及时报告，这些都是需要学习的安全防范技能。这方面一是因为大学生社会经验少，缺乏必要的安全防范知识，安全防范意识差，疏于防范；二是因为安全防范教育工作不到位。如当前我国高校在非法律专业大学生的法制教育课方面只开设了《法律基础》课，通过此课学生虽然掌握了一些基本的法律知识，但具体涉及大学生安全的内容几乎没有，缺乏针对性。

5. 学生们不注意饮食和个人卫生，也极大地增强了疾病、传染病传播的可能性。

（二）大学生安全教育存在的不足

现在，学生伤害事故层出不穷。随着媒体的公开报道，与学生安全相关的案例不断浮现。这其中，有一部分是大学生财产遭受损失，被人诈骗或盗窃钱财。还有一部分则表现在人身安全受到伤害，被打、被杀等案件屡有发生。这仅是针对大学生作为受害人而言。我们还发现，大学生参与侵害他人人身和财产的案例也频频出现。这些现象的发生，说明高校对大学生的安全教育还存在着一些不足。

1. 大学生安全教育的主体缺失。大学生基本是年满十八周岁的成年人，拥有完全民事行为能力，脱离了父母的监护，父母很多时候对于大学生的安全教育总感觉鞭长莫及。因而父母对于高校过分依赖，不能正视家庭在孩子安全教育中应起的作用，把教育责任全部推给高校。高校则忙于教学和科研任务，对于大学生安全教育的主体不够明确。高校保卫部门和学工部门并未完全明确如何进行大学生安全教育，以及其承担什么样的责任，处于何种地位等。因而，部门间容易产生互相推诿等矛盾。

2. 大学生安全教育的模式单一。现在一些高校对于大学生的安全教育模式较为单一，仅仅是通过班会等形式将一些涉及学生安全方面的案例进行公布，不能继续深化。高校保卫部门在大学生安全方面预防不到位，经常疲于应付和处理各类突发事件，难以做到未雨绸缪。

3. 大学生安全教育的内容模糊，安全教育要教什么，要让学生掌握什么？面对复杂多变的国际形势，以及国内新近出现的部分问题，高校本身在处理上已显露出缺陷，因而在大学生安全教育内容上还模糊不清，不能向大学生系统地开展安全教育。

（三）新形势下增强大学生安全防范意识和提高安全防范能力的建议

新形势下的大学生安全问题应是学校、社会、学生三方面共同组成防范网络。学校应根据新时期大学生的特点将教育引导与严格管理相结合，从而增强大学生的安全防范意识，提高自我保护和自我防范能力，这样才能有效防止案件的发生，保证大学生的安全。

1. 采取多种形式在大学生中开展安全防范教育，使大学生自觉树立安全防范意识，提高自我保护能力，增加安全防范技能，充分发挥学校的教育职能，依托第二课堂活动，生动活泼、灵活多样和有针对性地对大学生进行安全防范教育和普法教育。诸如法律讲座、安全知识竞赛、安全防范研讨会、安全技能实战演练、模拟法庭、安全主题演讲、安全文艺演出等，针对典型案例在大学生中开展案件剖析、分析案件成因，将安全知识渗透到大学生的思想意识之中，使其树立安全防范意识和自觉遵纪守法意识，掌握安全防范技能，提高预防水平，保证自身权利不受侵犯。

2. 对大学生进行系统的安全教育，使学生掌握必备的法律知识、安全防范知识和安全防范技能，将安全防范知识和安全防范技能教育贯穿于大学生活的整个阶段，增强大学生的安全防范意识，提高防范能力。对大学生进行安全防范教育是提高大学生自我防范能力的重要手段。对大学生的安全教育必须从新生入学开始，并贯穿到大学生活的整个阶段，可以组织学生学习《大学生安全实用知识》《大学生安全防范知识》等，并根据新形势下治安形势的特点，对学生进行防火、防盗、防骗、防抢劫、防侵害、防传销陷阱、防流氓滋扰、防意外事故等安全教育，使学生掌握必备的法律知识、安全防范知识和安全防范技能。

3. 加强网络安全防范教育，减少网络犯罪。虽然很多学生拥有驾驭网络的技能，但是没有"屏蔽"网络危险的方法。一部分大学生网络安全防范能力差，不懂得如何使用网络安全防范技术，不知道如何维护网络安全和保护自己不受侵害。而且现在维护网络安全的法律、法规、条例还不够成熟，学生们了解的又少之又少，网络安全防范意识十分薄弱。因此，近年来涉及计算机信息领域泄密、窃密事件屡有发生，大学生因网上有害信息而受到伤害甚至违法犯罪的事件也不断出现，严重影响到了大学生的安全。现阶段，高校校园网络受外来非法侵入现象也凸显了出来，严重影响着校园的安全稳定，主要表现为教唆犯罪侵入、反动言论侵入、黄毒侵入等。所以，高校要提高大学生网络安全意识，加强网络法律法规宣传教育，重点抓好网络安全教育。要教育大学生不在网上发表煽动性言论，不下载传播反动及煽动性信息，不看淫秽及内容低俗的网页，不登录反动网站，不转载那些不良的信息。因此学校要对学生进行网络安全知识教育，使大学生自觉遵守有关的法律法规和管理规定，自觉抵制有害有毒信息的侵害。

4. 加强对学生的严格管理，减少事故的发生。在对大学生树立安全防范意识和自觉遵纪守法意识进行必要教育的同时，学校还要加大管理力度，建立健全一整套行之有效的管理制度，如《学生违纪处分条例》《学生文明行为规范》《学生安全有关规定》《学生宿舍综合治理暂行条例》《学生宿舍楼安全制度》《学生外出活动登记审批制度》《学生安全信息报告制度》等，采取必要的措施对学生严格管理，以减少事故的发生。总之，新形势下大学生的安全问题出现了许多新情况和新特点，大学生的安全问题也是高等学校工作的一项重要任务。我们要结合实际，针对目前大学生在安全防范方面存在的问题认真分析其原因，积极探索高校大学生安全教育的新模式，采取切实可行的措施加强大学生安全工作，使学生能够学到安全防范知识，增强大学生的安全防范意识，提高其安全防范能力和自我保护能力，切实改善大学生安全状况，确保每一位大学生的人身和财产安全，为创建平安文明校园，保证高教改革与发展顺利进行提供良好的保障。

四、由于大学生心理失衡或心理疾患导致的心理类问题

（一）大学生常见的心理类问题

1. 神经症性障碍。

神经症是一组主要表现为焦虑、抑郁、恐惧、强迫、疑病，或神经衰弱症状的心理障碍。此类障碍有一定人格基础，起病常受社会因素的影响。临床表现与患者的现实处境不相称，但患者感到痛苦和无能为力，自知力完整或基本完整，病程多迁延，没有可证实的器质性病变作基础。包括如下几种：

（1）恐惧症。

恐惧症也叫恐怖性神经症，是指患者对某种客观事物或情境产生异乎寻常的恐惧紧张，并常伴有明显的自主神经症状。患者所表现出的恐惧强度与其所面临的实际威胁极不相称，往往在某一事物或情境面前出现一次焦虑和恐惧发作以后，该物体或情境就成为恐惧的对象。患者明知这种恐惧反应是过分的或不合理的，但在相同场合下仍反复出现，难以控制。由于不能自我控制，因而极力回避所害怕的事物或情境，影响正常的社会活动。恐惧症多见于青少年或成年早期，女性多于男性，起病较急，病程多迁延，有慢性化发展的趋势，病程越长预后越差。儿童起病者和单一恐惧者预后较好，广泛性的恐惧症预后较差。

恐惧症的表现形式多种多样，按患者所恐惧的对象可分为场所恐惧症、社交恐惧症和特殊恐惧症等。

①场所恐惧症又称广场恐惧症。患者恐惧的对象为某些特定的场所或环境，如商店、剧院、车站、机场、广场、闭室、拥挤场所和黑暗场所等。患者对公共场所产生恐惧，不敢到这些地方去。因为当患者看到周围都是人时，会产生极度恐惧，担心自己昏倒而无亲友救助，或失去自控又无法迅速离开，或出现濒死感等。

②社交恐惧症又称社交焦虑障碍。社交恐惧症患者的焦虑症状与普通人在上台发言、面对陌生人或领导时感到紧张和焦虑有很大不同。其实，社交恐惧症患者真正害怕的不是社交场合本身，而是害怕在社交场合被人注视，由于患者回避某些社交场所，限制了自己的行动环境，严重干扰了个体的生活。对于社交场合的害怕和回避，往往导致了患者职业或其他社会功能受损。

③特殊恐惧症又称为单纯恐惧症。是一类以持久地害怕某种事物或情境为主要表现的焦虑障碍。生活中常见的恐高症、恐血症和对各种动物的恐惧，都属于

特殊恐惧症。

（2）焦虑症。

焦虑症也称焦虑性神经症，以广泛和持续性焦虑或反复发作的惊恐不安为主要特征，患者预感到似乎要发生某种难以对付的危险，常伴有头晕、心悸、胸闷、呼吸急促、出汗、口干、肌肉紧张等症状和运动性不安，临床分为广泛性焦虑障碍与惊恐障碍两种主要形式。患者的焦虑并非由实际存在的威胁所引起，而是一种没有明确危险目标和具体内容的恐惧。患者往往有一种莫名其妙的恐惧和烦躁不安，对未来有不祥预感，同时伴有一些躯体不适。焦虑性神经症的焦虑症状是原发的，凡是继发于妄想症、强迫症、疑病症、抑郁症和恐惧症等的焦虑都不应诊断为焦虑性神经症。焦虑症被分为：

①广泛性焦虑障碍又称慢性焦虑，是一种以缺乏明确对象和具体内容为特征的担心，患者因难以忍受却又无法控制这种不安而感到痛苦，并有显著的自主神经症状、肌肉紧张，以及运动性不安。临床表现有：a.持续存在的过度焦虑和担忧；b.运动性不安；c.自主神经功能紊乱；d.睡眠障碍、注意力集中困难；e.易激惹、高度警觉。

②惊恐障碍又称"急性焦虑"，是一种以反复的惊恐发作为主要原发症状的神经症。这种发作并不局限于特定的情境，因此具有不可预测性。其典型表现是常突然产生，且患者处于一种无原因的极度恐怖状态：呼吸困难、心悸、喉部发紧、震颤、头晕、无力、恶心、胸闷、四肢发麻，有"大祸临头"或濒死感，甚至会做出一些不可理解的冲动性行为。发作的持续时间为数分钟至数十分钟，很少超过1小时，然后自行缓解。在发作间歇期，患者常担心再次发作而惴惴不安，产生期待性焦虑。在躯体方面，患者往往害怕自己因为心脏或呼吸系统疾病而致死。惊恐发作作为继发症状，可见于多种不同的心理障碍，如恐惧症和抑郁症等，并应与某些躯体疾病进行区分，如癫痫、心脏病发作和内分泌失调等。

（3）强迫症。

强迫症或强迫性障碍的特点是有意识的自我强迫与反强迫同时存在，两者的尖锐冲突使患者焦虑和痛苦。患者体验到冲动或观念来自自我，意识到强迫症状是异常的，但无法摆脱。强迫症可发生于一定的社会心理因素之后，以典型的强迫观念和动作为主要症状，可伴有明显的焦虑不安和抑郁情绪。部分患者病情能在一年内缓解，超过一年者通常是持续波动的病程，可达数年甚至更长。强迫症状严重或伴有强迫人格特征及持续遭遇较多生活事件的患者预后较差。

强迫症的临床表现是反复出现某些强迫观念和强迫行为，虽竭力克制，但无法摆脱。

①强迫观念是本症的核心症状。主要表现是患者反复而持久地思考某些并无实际意义的问题，既可以是持久的观念、思想和印象，也可以是冲动念头。这些体验虽不是自愿产生，但仍属于患者自己的意识。患者力图摆脱，但却摆脱不了

并因此十分紧张苦恼、心烦意乱、焦虑不安,还可出现一些躯体症状。强迫观念的常见形式见表2-53。

表2-53 强迫观念的常见形式

名称	临床特点
强迫怀疑	如反复怀疑门窗、煤气是否关好,发信时是否写对了地址、贴好了邮票。
强迫回忆	对过去做过的事、写过的字、讲过的话反复回忆。尤其是对过去不幸的经历不由自主地反复回忆且苦恼,或是看过某本书中的某个章节、听过某歌曲的片段反复在脑中回忆,无法摆脱且十分苦恼。
强迫性穷思竭虑	反复思考生活中或自然界的一些现象,如为什么花朵会有各种颜色?先有鸡还是先有蛋?
强迫联想	当看到或听见某一事物或字句时,即出现与此事物有关的联想。如听到"钞票",立即想到这张钞票是经过一位肝炎患者或皮肤病患者之手,带有细菌,是什么细菌呢?传染后又会怎样?越想越紧张。
强迫对立思维	出现与自己意愿相反的念头。如佛教信徒在寺院里膜拜菩萨时出现这是妖魔的想法,念经时会出现淫秽的念头,看到一向崇敬的老和尚时就出现恨我的想法。无法自制,为此而焦虑、恐惧、紧张不安。
强迫意向	指出现和自己的内心意愿相反的、违背常理的强迫意向。如走到井边就想下去,过马路时想冲向汽车等,在高处站立有往下跳的想法。

②强迫行为一般是继发的,大致可以分为两类:a.屈从性强迫行为,这是为了满足强迫观念的需要。例如,因怀疑被污染而一天数十次洗手或反复地洗涤衣物,因怀疑门未关好而往返多次进行检查等;b.对抗性或控制性强迫行为,这类行为是为对抗强迫思维、冲动或强迫表象的,继发于强迫观念或某个欲望。它可能是意在消灭灾祸,或防患于未然。强迫行为的常见形式见表2-54。

表2-54 强迫行为的常见形式

名称	临床表现
强迫洁癖	常见有强迫洗手、洗衣等。
强迫检查	多继发于强迫怀疑之后,如怀疑电视机是否关好、门是否关好,反复检查。
强迫计数	见到电线杆、台阶、汽车、牌子等一些固定物体时,就无法克制地计数。
强迫性仪式动作	做出一些具有象征性福祸凶吉的固定动作,以此来减轻强道观念所引起的焦虑不安,比如某患者过马路怕发生车祸,总是在口中默念"一、二、三、三、二、一",以此象征如果车祸发生,时光会倒流,就像没发生一样。

强迫症患者可以只表现强迫观念或强迫性动作,有的则两者同时存在。强迫的具体内容也会随时间而变化,但伴随的焦虑情绪始终存在。正常人偶尔也会发生强迫现象,如出门后担心电插头未拔或门未锁好,忍不住要回去检查。但正常人此现象不会反复出现,也不会因此而苦恼,更不会影响正常的生活。

(4)神经衰弱。

神经衰弱主要表现为精神容易兴奋（如注意力障碍，联想、回忆增多和感觉过敏）和精神易疲劳症状，并常伴有烦恼、易激惹等情绪症状，以及肌肉紧张性疼痛、记忆减退、头痛、睡眠障碍等心理生理症状群。这些症状不能归于已存在的躯体疾病、脑器质性病变或特定的心理障碍，但病前可能存在持久的情绪紧张或精神压力。

（5）躯体形式障碍。

躯体症状的主要表现在于：①睡眠紊乱；②食欲紊乱；③性功能减退；④慢性疼痛等。

躯体形式障碍是一类神经症亚型的总称，临床特征为患者反复陈述整体症状，反复进行医学检查，并无视其阴性结果及医生的解释。其症状的出现与生活事件或心理应激有关，有时患者确实存在某种躯体障碍，但不能解释症状的性质、程度或患者的痛苦与先占观念。这些躯体症状被认为是心理冲突和个性倾向所致，但对患者来说，即使症状与不愉快的生活事件、困难或冲突密切相关，他们也拒绝探讨心理病因的可能。无论从心理还是生理方面了解症状的起因，其结果往往使患者和医生都感到失望。本障碍男女均有，患者常伴有焦虑或抑郁情绪，为慢性波动性病程。主要包括：

①躯体化障碍的主要特征表现为多样、反复出现、时常变化的躯体症状。患者反复主诉变化不定的躯体症状，其中最常见的症状包括：胃肠道症状（疼痛、打嗝、反酸、呕吐、恶心等），皮肤的异常感觉（瘙痒、烧灼感、刺痛、麻木感、酸痛等），月经紊乱和性功能紊乱，并且可伴有明显的焦虑和抑郁情绪。患者通常会夸大自己的躯体不适感，并因为这些症状反复求诊。由于病程呈慢性波动，所以患者有多年的就医史或用药史，同时还可能出现药物依赖或药物滥用。

②疑病症是最常见的躯体形式障碍之一，患者通常过分地关注自己的躯体不适，甚至因为一些轻微的生理症状而担忧。他们频繁地向医生求诊，虽然检查结果显示并无异常，但是患者仍然深信自己患有某种严重的生理疾病。疑病症患者的关注点几乎涉及所有躯体症状，有些患者甚至关注正常的生理现象，如心率、出汗等。

③躯体形式自主神经紊乱表现为：①自主神经兴奋症状（如心悸、出汗、脸红、震颤）；②非特异症状（如部位不定的疼痛、烧灼感、沉重感），常累及心血管系统、呼吸系统和胃肠系统。

④持续性躯体形式疼痛障碍不是由于躯体或特定的心理障碍引起的慢性疼痛。情绪冲突或心理社会问题常为其主要致病原因。

⑤未分化的躯体形式障碍是躯体化障碍的非典型的表现。

2. 心境障碍。

心境障碍是指各种原因引起的以显著而持久的情感或心境改变为主题特

征的一组疾病，其主要表现为情感高涨或低落，并伴有相应的认知和行为改变。

（1）躁狂症（躁狂发作）。

躁狂发作典型表现为心境高涨、思维奔逸和意志活动增强（活动增多），即所谓的"三高"症状。躯体症状：患者很少有躯体不适主诉，食欲增加，睡眠减少。因患者极度兴奋，体力过度消耗，容易引起脱水、体重减轻等。

（2）抑郁症（抑郁发作）。

抑郁症患者常有兴趣丧失、自罪感、注意困难、食欲丧失和有死亡或自杀观念，其他症状包括认知功能、语言、行为、睡眠等异常表现。其核心症状是情绪低落、兴趣缺乏和精力减退；心理症状群包括①焦虑；②自罪自责；③精神病性症状和认知扭曲；④注意力和记忆力下降；⑤自杀；⑥精神运动性迟缓或激越；⑦自知力受损。

除了上述提到的心理类问题，还有其他一些也值得关注，比如人格障碍、精神分裂症等。这些对大学生的安全管理工作的开展带来很大的挑战，希望引起注意。

（二）大学生心理问题的特点

1. 心理困扰性。

大学生所遇到的心理问题，并非精神疾病或心理障碍，可以称之为心理困扰（就是说那些因为某种因素所导致的短暂性焦虑或烦恼等消极情绪，还没有出现能够进行辨认的临床反应，可以利用自我调适的手段予以解决）。从综合的角度来看，大学生心理问题一般都更加偏向于心理困扰，但也存在少部分的心理障碍学生，只有很少的学生会出现心理疾病。从大学生心理问题的角度来看，困扰型是其较为主要的本质属性，也是较为正常的心理反应之一。

2. 自我调适性。

一个人的心理健康状态是动态的，始终处于不断的变化之中。大学生之所以出现心理问题，是因为随着生理、心理和生活环境的改变，原有的心理平衡被打破了，出现了心理失衡。一般情况下，随着时间的推移、对环境的适应、自我学习等，大学生都可以通过自我调适解决心理问题，使心理状态恢复平衡。只有很少一部分人难以自我调适，才会出现严重的心理障碍。

3. 累积性。

大学生的心理问题并不是单一的，往往是多重叠加的。以大学新生为例，面临新的学习生活环境，大学新生可能面临学业问题、适应问题、人际问题等多重心理问题相互叠加的情况。同时，这些心理问题又存在一个发生发展和解决的过程，往往原有的心理问题还未得到解决，新的心理问题又在不断产生，甚至还出现进入大学之前的心理问题到了大学阶段集中爆发，呈现心理问题累积的特点。

4. 代际传递性。

代际传递是指父母的能力、特征、行为、观念、发展结果等传递给子女的现象，在整个人生阶段都有反映。大学生的心理问题也存在代际传递的特点。相关调查显示，生活在暴力、冷淡、争吵家庭的大学生心理健康水平低于和谐家庭的大学生。代际传递的特点还体现在学生的学业问题、人际交往问题、就业问题等方面。

5. 阶段性。

大学生心理问题还由于不同的成长时期，呈现出了一定的阶段性特点。当学生进入到大学校园以后，自身的心理发展都会从不适应慢慢转变成适应，随着大学生自身的成长，其心理困扰就会慢慢减少，这时影响心理困扰的因素就会明显变化，而有部分心理困扰会得到有效解决，有些则会日益严重。通过相关调查研究显示，在大学生当中，大一、大二学生形成心理困扰的主要因素，更加偏向于学习和人际交往。而大三、大四学生形成心理困扰的主要因素，更加偏向于就业与人际交往。

（三）影响

大学生是一个承载着社会、家庭高期望的特殊群体，伴随着现代社会的飞速发展，大学生所承受的压力持续增加，由此引发的心理问题也在不断增多，这种趋势严重影响到了大学生的健康成长。教育部的全国大学生心理健康抽样调查表明，我国大学生心理疾病率达 20.23%。因病休学、退学的，精神疾病占第一位。有心理健康调查表明，大学生已成为心理弱势群体，心理处于不健康或者亚健康状态的学生占 30% 左右。可以毫不夸张地说，这些或轻或重的心理问题已经严重影响了学生的生活和学习，阻碍了他们的发展。

目前，高校大学生心理健康形势严峻，因恐怖、焦虑、强迫、抑郁和情感危机、神经衰弱等心理障碍所引发的大学生心理疾病的现象层出不穷，与以往相比，大学生不仅面临着巨大的就业压力，而且学业压力、人际关系紧张、考试失败以及恋爱受挫等问题，也极容易使大学生产生心理方面的各种问题。一项调查表明，大学生求学期间最焦虑的问题：51.82% 的学生认为是"学业问题"，71.34% 的学生认为是"就业压力"，15.33% 的学生认为是"人际关系问题"，14.99% 的学生认为是"情绪低落自己无法调整问题"。这些问题都会导致大学生出现心理困惑、抑郁以及其他严重的心理问题，如果得不到有效疏导，心理问题不能及时解决，将会严重影响大学生的身心健康，甚至引发突发性的心理危机或意外事故。

近年来，高校大学生因心理问题导致的悲剧事件时有发生，并且呈现一种不断上升的趋势。有调查表明，自杀已成为 15 至 24 岁青少年中第一位的死亡原因。据 WHO 估计，全球每年有 100 万以上的人自杀身亡，中国在 20 万以上，而大学生自杀率为同龄一般人口的2—4倍。大学生自杀会给学校带来负面影响，严重影响学校的形象。大学生自杀会给青少年带来不良影响。大学生长期被冠以"天之骄子"，是青少年学习的榜样，但是频繁发生的大学生自杀事件给大学生神圣的光环蒙上了一层阴影。大学生自杀事件还可能对青少年产生不良的示范作用，甚至引发模仿性自杀，不仅给当事人的家庭带来巨大痛苦，也给学校和社会造成极大损失。

五、由于不法分子的侵害和其他意外事件导致的治安安全类问题、自然灾害。

（一）由于不法分子的侵害和其他意外事件导致的治安安全类问题

高校办学模式日益开放，大大加强了和社会的交往，越来成多的社会人员、外来车辆频繁进出校门，成分复杂、流动性大，而校园的安全防范措施相对薄弱，客观上增大了治安管理的难度，使得周边一些不法之徒趁机混入校内作案，给广大师生造成财产和人身伤害，其中以盗窃和诈骗事件为多。大学生活跃的思想、社会经验的缺乏和频繁的社会交往都给了一些不法分子违法犯罪的机会。

面对高校庞大的消费群体和特殊消费对象，校园周边各种文化娱乐、商业服务等场所日趋增多，网吧、台球室、发廊、旱冰场、KTV、酒吧、大排档等，这些场所都会引起治安问题。

（二）自然灾害引发大学安全管理问题

自然灾害是目前人类难以回避的灾难。自然灾害表现出种类多、区域性特征明显、季节性和阶段性特征突出、灾害共生性和伴生性显著等特点。高校人口密度很大，一旦遭受突发性的自然灾害，往往会产生严重的后果，对大学生的生命安全也会产生严重的威胁。我国幅员辽阔，地理环境复杂，自然灾害种类多且发生频繁，除现代火山活动导致的灾害外，几乎所有的自然灾害，如水灾、旱灾、地震、台风、冰雹、雪灾、山体滑坡、泥石流、病虫害、森林火灾等，每年都有发生，给人们带来巨大的安全隐患和财产损失。

第三章
大学生安全管理的内容构成

第一节　加强大学生安全教育和管理工作的原则

一、坚持以人为本、预防为主的原则

马斯洛需求层次理论是行为科学的理论之一，它将人类需求做了阶梯层次划分，将人类需求分为生理需求、安全需求、社交需求、尊重需求和自我实现需求五种。而安全需求作为人类生存与发展的核心需求之一，其重要性自是不言而喻。良好的安全意识与基本的安全技能已成为现代人所应当具备的基本素养。当代大学生的安全意识普遍增强，安全技能水平整体提升，预防和应对突发事件的能力全面提高，校园安全文化氛围日趋浓厚。但是，随着时代的快速进步和社会环境的急剧变化，面对新的形势和新的情况，大学生安全教育工作还不能有效适应，存在很多薄弱环节，大部分都同大学生安全教育的理念和原则相关。解决好树立什么样的大学生安全教育理念，坚持什么样的大学生安全教育原则至关重要，它是做好大学生安全教育的关键，对于大学生安全教育工作起着先导性作用。

以人为本是科学发展观的核心，也是大学生安全教育的核心理念，更是生命至上的伦理基础。大学生安全教育活动的组织、开展都需要紧密围绕以人为本的核心理念进行，安全教育内容、途径、效果评估等也应当紧密围绕以人为本的核心理念设计与实施。以人为本、生命至上的大学生安全教育观是践行科学发展观的必然要求。大学生是祖国的未来、民族的希望，是最具活力、最有朝气的群体，更是肩负祖国未来建设重任的主力军。大学生安全教育的核心就是生命教育，一切要从尊重、爱护和保障大学生的生命安全出发，强化大学生的安全意识，增强大学生的安全能力，提高大学生的安全水平。大学生安全

教育旨在构筑安全文化、教授人安全技能、引导人的安全行为、保障人的安全。高等教育不仅仅要传授专业知识和专业技能，更在于大学生综合素质的全面养成与人文精神的熏陶，在于人的全面发展。安全文化与安全技能是现代人所应具备的基本素养，大学生更应是先进安全文化的引领者、传播者，安全技能拥有者、实践者。大学生安全教育坚持以人为本，以以人为本理念为安全教育的出发点与落脚点，既保证教育相关活动有所依托，也能保证教育成果存之长效。

以人为本的理念之外，大学生安全教育还要依托大学生的安全意识，使大学生既能做到在危险面前从容应对，更能做到防患于未然。这就要提到大学生安全教育要坚持的另一条原则——预防为主。既要做到未雨绸缪，意识也必须到位，而安全教育起始于萌芽的安全意识，也终于成熟的安全意识。大学生作为我国未来建设的中坚力量，要求具备较高的综合素质，其中引导大学生安全意识的形成并进一步培养大学生安全意识显得尤为重要。培养和优化大学生安全意识是高校改革和发展的产物，是引导和促进大学生健康成长的催化剂，更是适应社会发展的必然要求。

大学生安全包括大学生的人身财产安全、身心健康安全、信息文化安全等方方面面，安全教育着重于大学生安全意识的培养才能使繁杂的安全教育有所依赖，不至空谈。而安全意识培养工作要以思想政治教育为理论基础，以大学生日常管理为手段，使得安全意识在学习生活的方方面面皆有彰显，时时刻刻皆有进益。此外，由于当今社会网络属性日益显著，在以网络资源为媒介加强大学生安全意识的同时，更要注重大学生网络安全意识的培养。安全教育既要晓之以理，也要胁之以威，利用安全事例进行安全警示教育，如此双管齐下，方能使得安全教育卓有成效。

如今各高校都制定有一些涉及大学生安全方面的规章制度。这些规章制度在强制规范学生安全行为的同时，高校更应该加强对这些规章的宣传力度，通过辩论赛、校园网、广播、校报、橱窗、消防演练等形式，把各种安全知识、规章制度转化为大学生头脑中的安全观念，这些观念是增强大学生自觉安全意识的前提，以及遇到突发事件的反应能力。在宣传教育的过程中，要运用大量典型的事例来强化大学生对安全重要性的认识，努力强化大学生的安全意识。

我国一直强调安全第一，这不仅是教育本身，也是一个社会性的大课题。培养高素质合格人才，是高等学校教育的根本任务，加强大学生安全教育是培养合格人才的迫切需要。人才素质的高低关系到社会主义现代化建设事业的前途与命运。加强在校大学生安全教育，普及安全知识，提高学生安全防范意识和自我保护能力，应该成为在校大学生素质教育的重要内容。并且应该成为在大力推行大众化高等教育进程中，深化高等教育体制改革的重要内容。安全教育要贯穿于人才培养的全过程。在高校开设安全教育课，有利于学生全方位了解和掌握有关的安全知识。利用多种形式强化大学生安全意识。

二、坚持教育为主、管教结合的原则

所谓大学生安全教育，自是以教育为先。高校安全意识教育主导性作用的发挥，既是培养大学生主体意识的前提，亦是大学生安全意识教育的基础。在高校开展安全意识教育的过程中，发挥教育者主导性作用需要教育者根据教育规律与教育要求对大学生进行教育引导。这就要求教育者必须发挥自身主观能动性，不断激发、调动大学生在教育活动中的主体性。发挥教育者的教育主导性作用，必须加强大学生安全意识教育的教师队伍建设。教师是实施和顺利开展大学生安全意识教育的人员保障，高校只有建立一支高效的师资队伍，才能在大学生安全意识教育方面取得理想的效果。因此，高校要加强安全教育领域专业师资队伍建设，建设一支高素质、高水平的大学生安全教育专业师资队伍，为大学生安全意识教育提供强有力的师资保障。与此同时，高校还应加强辅导员和班主任队伍建设。辅导员和班主任是高校大学生工作的主力军，承担着大学生学习和生活方方面面的具体指导工作，辅导员队伍的整体素质也在很大程度上影响着大学生安全意识的养成和提高。高校应加大对辅导员在大学生安全教育方面的培训力度，提高辅导员在大学生安全教育中工作的水平。

其次，需要教育者明确安全意识的教育职责。从新生入学开始，在尊重大学生主体地位的基础上，有目的、有计划地对大学生进行安全意识教育，使他们了解最基本的安全常识，掌握日常生活中基础的安全防范技能，比如火灾、偷盗、手机诈骗、网络违法犯罪以及性安全等。要针对不同层次的学生、不同方面的安全教育内容，通过课堂教学、案例分析、宣传讲座等教育形式，培养大学生法律意识、自我保护意识，增强大学生在紧急情况下自救或运用法律武器保护自我安全的能力。要面对复杂开放的安全环境，培养大学生进行自我管理、自我教育的自觉性。例如，可以定期对学生宿舍进行安全检查，在这个过程中，教育者最主要的目的不是为了查处学生的违纪行为，而是通过安全检查提醒学生需要注意的安全问题，讲解其中涉及的安全常识等，教会学生保护自我以及他人财产安全，从而使他们自觉投入自我日常安全管理的工作中。

高校安全意识教育是教育者与受教育者双向互动的过程，确保高校安全意识教育的有效开展除了要发挥教育者主导性作用外，也要发挥大学生主体性作用。让学生真正理解安全教育不只是为了学校安全或学校要我安全，而是安全为我自己，并做到我要安全，充分发挥学生在安全意识教育过程中的主体作用，培养他们参与安全意识教育的自觉性、主动性与积极性。

大学生学习安全知识的自觉性是指大学生自觉自愿地参与或追求安全意识整体发展目标任务的程度，其外在表现为热情、兴趣，内在表现为责任心、职责意识等。大学生安全意识学习的自觉性影响着大学生参与安全意识教育程度的大小,高自觉性伴随着高主动性和高积极性。高校大学生安全意识教育要从大学生自身学习的角度提高效果,就要采取多种措施发动和提高大学生参与安全意识教育的自觉性。如可以通过大力宣传安全意识教育的重要性来提高大学生的思想认识,提高大学生的学习自觉性。高校也可以制定相关的学习制度和学生管理制度,在制度上规范大学生在参与安全意识教育活动中的各种学习行为,使大学生形成一种学习自觉。

个体主动性主要是由个人的需要、动机、理想、抱负和价值观等推动。大学生学习安全知识的主动性是指大学生在对安全意识、安全知识和自我保护能力等方面需要的推动下自觉学习的优良品质。在高校安全意识教育中,发挥大学生学习主动性,需要高校为大学生提供与其生活、学习、工作等领域紧密结合的,能够满足大学生安全需要的安全教育内容,以引起大学生的共鸣和重视,提高其学习安全知识的兴趣和主动性。制度上规范大学生在参与安全意识教育活动中的各种学习行为,使大学生形成一种学习自觉。

高校大学生安全意识教育作为一种教育实践,其教育方式和途径不仅仅局限于教室内、课堂上,也不仅仅局限于标语宣传、网络信息平台、手机短信平台,需要大力开展安全教育方面的实践活动,在调动大学生积极性的同时让他们在具体实践中领会、感受安全及安全意识的重要性与紧迫性。安全教育实践的形式是多种多样的,既有宣传型实践,即走出教室,走向校园和社会,向广大学生进行安全知识宣传,也有操作型实践,即大学生参加具体的安全事故预防和安全事故处理活动。在操作型实践中,大学生可以亲身体会安全的重要性,培养和强化基本的安全保护能力和处理安全事故的应急能力和技巧。通过具体的实践活动,大学生可以将低层次的安全意识和安全知识升华为安全事件处理能力。高校应该发动大学生,鼓励大学生积极参加安全教育实践活动,如在安全教育月或消防安全周活动中,为大学生创造和提供充分的实践条件和环境,开展以大学生安全为主题的演讲比赛、漫画制作、展板制作、安全标语征集等形式多样的实践活动,鼓励大学生积极参与,在具体的安全教育实践中丰富和提高大学生的安全意识和安全知识。

三、坚持齐抓共管、机制长效的原则

随着社会的不断发展和高等教育事业改革的进一步深入,高校校园安全问题也逐渐凸显出来,越来越引起人们的关注并采取有效的对策。安全教育是维护校园安全稳定的一项重要工作,也是高校教育的薄弱环节。为此,要积极构建大学生安全教育长效机制,确保大学生人身和财产安全。各高校在加强大学生安全教育方面做了大量工作,虽有一定成效,但是也存在着大学生的安全意识依然比较淡薄,安全防范能力不强,高校对安全问题重视不够,安全教育方式、方法单一,师资力量不雄厚等问题。为进一步加强和改进大学生的安全教育,提高大学

生的安全防范意识和能力，保障大学生生命和财产安全，建立健全安全教育长效机制尤为重要。而要建立安全教育的长效机制，就要在安全教育的灌输阶段成功构建家庭、学校、社会"三位一体"教育联动机制，做到大学生安全教育的齐抓共管。构建家庭教育、学校教育与社会教育之间相互联动、协调发展的教育机制也是加强大学生安全意识教育的重要保障。通过积极探索大学生安全教育的新思路、新方法，逐步建立完善的大学生安全教育长效机制。

大学生安全意识教育的有效开展，"不仅应该积极发挥学校教育的主导作用，而且需要不断向家庭辐射、向社会延伸，构建学校、家庭、社会相互带动的联动机制"。扩大大学生安全意识教育的覆盖面，有效发挥学校、家庭、社会的引导合力。如此大学生安全教育贯穿大学生的一生，成为大学生的日常，长效机制自然得以建立。

高校安全稳定长效机制建设是一项系统工程，涉及预警防控、矛盾化解、危机处理、制度保障、安全队伍建设和监督考核机制建设等一系列的问题，必须全盘考虑、系统安排、协调发展。既要切实加强校园安全预警防控和矛盾化解机制的建设，从源头上减少安全隐患和不稳定因素，又要充分重视高校安全应急预案、安全制度、安全队伍和安全工作监督考核机制的建设。只有这样才能既从源头上最大限度地消除校园安全隐患和不稳定因素，又能从根本上提高学校在危机事件面前的反应能力和处置质量，保障高校各项工作有组织、有秩序、高质量地开展。

第二节　社会综治安全

一、治安

高等学校是莘莘学子打造梦想、创造未来的天堂，这些象牙塔的存在也向来以净土无争自居，但就现在的形式而言，高校所面临的环境完全不似之前遗世独立的纯粹。随着高校教学与管理工作模式的不断创新和拓展，学校办学规模逐步扩大，校园各类人员不断增多，这给校园创造出各种生机勃勃的新景象，但这无疑也给高校带来了诸多不安定的治安因素。

（一）高校治安的概念

高校治安保卫工作是指高校相关职能部门为了维护校园公共安全，确保正常的教学、科研和生活秩序，保障广大师生员工的合法权益，通过各种业务管理和组织活动，管理校园安全的一种行为。高校治安保卫工作的性质是不断解决保卫对象安全需要与危害因素之间的矛盾的治安管理和组织活动，以保障校园安全。

高校的安全需要包括政治稳定、学校的财产安全、师生员工的合法权益及正常的教学、科研、生活秩序等各个方面。危害因素包括政治的、经济的、思想文化等各种侵害因素以及非人为的危害因素。安全需要和危害因素都是复杂的、不断变化的，它们之间形成的矛盾也是复杂的、不断发展变化的。

（二）高校治安形势

近年来，校园安全事件的发生率整体呈上升趋势，比如在校学生违法犯罪比例有所提高，校外人员侵入校园实施不法侵害的案件显著增多，校园暴力案件时有发生，等等。这严重影响了学校正常的教学、科研和生活秩序。所谓对症下药，对高校治安安全隐患的正确认识也就尤为重要。除了传统的治安灾害事故隐患，目前威胁高校治安安全的主要是新形势下高校改革所带来的相关治安挑战。

（三）高校治安形势复杂的原因分析

1.学生层次复杂。

新时期的高校改革以高校扩招为主要标志，而高校扩招不可避免导致学生数量激增，办学规模扩大，使得高校治安保卫工作量骤增。虽然高校扩招为更多的学生进入高校学习提供了可能，在提高国民素质上有建鼎之功，但这必然以高校入学门槛的降低为条件，使学生的来源更加复杂，目前各高校普遍存在全日制本专科生、研究生、成人教育学生、自考生以及各类进修学生等。作为校园治安的主体，这种生源的复杂性，无疑给治安工作增加了更多不可预料的不安定因素。此外高校学生大多数是独生子女，以自我为中心的独立意识强，包容性弱，适应、协调能力相对较差，因为小事而发生纠纷的现象相当普遍，严重的甚至引发极端事件。校园内各种层次学生并存的状况客观上给学生由于相互之间价值观、伦理观、道德观的差异而遇事产生冲突、发生纠纷提供了较之过去更多的机会。

2.后勤社会化增大了高校治安保卫工作的难度。

1999年11月，国务院在上海召开了全国高校后勤社会化改革工作会议，全面揭开了高校后勤社会化的序幕。高校后勤社会化的目标是：使高校后勤工作逐步从高校中剥离出来，实行全方位的企业化管理，并最终融入社会第三产业，以保证高校集中力量办学，提高办学质量。因此，这一改革的重要性是不言而喻的。高校后勤社会化改革，是高校改革的重要组成部分，它促进了高校办学观念、办学思想和办学模式的转变。但是，由于高校特定的服务对象和客观条件的需要，高校后勤虽然走向社会化，但各种经营活动仍然在校园里进行，并主要以广大师生为服务对象。这样就给本来已趋于社会化的高校治安保卫工作带来了新情况、新特点和新问题。高校后勤社会化加速了高校社会化，而高校社会化对高校保卫部门过去那种传统的校园治安管理模式产生了巨大的冲击。随着高校改革和后勤社会化的逐步深入，高校保卫部门的工作模式也要随之而变，只有这样，才能在加强高校治安保卫工作的同时保证后勤社会化的顺利进行。导致大学生治安问题的原因多种多样，这与大学生安全问题所呈现的多样性对应，现今围绕大学生治安问题常见的形态有如下几点：

第一，食品安全问题。大学生在日常饮食方面缺乏辨别力，由于校方对食品的严格管控，校内的食品花样、口味难以满足广大学生的饮食需求加之校内餐厅就餐人数较多，一些学生往往喜欢去校园周边的小店或小摊贩处就餐，而其中的流动小商贩难于管理，在大学周边以及校园门口就广泛存在着无资质经营的小商贩，但由于其极具流动性，使得行政部门很难进行统一管理。固定商铺资质审查也存在过于宽松的问题，其卫生状况也一直饱受质疑，而工商行政管理部门的卫生许可、经营资质的审查并没有落到实处。这些都成了安全隐患滋生的土壤。又有现今大势流行的网上订餐，网上订餐所存在的问题更为严峻。由于网络第三方平台并没有对小商铺的资质进行严格审查，行政管理部门监督也成空白状态。相对于公开的店面，这些网络餐铺又多了一层神秘的面纱，其食品安全在这种疏于管理的情况下势必存在巨大的安全隐患。

第二，道路交通安全问题。高校周边几乎成为"黑校车""黑出租"的集散中心，一些轿车无证无照经营，车辆多数安全性较差，驾驶人员身份复杂，缺乏必要的交通法规意识和安全常识，一旦发生事故，师生利益很难得到保障。2018年5月，震惊网络的"滴滴司机杀害搭乘空姐"事件更是振聋发聩的一记警钟。事件中的网约车是通过网上的所谓正规平台预约，但这仍然不可能杜绝人心、素质所造成的隐患。随着此事件的发酵，一大批关于网络约车平台的事件被披露，平台司机审核无章，存在诸多前科司机。对此网络约车平台做出了一系列整改，而无论怎样的措施，都不可能根绝此隐患。网络订餐过程中的送餐车频繁来往于校内校外，也是产生交通安全问题的又一因素。这些都会对师生、行人人身安全产生危害。

第三，校外租房管理问题。高校学生在外租房的现象较为普遍。但一些出租房屋的业主手续不全。

第四，文化娱乐设施无序问题。在高校周围总会有许多网吧、酒吧、游戏厅等娱乐场所，这些娱乐场所往往经营管理秩序较差，学生在消费过程中可能会遇到消费欺诈、胁迫消费等问题。

第五，校园周边财产犯罪问题。最为常见的是盗窃问题。消费欺诈问题也长期存在，许多理发店胁迫消费，还有一些驾校也对学生这些弱势群体在消费过程中加价消费。

第六，校园周边暴力犯罪问题。由于校园周边人员混杂，周边环境复杂，社会治安管理薄弱，一些暴力犯罪往往发生在学生身上，对其身体和心理造成极大的损伤。社会闲散人员会对弱势学生实施抢劫、勒索和伤害等恶性行为。

这些都是现在大学生所常面对的校园治安问题。

(四)高校治安建设

新形势下,校园治安所面对的复杂的新旧原因,决定了现在高校治安工作必须受到高度重视。而这也涉及高校治安管理体系的建立,高校治安管理体系是以治安防控体系为基础,涵盖组织指挥系统、接出警系统、师生群防群治、校内外各部门联动配合的立体化体系。其中,作为管理体系中的基础与核心,高校治安防控体系是指高校安保部门从维护校园及周边安定需要出发,发挥自身职能作用,科学整合现有保卫力量和社会资源,把防范、管理、控制、服务等多种措施有机结合,形成统一指挥、互相配合、信息共享、协调运转的体系,形成覆盖校园及周边治安管理的系统性工程。

1.确认高校治安保卫部门的法律地位和执法权力。

要想切实落实相应的治安措施,确立高校治安保卫部门的法律地位和执法权力也就显得十分紧迫。高校保卫部门实施校园治安管理有着比公安工作更为广泛的内容,如要害部位的保卫、学生宿舍的安全管理、查处重大治安灾害事故及大量的安全防范工作等,其采用的工作方式、手段也是公安机关所没有的。若按目前只做些基础工作、预防工作和信息收集反馈工作,凡事都要依赖和借助公安机关,很难改变目前工作的被动局面,难以跟上和适应新形势的要求。要整治当前高校日益严峻的治安问题,仅靠公安机关是不够的,必须依靠高校保卫部门,才能有效维护校园安全。因此,应根据当前形势的迫切需要,针对高校的治安保卫工作特点,由国家立法机关和教育行政主管部门制定校园治安方面的法律、法规,明确高校保卫部门的法律地位及在学校治安管理中的职能、任务和执法权限。只有这样,才能从根本上改变高校保卫部门目前的状况,更好地发挥其为高校改革、发展保驾护航的作用。

2.建立治安联动机制。

就现在而言,大学多以大学城的形式集中于同一区域,即使没有形成大学城模式的高校,其分布也多呈现集中化。这样的发展趋势为各个高校治安合作提供了地域条件,大学实际上是共享一个周边治安环境的,违法犯罪活动又具有很大的流窜性,因此各个高校联合治理周边环境能节省治安成本,提高危险的预防能力。在高校的治安合作中建立行之有效的联动机制十分必要。首先要以法律明确各政府部门在高校周边治安中的职责。高校周边环境管理不仅是高校一方的事情,也涉及公安、工商、文化、税务、城管和交通等许多政府职能部门,需要各政府部门与高校配合,"政校联合"才能针对性地解决如何保护高校师生人身财产安全问题。其次实现政府和高校治安工作的协调,政府要加大资金投入,完善高校周边的治安设施建设,同时也便于对周边环境的监管,如摄像头、路灯的安装工作,提高治安工作的效率。再者要加强各个高校之间治安力量的结合,通过必要的治安会议,实现治安信息的交流,提出工作中存在的问题,集中研究相应的解决措施,着重加强高校之间保安队伍建设,以维护共有的高校周边治安环境，减少各个高校的治安工作压力，充分发挥高校自身的治安作用为目的。提高政府部门之间、各个高校之间、政府和高校之间的协作能力。同时增加治安信息公开内容，保证学生对相关内容的知情权，高校要定期公开治安工作内容及违法犯罪等安全事件，提高高校学生的安全意识。

3. 明确法律责任，实行责任追究制。

制定高校周边环境综合治理考核办法，要根据综合治理存在的问题合理划分责任，制定具体的工作目标。根据高校周边环境治理目标任务，对各个治安主体进行考核，定期公布考核结果，将考核结果与年终考核挂钩，考核不合格的部门和个人，要限期改正。对工作造成重大损失或影响的部门或个人，落实法律责任追究，给予行政处罚甚至刑事处罚。完善高校周边环境综合治理监督制度，定期对周边环境进行监督检查，促进治安主体落实法定职责。《健全落实社会治安综合治理领导责任制规定》自2016年2月27日起施行，为推进社会治安治理，健全领导责任制，推行属地管理和谁主管谁负责原则，构建党委领导、政府主导、各部门落实、社会力量积极参与的社会治安综合治理格局。高效周边治安属于社会治安的重要部分和敏感区域，可以借鉴以上责任追究制度，在政府、各部门、各高校间建立高校治理管理责任制，有效地对治安工作定量考核以及开展奖惩评价。

4. 高度重视校园保卫部门建设，努力提高保卫干部的整体素质。

高校的保卫部门是校园治安的主管部门，在校园治安综治中处于十分重要的地位，担负着十分重要的责任，在打击违法犯罪、治安防范和治安管理中，保卫组织始终处于第一线，是主力军。他们的工作效能的发挥直接影响着学校治安综治工作的成效，这是其他任何部门所不能替代的。因此，学校领导要关心和改善他们的工作和生活条件，高度重视这支队伍的思想、组织和业务建设，切实加强队伍的管理、教育和培训，不断提高他们的政治素质和业务素质。保卫干部要牢固树立为教学、科研、管理服务的思想，增强工作责任感，提高服务意识；认真学习有关法律法规并严格依法办事；熟练掌握有关业务知识并加强技术技能培训；根据不断变化的社会治安形势和高校治安形势，大力探索解决高校治安问题的新思路、新方法，以适应新时期高校安全保卫工作的需要，为广大师生员工创造一个安定有序的校园环境。

5. 配合地方各级机构加强整顿校园及周边秩序，加强高校周边区域规划，优化育人环境。

高校要经常依靠地方政府的各级机构对校园周边进行治安集中专项整治。一是配合工商、市容、卫生监督部门对校园周边随意摆摊设点的行为加大整治力度；二是加强对校园周边网吧、电子游戏室、台球室等重点场所进行整治。此外，相关部门要严格执行高校周边市场单位经营审批工作，保障高校周边商业行为的规范性和合理性。对如今高校周边出现的各种商业模式做适当调整，行政管理部门应严格执行高校周边营业场所设立的规定,特别是对一些娱乐场所的经营要加强审批和持续监督。商家必须符合注册的标准才能发放经营许可证,杜绝无证经营、非法取得许可证的现象发生。对一些安全条件不达标或不符合法律要求的商业要给予关停,加强对经营单位的法治教育,提升其守法意识。对餐饮行业,要检验食品是否符合卫生质量要求。对违法者,应及时给予警告和限期整改的处罚措施,如仍不符合食品安全质量,应吊销营业执照,责令停产停业。第二,禁止在大学周边建工厂,因为其不仅会产生有害气体,污染环境,而且工厂区的流动人口增加,人员构成复杂,容易诱发治安问题。因此将工业区和高校区要进行区域划分,可以减少治安环境的复杂性。第三,加强高校周边基本配套设施建设。推进高校周边环境优化进程,必须重视其周边的硬件建设。保障周边交通信号灯的正常运行,增加市郊公交车路线和班次等,这些基础设施的建设和改善,将对高校周边环境建设起到积极推进作用,会大大减少周边环境治理的难度。

6. 大力加强和推广技术防范工作。

治安的最终目的既是长治久安,也在防患未然。所以做好安全防范工作也就尤为重要。除了传统的安全防范工作,技术防范的概念随着现代科学技术的不断发展和普及应用,越来越为公安保卫部门和社会公众所认可和接受。所谓技术防范,是指在治安保卫实践中,以人力防范为基础,应用先进的科学技术,对防范目标实行安全控制的一种防范手段,其目的是加强对治安防范目标的有效控制,最大限度地减少各种安全隐患,不断提高社会自我防卫能力和公安保卫部门处置各种突发事件的快速反应能力。面对高校维护稳定、保障校园安全的繁重任务,仅仅依靠传统的人力防范已不适应高校新形势下治安保卫工作需要。新时期高校治安保卫工作必须实现由人员密集型向科技密集型转变,以科技为支撑,大力加强和推广技术防范措施。首先应该建立校园内外完善的监控和指挥系统。监控系统是现代化声像技术应用于治安防范的有效手段。它具有对所监控范围的恒定监视功能,发生案件时能及时报警,并能起到治安警戒作用。监控系统宜选用闭路电视监控系统,设置于高校校门、校园重点部位、重大集会现场、案件多发部位,其主控室设在高校保卫部门,实施昼夜值班监控。此外,要建立一支以校园"110"为核心的接报警系统和快速反应力量。校园"110"接报警系统的基本运作模式是由高校保卫部门牵头设立校园报警求助指挥中心,学校各职能部门实行联动,指挥中心认真履行"有警必接、有险必救、有难必帮、有求必应"的服务承诺,随时接受全校师生员工的报警求助,并根据报警的内容迅速做出处理。

7. 高校危机事件的善后管理与恢复。

无论怎样防范,我们都不可能杜绝校园治安事件的发生,所以防范之外,在危机事件发生后,痛定思痛之余,做好善后处理,尽可能降低甚至消除事件发生后的消极影响也同样必要。这项工作要从制度与秩序的完善、形象的恢复、设施的重建、生理和心理的恢复等方面进行善后管理。当然,一份完整的危机恢复管理计划依照内容及实施步骤可以分为学校危机背景简介、学校危机恢复目标、危机恢复对象、危机恢复工作的策略和方法、计划的拟定者和执行人、计划的物质准备、使用条件及有效期等几个部分。

高等学校是国家培养高素质人才的重要基地，做好高校的治安保卫工作，为广大师生创造良好的教学、科研和生活环境，不仅关系到广大师生人身财产安全，而且关系到高校和社会的安全和稳定。基于当前我国高校治安保卫工作所处的社会背景，高校治安保卫工作面临的问题突出，研究和探索新时期高校治安保卫工作的管理体制和工作模式，进一步做好高校治安保卫工作，结合高校的现状和社会治安形势，除了落实以上措施，尚需要对行之有效的治安举措做进一步探索。

二、禁毒防艾

毒品、艾滋病和恐怖活动，是当今世界的三大杀手。毒品，被誉为白色恶魔，是国际公约明令禁止的200余种麻醉品与精神药物的统称，包括近年来在西方国家流行的迷幻药。国际上通常把毒品分为9大类，其中对人体危害最大的有可卡因、鸦片和大麻3类，可卡因类被称为百毒之王。目前，威胁全球的4大"毒窟"是：金三角、金新月、银三角、第四产地。

吸毒造成超越国界的社会犯罪增加和个人人格沦丧，还与恐怖主义、洗钱和贩卖人口等跨国有组织的犯罪相互交织，是人类公害。遏制毒品生产、打击毒品走私，是国际社会的共同任务。从1909年2月起，国际社会召开了上海国际禁烟等一系列会议，签订了多个《禁烟公约》，20世纪70年代以来，戒毒和反毒品走私斗争在全球全面展开。禁毒，是指运用行政法令和群众监督的力量，促使吸食或注射鸦片和代用麻醉剂者戒绝瘾癖，限制和取缔种植、收贮、制造、转运、贩卖毒品和毒具行为的一项改造社会风俗、保护公民身心健康、维护社会秩序的工作，又称禁烟禁毒。1987年，国际禁毒组织把每年的6月26日定为国际禁毒日。

我国自20世纪80年代以来，伴随着改革开放和经济社会的快速发展，毒品和艾滋病乘虚而入，危害民众。党和政府高度重视禁毒和防治艾滋病工作，积极参与国际禁毒合作，并在全国范围内围绕国际禁毒日的主题开展了广泛的禁毒专项斗争和群众宣传。1990年12月，全国人大常委会颁布了《关于戒毒的决定》；2000年6月，国务院发表了《中国的禁毒》白皮书；2007年12月，公布了《中华人民共和国禁毒法》，自2008年6月1日起施行。

（一）毒品的概念及特征

1.毒品的概念。

1997年3月14日修订的《中华人民共和国刑法》第三百五十七条规定，毒品是指鸦片、海洛因、甲基苯丙胺（冰毒）、吗啡、大麻、可卡因以及国家规定管制的其他能够使人形成瘾癖的麻醉药品和精神药品。

2. 毒品的特征。

从毒品的药理性和法律性的双重地位分析，毒品具有三个主要的特征：

（1）毒品的药物依赖性。

依赖性或成瘾性：依赖性或成瘾性，在医学上也称作"药物依赖性"或"药瘾"，是指由于重复使用某种药物而产生的心理依赖或身体依赖，或两者兼而有之的状态，有的还产生耐药力。所谓心理依赖，是指使用者在心理上强烈渴望使用某类药物，以引起快感或避免不舒服感。有了药物，就觉得一切皆美好，可以不顾个人健康与对家庭、社会的危害，千方百计地寻觅药物，甚至不择手段、不计后果去获取药物。

（2）毒品的危害性。

毒害性与成瘾性相联系，成瘾性导致毒品滥用者长期吸毒而造成他们体内慢性中毒，产生各种不良反应：体力衰弱、智力减退，甚至精神错乱、中毒死亡。毒品除对使用者个人的身体造成损害外，还降低了使用者的工作能力和在社会经济生活中的角色功能。更有甚者，使用者在毒品影响下，会使正常的理智与思维功能丧失，而可能导致各种异常行为的发生。

（3）毒品的非法性。

毒品的非法性表现在：首先它是一种受国家管制的特殊药品，其次它是法律明文禁止滥用的药品，最后与它有关的行为是违法犯罪行为。毒品的范围包括麻醉药品和精神药品，这两类物品都具有双重性，使用得当，可以缓解病痛、治疗疾病；使用不当或滥用，则使人产生药物依赖性，损害身体健康。为防止滥用这些药品，国家通过颁布法规，对这类药品的制造、运输、销售、使用以及原植物的种植，都做了严格的规定。

（二）吸毒的危害

1. 对人体的危害。

（1）身体依赖性，是由于反复用药所造成的一种强烈的依赖性。毒品作用于人体，使人体体能产生适应性改变，形成在药物作用下的新的平衡状态。一旦停掉药物，生理功能就会发生紊乱，出现一系列严重反应，称为戒断反应，使人感到非常痛苦。用药者为了避免戒断反应，就必须定时用药，并且不断加大剂量，使吸毒者终日离不开毒品。

（2）精神依赖性，毒品进入人体后作用于人的神经系统，使吸毒者出现一种渴求用药的强烈欲望，驱使吸毒者不顾一切地寻求和使用毒品。一旦出现精神依赖，即使经过脱毒治疗，在急性期戒断反应基本控制后，要完全康复原有生理机能往往需要数月甚至数年的时间。更严重的是，对毒品的依赖性难以消除。这是许多吸毒者一而再、再而三复吸毒的原因，也是世界医、药学界尚待解决的课题。

（3）毒品危害人体的机理，我国目前流行最广、危害最严重的毒品是海洛因，海洛因属于阿片灯药物。在正常人的脑内和体内一些器官中，存在着内源性阿片肽和阿片受体。在正常情况下，内源性阿片肽作用于阿片受体，调节着人的情绪和行为。人在吸食海洛因后，抑制了内源性阿片肽的生成，逐渐形成在海洛因作用下的平衡状态，一旦停用就会出现不安、焦虑、忽冷忽热、起鸡皮疙瘩、流泪、流涕、出汗、恶心、呕吐、腹痛、腹泻等。这种戒断反应的痛苦，反过来又促使吸毒者千方百计地维持吸毒状态。冰毒和摇头丸在药理作用上属中枢兴奋药，毁坏人的神经中枢。

（4）吸毒危害心血管系统，很多毒品对心血管系统产生直接毒性，经常引起心率失常和缺血性改变，但毒品不同其药理作用不同，海洛因在吸食后24小时内，55%有异常心电图表现，严重者可引起心跳停止，可卡因引起心率失常更为常见，注射可卡因短期内出现心跳过速，还可引起血管痉挛，冠状动脉痉挛可造成心肌梗死，还可以引起冠状粥样硬化，促使血小板聚集引起小血管内血栓形成进而引起血栓。

2. 吸毒对家庭的危害。

家庭中一旦出现了吸毒者，家便不称其为家了。吸毒者在自我毁灭的同时，也破坏了自己的家庭，使家庭陷入经济破产、亲属离散，甚至家破人亡的困难境地。

3. 吸毒对社会的危害。

对社会生产力的巨大破坏。吸毒首先导致身体疾病，影响生产，其次是造成社会财富的巨大损失和浪费，同时毒品活动还造成环境恶化，缩小了人类的生存空间。毒品活动加剧诱发了各种违法犯罪活动，扰乱了社会治安，给社会安定带来巨大威胁。

（三）高校禁毒教育现状

1. 没有相关专业教育以及未设相关课程。

（1）没有相关专业教育。

综观云南众多高校，包括部属的211工程、985工程学校甚至公安院校，没有一所学校开设禁毒专业。这是禁毒教育的缺失，没有禁毒专业教育，禁毒工作者的培养将成为禁毒工作的问题之一。

（2）未设相关课程。

仅有公安院校设有相关课程，且只对公安专业开设禁毒课程，其他高校当中，包括部属院校和省属院校，均未设有禁毒课程。仅在部分学校的个别专业，如毒理学、毒物学、化学等专业的部分课程中，会有关于毒品的内容，但并不是作为专门课程来讲授。

2. 重视毒品宣传，轻视心理引导。

在禁毒宣传教育过程中，学校通常片面强调毒品的相关知识和危害性，而忽视对学生身心规律的研究，尤其是对他们强烈的好奇心的关注，导致学生对外界宣传中毒品的快感的过分渲染产生强烈的好奇心与刺激心理，所以不恰当的宣传很有可能起到适得其反的作用。

3. 流于形式，内容简单。

学校禁毒教育内容较单一，更新不及时，未能将目前常见、常用的毒品知识及新型毒品进行重要介绍，一般都是关于传统毒品的简单知识，且每年内容近乎相同。至于吸毒的危害、为何会成瘾、如何防护等方面则少有涉及，且内容也很表面，浅尝辄止。禁毒教育要面向全社会，由于接受教育的群体层次不同，因此，我们在进行教育时也应考虑到多样化这一点，应满足不同层次、不同群体的需求和接受能力，集中力量营造多视角、多渠道、多形式、全方位的禁毒宣传教育态势。只有这样，禁毒教育才能富有新鲜感和生命力。可我国目前的禁毒教育在形式上还存在着严重的走过场现象，表现在各高校仅是在每年的"6·26"国际禁毒日前后开展宣传活动，而且大多是通过新闻报道、板报、标语等形式进行宣传，缺乏对毒品基本知识的普及式宣传，方法也大多采用说教式，仅仅是应付了事，走过场而已。

4. 禁毒教育的形式简单

（1）禁毒教育的方式缺乏针对性。

从总体上来说，禁毒宣传教育面向的群体很多，并且每个群体的生活方式和成长环境都不同，因此，适用于他们各自的宣传教育方式也不应该相同。也就是说，禁毒宣传教育应根据不同的对象，采取不同的方式。

针对高校学生进行的禁毒宣传教育，应发挥学生的主体作用，也就是主力军作用。高校在对学生进行文化知识教育的同时，还要结合学校的管理制度，对学生进行禁毒宣传教育；此外，共青团也应该在青少年的禁毒宣传教育中发挥作用，由于青少年自身尚未成年，正确的世界观和人生观还未形成，对社会不良影响的抵抗能力比较弱，加之处于这个年龄段的人对新奇事物充满好奇心，容易受到违法犯罪分子的引诱，沾染上毒瘾。共青团是青少年的组织，比较了解青少年的特性，可以经常对青少年进行禁毒宣传教育，并组织青少年进行一些有意义的活动，为他们提供正确的娱乐导向，指导他们积极向上地生活。可我国目前禁毒宣传教育的方式对所有人都是一致的，没有区别，缺乏针对性。

（2）禁毒教育的形式缺乏多样性。

我们开展禁毒教育工作，就是想让学生深入了解毒品，让他们认识到毒品的严重危害，从而教育广大学生，让他们树立正确的人生观和价值观，自觉抵制毒品诱惑、珍爱健康、珍爱生命，这一目标的达成需要我们做好禁毒宣传教育工作。禁毒教育应贯彻以人为本的思想，在形式上注重多元化和多样化。云南省高校目前存在的问题是负责教育的部门往往只是发布新闻、张贴标语，教育工作缺乏多样性。

（四）艾滋病的传播方式

艾滋病是一种危害性极大的传染病，由感染艾滋病病毒（HIV 病毒）引起。HIV 是一种能攻击人体免疫系统的病毒。它把人体免疫系统中最重要的 CD4T 淋巴细胞作为主要攻击目标，大量破坏该细胞，使人体丧失免疫功能。因此，人体易于感染各种疾病，并可发生恶性肿瘤，病死率较高。HIV 在人体内的潜伏期平均为 8—9 年，患艾滋病以前，可以没有任何症状地生活和工作多年。在目前没有有效治疗艾滋病方法的情况下，唯一的办法只能是预防，预防艾滋病最好的方法就是阻断传播途径，艾滋病传播的途径主要有三种：

1. 通过血液进行传播。

主要包括，输入污染了 HIV 的血液或血液制品；静脉药瘾者共用受 HIV 污染的、未消毒的针头及注射器；共用其他医疗器械或日常用具（如与感染者共用牙刷、剃刀）也能够经破损处感染，但罕见；注射器和针头消毒不彻底或不消毒，特别是孩童预防注射未做到一人一针一管危险更大；口腔科器械、接生器械、外科手术器械、针刺治疗用针消毒不严密或不消毒；理发、美容（如文眉、穿耳）、文身等的刀具、针具、浴室的修脚刀不消毒；和他人共用刮脸刀、剃须刀、或共用牙刷；输用未经艾滋病病毒抗体查看的供血者的血或血液制品，以及类似情况下的输骨髓和器官移植；救护流血的伤员时，救护者本身破损的肌肤触摸伤员的血液。

2. 通过性接触进行传播。

在世界范围内，性接触是艾滋病最主要的传播途径。包括同性及异性之间的性接触。男性艾滋病病人及 HIV 感染者的精液和女性艾滋病病人及 HIV 感染者的阴道分泌液中都含有艾滋病病毒。人体生殖器黏膜脆弱，含有丰富的毛细血管，性交使黏膜很容易出现微细的损伤，使得 HIV 进入健康一方体内而引起感染。

3. 通过母婴进行传播。

也称围产期传播，即感染了 HIV 的母亲在产前、临产进程中及产后不久将 HIV 传染给了胎儿或婴儿。HIV 检测阳性的妇女及孕妇，将艾滋病传给婴儿主要通过三种方式：第一种是血液中的艾滋病病毒可以通过胎盘直接到达婴儿体内，使婴儿感染艾滋病病毒；第二种是怀孕的母亲在分娩过程中，当婴儿经过母亲产道时，可以受到母亲携带的艾滋病病毒的感染；第三种就是感染艾滋病病毒的母亲，乳汁中含有艾滋病病毒，当婴儿吸吮乳汁时，可感染艾滋病。这三种途径加起来的概率大概是在 35% 到 45%，也就是说阳性的孕妇如果生小孩，她传给小孩的概率在 35% 到 45% 之间。

艾滋病在一般的接触中并不会传染，如交谈、握手拥抱、礼节性亲吻、同吃同饮、共用厕所和浴室、共用办公室、公共交通工具、娱乐设施等日常生活接触不会传播，因为艾滋病患者的唾液、泪液和尿液中病毒含量很少或者没有病毒，因此日常生活接触不会传播艾滋病病毒。所以，艾滋病患者在生活当中不应受到歧视。

（五）高校防艾现状分析

近年，高校学生中"染艾"人数急剧增加，大学生正在成为受艾滋病影响的高危人群，2011年到2015年，我国15—24岁大中学生艾滋病感染者净年均增长率达35%（扣除检测增加的因素），且65%的学生感染发生在18—22岁的大学期间。防控艾滋病已经成为高校应对社会风险的重大挑战，并且这个挑战随着社会结构的多元化、学生参与社会的复杂化已经愈发严峻。

1. 无专门文件，无专人负责。

据《艾滋病防治条例》第二十三条第一款"国家实行艾滋病自愿咨询和自愿检测制度"规定，体检时校医院无权将学生血样用于艾滋病检测。受访学生普遍认为自己在入校体检抽血时已经进行了HIV检测。这种信息不对等状态，为学生营造出一种虚假的安全感。事实上，各部门均没有针对艾滋病的相关文件或相应预案，也无专门部门或人员负责艾滋病相关工作。"谁负责"没有明确，"如何干预"尚有很大局限，防艾工作极其缺乏针对性。

2. 无权主动检测。

由于法律规定以及现实原因，高校无权检测学生是否感染了艾滋病，这样就会造成不能及时采取应对措施，最后形成无法挽回的后果。

3. 高校应对艾滋病的问题。

从结构层面看，高校防艾工作整体所处的"缺位"状态，是因法律等硬性因素造成的"合理性缺位"。具体表现除疾控中心已实施有效管理如实名制，高校无介入之必须，以及管理成本限制之外，还有保护感染者信息的需要。艾滋病感染者的信息，大致可分为两类：一是集体信息，如某校有多少人感染了艾滋病；二是个人信息，如谁是艾滋病感染者。社会目前已初步建立高校疫情通报制度，集体信息由学校职能部门（校医院、学生处等）掌握；个人信息则不作为通报内容，仅由疾控中心掌握。

若由高校统一进行艾滋病检测，无法保护检测者的个人隐私。个人信息不能披露，属于法律规定。然而，集体信息中对于"某高校有多少人感染了艾滋病"这类数据，"以多大范围为准""如何公布"等细节问题上，由于没有统一规定，高校又出于种种考虑不主动公布，极易导致信息隐瞒。

（六）高校禁毒防艾措施

高校学生思维活跃，这对高校禁毒防艾教育工作在形式与内容上提出了更高要求，但这也给高校禁毒防艾工作以不能比拟的优势。大学生的素质水平使得高校的禁毒防艾教育具有天然优势。在高校建构禁毒防艾教育体系，是禁毒防艾教育不可或缺的重要形式。通过高校文化这种特定的文化环境和精神氛围，影响学生人格和心理的发展，特别是影响大学生的价值取向、思想品德和生活方式的选择，从外部环境和心理环境上使学生远离毒品和艾滋病。高校禁毒防艾教育可从多方面入手，具体涉及学校教育，周边环境构建等。

1. 开展生命教育，培养珍视生命的价值观。

近年来，我国频频发生高校大学生自杀、他杀、伤人及虐待动物等事件，轻视生命、漠视生命、践踏生命的现象屡见不鲜，这都说明高校大学生生命意识的淡漠和迷失，传统思想政治教育也许在部分课程中有体现生命教育的内容，但显然已不能满足当前学生的实际需求。生命教育的目的就是帮助每个人正确处理生命自然性和社会性的关系，树立正确的生命伦理观和价值观，形成敬畏生命、珍爱生命、善待生命、享受生命、升华生命的自觉意识。

在大学生禁毒防艾教育工作中，首先是要开展生命教育，只有意识到生命和健康的弥足珍贵，大学生才能正视毒品的危害，自觉远离毒品。因此，生命教育可以通过对中国古代传统生命观的宣传和讲授，让学生领略古代圣贤的思想光辉，从中得到浸染和熏陶。在加强生命教育的同时，明确毒品及艾滋病与生命健康的绝对对立性，通过禁毒防艾教育增强学生预防毒品和艾滋病的意识。

2. 开展思想教育，树立正确的价值观念。

大学时代，学生正处于青春发育期，具有性欲旺盛和好奇心强等特点，一方面这个时期他们的价值观往往还没有完全成熟，容易受到各种不良思想、行为以及淫秽色情小说的影响，另一方面他们大多崇尚自由，追求个性解放，对新鲜事物充满了好奇感，这就导致高校学生容易成为毒品和艾滋病传播的主要受害者。

因此，高校禁毒防艾教育首要措施之一就是开展思想教育，帮助学生树立正确的价值观。具体而言，应当做好如下几个方面的工作：

首先，应当将禁毒防艾教育工作切实落实到教育工作的各个环节之中，注意加强与学生的沟通交流，对学生的思想、生活和学习情况进行充分了解，尊重学生的个性化发展，使学生能够自主掌握相关理论知识，避免空洞、乏味、单一的说教，从而在提高教学活动的有效性的同时，使学生能够对禁毒防艾教育形成正确的认识；其次，在开展思想教育的过程中应当做到理论联系实际，本着实事求是，一切从实际出发的原则，及时掌握每个学生的思想动态，并根据每个学生的不同特征，具体问题具体分析，有针对性地开展教育教学工作，使禁毒防艾工作能够贯穿于教学和日常生活的全过程，避免思想教育工作的形式化，从而使学生能够在生活实践中加深对禁毒防艾教育的理解；最后，教师应当充分发挥模范带头作用，在开展禁毒防艾教育的过程中应当时时处处以身作则,这不仅能够使教师得到学生的爱戴和拥护,提高禁毒防艾教育的说服性和感染力,而且有助于引导学生在接受思想教育的过程中,主动扫除不良的思想观念,树立正确的价值观念。高校应了解校内学生真实的防艾知识掌握情况,及时更新宣传者的知识库,向学生传递最新医疗信息;同时,应实时调整宣传标准,在高校管理者带头正视"性问题"的基础上,开展同伴教育,引导学生正视"性"、增强自我保护意识。

3.注重教学实效性,禁毒防艾教育坚持理论与实践相结合。

禁毒防艾教育要充分激发教育主体——大学生的主观能动性,增强教学的实效性。例如,在基本常识的学习上,除介绍必要的知识点外,还应广泛收集教学素材,选择那些贴近大学生生活的真实经典案例,让在校大学生充分知晓毒品、艾滋病其实离我们每个人并不遥远,让大学生的心灵受到震撼;在教学特色上,根据各高校实际情况,可以建立校外禁毒防艾实践教学基地,让在校大学生到戒毒所、疾控中心和毒品、艾滋病疫情严峻的乡镇等开展社会实践学习,深入了解地方社会禁毒防艾形势的严峻性,让学生在鲜活而残酷的现实案例中接受教育,增强在校大学生对毒品和艾滋病的认识。坚持禁毒防艾教育与学生的日常教育密切结合,把禁毒防艾教育列入教学工作计划,将禁毒防艾教育与学生思想政治教育结合起来,与学生日常行为规范结合起来,与学校法治教育结合起来,与培养学生树立良好的道德观结合起来。把禁毒防艾与大学生社会实践相结合,广泛开展禁毒防艾志愿活动。

4.建章立制,构建禁毒宣传教育体系。

高校禁毒宣传教育工作,从软件到硬件,从内容到形式,要构成一个严密的体系。该体系要包括独立的教研单位,专业的教职员工,新颖的教辅资料,先进的传媒手段,足够的物质保障,完善的规章制度,周密长远的工作规划,灵活多样的工作形式,科学有效的考核方式等。要采取各种形式,通过多种途径,介绍禁毒知识,传播禁毒观念,宣传禁毒政策法规,提高广大学生和教职员工认识毒品、拒绝毒品、防范毒品的能力。虽然学校在禁毒防艾教育中做了一些工作,但由于仅限于课堂教学中,内容形式单一,缺乏持久性且不够深入,导致以往开展的工作对学生群体的影响效果不太明显,大学生依然对毒品和艾滋病的相关知识重视程度不够,对禁毒防艾宣传教育的关注程度不高,以致近1/3的学生还没有意识到我们身边存在着毒品和艾滋病的威胁,更不用说调动大学生的积极性,使他们参与到禁毒防艾宣传工作中来。特别是因传统思想或教学资源等因素限制,本应在禁毒防艾教育中起重要作用的父母、教师职能的缺失,使大多数学生仅能从网络、电视、报纸、杂志等大众媒体上获取相关知识,大众媒体在具备传播面广、信息量大等优点的同时,也存在诸如讲授知识片面、针对性差等缺点,造成大学生对禁毒防艾知识缺乏系统的了解,甚至在某些方面存在误解,如对艾滋病非传播途径认识不清易造成不必要的恐慌，甚至使大学生产生歧视、排斥艾滋病感染者或患者的行为。禁毒防艾关键在于预防，预防的关键在教育。

5. 开展闲暇教育，引导健康充实的生活方式。

古人云："逸则淫，淫则忘善，忘善则恶心生。"美国教育家杜威也早在20世纪初就提出，要把休闲内容作为教学手段和教学技巧纳入教学过程之中，把休闲教育当作是"最为严肃的教育任务"。因为"富于娱乐性的闲暇教育不仅在当时有益于身体健康，更重要的是它对性情的陶冶可能有长期的作用。为此，教育的任务就是帮助人们为享受娱乐性的休闲而做好充分的准备"。当前我国高校学生业余活动安排不合理，活动层次不高，这不仅使学生在无意间浪费了大好的青春时光，而且也为毒品和艾滋病的侵袭提供了条件，要真正使大学生走出毒品和艾滋病的阴影，就必须引导他们在闲暇中学会生活、学会求知、学会审美、学会包容。闲暇教育正是教导人们自由地利用闲暇时间开展充实个人生活、发展个人兴趣的活动教育。禁毒防艾教育也要寓教于乐，以此来追求事半功倍的理想效果。

6. 加强网络建设，创新禁毒防艾教育方式。

网络为大学生开辟了一个更加自由广阔的信息获取和交流的空间，也为学校健康教育拓展了新的领域和途径。充分利用网络优势，把禁毒防艾的宣传教育拓展到网络上，对学生进行有计划的、系统的引导和渗透，有利于形成禁毒防艾教育全方位、多层次、立体化的态势。网络载体建设要体现趣味性、生动性和吸引力，寓教于乐，使学生在轻松愉快的气氛与活动中获取禁毒防艾教育知识。其次，要强化大学生甄别网络上相关黄赌毒宣传的信息，杜绝思想与精神的荼毒。

7. 重视社团模式，扩大禁毒防艾宣传教育。

新时期的高校禁毒防艾教育一定要摆脱传统上单纯依靠课堂说教的模式。内容上也要摆脱单一的弊病，做到与大学生日常活动结合。大学生所热衷的社团活动可以作为一种教育形式，在禁毒防艾教育工作中广泛利用。禁毒防艾社团首先要求社团成员必须掌握丰富的禁毒防艾知识和熟练的教育活动技能，这就需要学生自己先主动获取相关知识和技能，并娴熟运用，这样才能走出去开展成功的宣传教育活动。学生通过这种方式获得的禁毒防艾知识、技能和认识相比传统听课方式更加系统、深刻和牢固。社团成员既是受教育者，又是教育者。学生社团在开展"6.26国际禁毒日和""12.1世界艾滋病日主题活动"的同时，以演讲、辩论、征文、知识竞赛、书画比赛、图片资料展等多种多样的方式，在校内和校外常态化进行禁毒防艾知识的宣传教育活动，既能带动大批学生参与到活动中，又能扩大宣传教育的感染力和影响力，产生良好的社会效应。

禁毒防艾教育是全社会的责任，是一项长期而艰巨的任务。大学生作为社会的一分子，更肩负着国家未来经济发展、社会稳定和民族兴衰的重任。学校应当在教育教学的过程中，增强学生的社会责任意识，充分结合自己的专业优势，承担起禁毒防艾宣传教育的重任。比如：教育类和师范专业学生走上工作岗位前，对他们进行禁毒防艾宣传教育方面的知识和技能培训，不仅使师范类学生学到相关艾滋病的知识，提高他们自己预防艾滋病的意识，更重要的是学会参与性的教学理念和方法，并真正认识到禁毒防艾教育应该要渗透到学科教育中。特别要发挥班主任充分接触学生、了解学生的优势，今后在各自的学校做好对学生的禁毒防艾教育的工作。

毒品和艾滋病不仅残害人们的身心健康，由它引发的个人、家庭和社会问题也日趋突出，给社会安定和谐及经济繁荣发展带来了严重影响。学校是人群高度集中的场所，学生正处于生长发育阶段，身体免疫力低，自我保护意识差，比较容易受到各种传染病和不良习惯的危害。因此，学校禁毒防艾教育工作更显重要。高校是文化育人的重要场所，其根本任务是要培养出具有正确的世界观、人生观、价值观，具有创新精神和实践能力的全面发展的人才。因此，在高校开展"杜绝毒品、远离艾滋"的宣传教育有着现实的意义。

三、反邪教、传销

（一）反邪教

近年来，在持续的打击和压制之下，邪教组织的声势虽然有所平息，但是邪教活动仍然猖獗，斗争形势依然严峻。邪教借助更诡秘的组织形式、更高端的宣传手段进行思想传播，而且不断把魔爪伸向高校，伸向掌握着现代通信工具而人生观、世界观和价值观正在形成中的大学生群体，拉拢高校师生，使高校思想政治工作面临极大挑战，给社会主义建设带来隐患。

1.认识邪教。

邪教是社会的毒瘤，邪教组织和邪教活动不仅危害国际关系与国家安全，还破坏社会的稳定、家庭的和谐与群众的身心健康。

（1）邪教的定义。

我国最高人民法院、最高人民检察院制定的《关于办理组织和利用邪教组织犯罪案件具体应用法律若干问题的解释》将邪教组织定义为：冒用宗教、气功或者其他名义建立，神化首要分子，利用制造、散布迷信邪说等手段蛊惑、蒙骗他人，发展、控制成员，危害社会的非法组织。这个定义从邪教与宗教的关系、邪教的基本特征和手段、邪教对其成员和整个社会造成的危害等方面，揭示了邪教组织的本质。邪教与宗教有着本质的区别，是全人类公认的社会毒瘤之一。

（2）我国已认定的十四种邪教组织。

中央办公厅、国务院办公厅文件明确认定的七种邪教组织

①呼喊派。

②门徒会。

③全范围教会。

④灵灵教。

⑤新约教会。

⑥观音法门。

⑦主神教。

公安部文件明确认定的七种邪教组织

①被立王。

②统一教。

③三班仆人派。

④灵仙真佛宗。

⑤天父的儿女。

⑥达米宣教会。

⑦世界以利亚福音宣教会。

（3）邪教的特征。

①神化教主。

邪教首领为满足各种私欲，常用各种欺骗手段展示所谓的超自然神力，将自己包装成活着的神。在邪教组织里，教主拥有绝对权威和至高权力，信徒相信教主就是救世主，对其唯命是从，心甘情愿地奉献出自己的全部财产，甚至不顾生死。

②编造歪理邪说，实施精神控制。

邪教组织通常打着宗教的旗号、冒用宗教的术语，编造和散布各种歪理邪说，如"世界末日论""人类灾难论"等，制造恐慌心理和恐怖气氛，最终使信徒们放弃认识和主见，狂热地、盲目地追随邪教"教主"，从而达到对其进行精神控制的目的。

③秘密结社，组织严密。

邪教一般通过秘密聚会来传播教义，联系方式也十分隐秘。为了加强管理，建立起以"教主"为核心、自上而下的严密的组织体系，下级必须服从上级的指令和安排。组织内部设立有严格规范信徒行为的教规。

④非法敛财。

邪教教主为满足奢侈淫逸的需要，总是以诱骗和胁迫的手段疯狂榨取信徒的钱财。他们要求信徒要"完全奉献"，甚至不择手段地巧取豪夺。强行高价推销书籍、录影带、录像带等或通过所谓的"心理治疗"骗取高额费用、开办学习辅导班收取高额学费，都是他们常用的手段。

⑤敌视政府。

邪教组织通常夸大社会问题，批判和攻击政府，煽动敌视情绪，蛊惑人心，指使信徒以极端的方式对抗政府，其长远目标是控制国家，颠覆政权。

⑥使用暴力，危害社会。

邪教组织的活动大都伴随着暴力，对于信徒，暴力是控制、胁迫、报复他人的常用工具。邪教组织的暴力活动比一般的暴力活动更加残忍、疯狂，他们不惜以信徒的生命为代价，诱使信徒自杀，或实施绑架、暗杀、投毒、爆炸等犯罪行为。

（4）邪教的危害。

①扭曲思想，迷失方向。

邪教组织利用宗教能给人带来心灵安慰和精神寄托的特点，以宗教为幌子，利用一些人对社会上存在的某些问题的不满心理，大肆宣扬灾难论，声称只有加入他们的组织，在教主的指导下修行，才能躲过劫难，使灵魂升入天堂，或是"圆功德""成正果"，蒙骗教徒，使其迷失方向。

②摧残健康，残害生命。

邪教组织编造荒诞的邪说，宣称"信主可以免灾，祷告可以治病"，不让患病的成员去医院看病，或用骗术来为成员治病，兜售所谓的包治百病的"圣水""神药"，致使无数成员贻误治疗时间或死或伤。教主还不惜教徒生命，制造集体自杀或绑架、暗杀、爆炸等事件，其残忍、疯狂之举令世界震惊。

③破坏亲情，分裂家庭。

邪教组织散布歪理邪说并进行心理诱导，导致教徒的思想、情意、情感和行为逐渐变得与现实生活格格不入，孤僻、偏狭、叛逆、敌意，不容亲情、不讲人性，对工作、生活、家庭没有责任心。

④奸淫妇女，毒害少年。

邪教组织的头子们口口声声行善积德，可实际上他们却流氓成性，过着荒淫无度的生活，多数都借着"神"的名义奸淫玩弄妇女，严重摧残妇女的身心健康。邪教还利用未成年人判断能力较差的弱点，极力在未成年人中发展成员，给他们的身心健康和成长造成难以挽回的损害。

⑤扰乱稳定，威胁政权。

邪教的敛财骗色、非法经营、偷税漏税、非法集会、诡秘活动等，扰乱了公共秩序，对社会造成极大的危害。邪教组织煽动和教唆群众与党离心离德，与人民政府作对，甚至以教唆成员自杀、制造恐怖事件的方式公开对抗政府，破坏社会秩序，威胁政权。

2. 推进高校反邪教工作。

高校承担着培养社会主义建设者和接班人的光荣使命，却成为邪教组织活动的重点区域。中共中央办公厅、国务院办公厅于2015年1月印发的《关于进一步加强和改进新形势下高校宣传思想工作的意见》提出："加强校园反邪教宣传教育工作。"建立和完善反邪教的预防机制，夯实"反邪教"工作，是维护高校思想领域稳定和安全的必要之举。

（1）高校开展反邪教工作的意义。

①有利于维护校园安全。

邪教渗透进高校，对师生的思想摧残是非常大的。邪教组织在精神上控制了个别高校师生，使其成了进一步毒害其他师生的工具，直接破坏高校的和谐稳定局面。高校开展反邪教工作是校园安全工作的一部分，有利于提高师生抵御和防范邪教歪邪思想的能力，在思想方面净化高校校园。

②有利于高校人才的培养。

高校学生承载党和国家的未来和希望，肩负着建设社会主义事业的重任，他们是否有正确的、积极的思想观念，直接影响到祖国的发展。高校是人才培养的主要阵地，高校做好反邪教工作，提高学生的思想境界，既是人才培养的要求，也是建设社会主义的需要。

③有利于社会主义和谐社会的构建。

邪教具有暴力活动的特征，是公认的社会不稳定因素之一。高校学生是掌握着科学知识与专业技能的高科技人才，一旦被邪教组织控制，成为邪教组织实施反社会、反人类破坏活动的帮凶，对社会的危害将更大。因此，在高校开展反邪教工作是迫切的、紧要的，对构建社会主义和谐社会有着重大的意义。

（2）高校反邪教工作面临的挑战。

①当代大学生的思想特点。

在校大学生成为邪教组织发展成员的对象，既有邪教组织转变活动策略和手段的原因，也有当代大学生自身的原因。一是大学生正处于人生观、世界观、价值观初步形成阶段，尚未完全成型，自我保护意识和防范侵害能力较差，很容易受到邪教思想的蛊惑而误入歧途。二是大学生学习能力很强却缺乏辨明善恶的能力，对外部世界充满好奇心的他们十分乐于接受和探索新生事物，而且对现代传媒手段高度依赖，很容易轻信来自网络的信息，但是大学生大多涉世不深，缺乏社会经验，对邪教的歪理邪说缺乏相对完善的鉴别力，容易产生片面的理解和认识，受到不良信息的诱惑。三是现实的困境给大学生造成了很大的心理压力。现在的大学生以独生子女居多，在家受到父母家人的悉心照顾，来到学校后，在学习和生活中需要独立地解决问题，难免遇到挫折、达不到期望，理想和现实间的差距击溃了他们原有的心理优越感。这种心理上的落差以及随之产生的心理压力被邪教组织利用，成了骗取大学生信任的心理基础。而且，随着年龄的增长，除了学业压力外，大学生开始面对经济、情感以及就业竞争等方面的巨大压力，因这一系列的压力而导致的心理压力也十分沉重，一些大学生感到自身力量的有限和薄弱，转向宗教寻求帮助和解脱，容易落入邪教的陷阱。四是理想信仰的缺失和宗教常识的缺乏。传统教育对信仰教育弱化，造成大学生精神上的空虚，大量调查数据证明，不少大学生对于邪教偏听偏信的原因就在于理想信仰的缺失。打着宗教的旗号发展信众是邪教组织最常用的手段之一，一些大学生缺乏宗教常识，相信邪教的歪理邪说，把它当作了寄托精神世界的家园。大学生思想认知特点给了邪教组织可乘之机，也使反邪教工作更加复杂。

②高校校园环境的特点。

高校相对宽松的学术环境以及人群高度密集、快速流动的特点增添了校园反邪教工作的难度。高校有着相对宽松的学术环境，文化氛围活跃，学术活动多样，邪教分子通过举办研讨班、学习会、读书会和开设"学术性""知识性"讲座等方式，在名义"合法"的外衣下传播邪说，很多同学不了解情况，以为自己参加的是学术活动，结果受其蛊惑，误入歧途。也有部分学者打着学术研究"无禁忌"的旗号，混淆视听，使邪教活动更加猖獗。

高校是人群高度聚集的地方，少则几千人，多则几万人，而且人员流动性很强。每一个新学年开始，都有着成百上千不同的风俗习惯和宗教信仰的学生从全省或全国各地聚集到校园，文化呈现出多样化的特点。受各种因素的影响，高校中信教者越来越多，邪教组织以此为突破口，披着形形色色的宗教外衣加强对高校的渗透。高校人口流动性强的特点也为邪教分子隐蔽、逃窜提供了便利，使校园反邪教工作更加困难。

③学校在反邪教工作方面存在的问题。

首先是对反邪教工作重视不够。一些高校领导层和管理层存在盲目的乐观心理，认为高校很安全，师生素质高，受到邪教的影响概率较小，因而不能认识到反邪教工作的重要性和紧迫性，对反邪教工作的重视程度和工作力度不高。重视不足导致教育不到位，当前高校学生对于邪教的认识还很有限，绝大多数的学生不知道什么是邪教、邪教的功能是什么，对于邪教与宗教的关系，也认识模糊。

其次是缺乏宗教类相关课程。近年来，信教大学生人数呈上升趋势，不少大学生对宗教活动持宽容、好奇的态度，这就为披着宗教外衣的邪教组织传播教义、发展会员创造了条件。许多高校没有开设与宗教相关的课程，学生没有机会了解宗教的基础知识、相关的政策法规，常常出现把宗教和邪教混为一谈的情况，对邪教缺乏足够的认识和警觉，对一些非法宗教活动和邮寄宗教宣传品等持听之任之的态度，既没有坚决抵制，也不向有关部门报告，更甚者或因好奇、出于精神慰藉和文化认同参加非法的宗教活动，从而慢慢步入邪教的圈套之中。再次是许多高校缺少反邪教工作人才，反邪教教育方式单一。目前高校很少有专门的反邪教人才，大多数反邪教工作者没有经过专业的学习和训练，对相关的政策和常识了解不多，增加了教育引导工作的困难。高校普遍存在反邪教宣传力度不够，活动形式还以单方面讲座、班会为主，教育尚未实现与新技术、新设备的结合，宣传内容也十分单一、滞后。

④邪教组织的渗透手段不断创新。

以往，邪教分子多采用口头煽动和散发传单的方式传教，近年来，邪教传播方式由传统方法转向利用现代技术的趋势越来越强。邪教组织利用现代高科技手段如发手机短信、发电话传真、邮寄宣传光盘，或以博客空间、社区论坛、门户网站、社交网络、QQ、微信等为载体，向在校大学生和青年知识分子进行思想渗透。由于利用这些现代通信手段可隐去发送者的真实姓名和身份，因此增加了防范和打击邪教工作的难度。

在传播内容上，也有着与时俱进的创新，邪教分子或通过评论资讯、解答心理问题、生活情感指南、慈善捐助等宣传不法言论，将邪教思想掩饰成具体的课程或者以学科的形式发布到网络平台上，误导学生打开观看。而不明真相的学生，往往在观看的过程中，不知不觉地会受到邪教思想的侵蚀和腐化。

（3）推进高校反邪教工作的对策。

①加强教育，培养学生的反邪教意识。

高校校园反邪教工作的重点是防范，而防范的前提是开展广泛深入的反邪教教育，培养学生的反邪教意识。

在教育内容上，一方面，开设教授宗教知识的课程，给学生介绍宗教的本质、宗教的起源、宗教的社会功能以及宗教存在的根源、发展规律、消亡条件。在安全教育课上系统讲授邪教的基本特点、常用手段、危害，让学生有能力区分宗教与邪教，有效抵制邪教迷惑。另一方面，加强对学生进行马克思辩证唯物主义和历史唯物主义教育，使学生学会用科学精神看待人类尚不能解决的事情，用马克思辩证唯物主义观点来解释生活中的一些现象。巩固马克思主义在意识形态领域的指导地位，积极引导大学生践行社会主义核心价值观，提升大学生的政治素质，从思想根源上瓦解邪教的渗透策略。

在方式、方法上，避免单一说教，采用多种形式进行反邪教教育，如组织高校师生观看反邪教教育宣传片、组织反邪教知识竞赛、开展反邪教主题演讲、图片展览、征文或班会活动、举行反邪教宣传设计大赛、开设专门的宗教与邪教辨识的主题讲座等方式，使学生自觉主动地了解邪教，提高对邪教的认识。在高科技发达的今天，还要与时俱进地创新教育方法，建立大学生易于接受的马克思主义宗教观教育网站，针对学生使用手机上网人数增长，可以开发移动版本的反邪教和马克思主义宗教观教育 App。

②加强人文关怀，构筑反邪教心理防线。

邪教渗透的主要方式之一就是利用人的心理脆弱期，传播和控制思想。因此，抵御和防范邪教渗透，高校应该加强人文关怀，拓宽帮扶渠道，切实做好学生奖助、科研资助、帮扶慰问等工作，及时主动关注、关心大学生的各种需求，有针对性地帮助学生解决实际问题，重点帮助生活困难、思想困顿的学生，防止其因为挫折而误入邪教。加强心理健康教育，做好大学生心理引导工作，有针对性地开展减压谈心、矫正治疗等工作，注重培养大学生良好的心理品质和自尊、自爱、自律、自强的优良品格，构筑起防范邪教渗透的心理防线，引导大学生健康成长。

③培育校园文化，打造纯洁健康的思想环境。

高校在反邪教工作中，要充分发挥校园文化的引领作用，用积极向上的思想文化满足大学生的精神需求，坚决抵制各种有害文化和腐朽生活方式对大学生的侵蚀和影响。具体来说，通过开展丰富多彩的学术、科技、体育、艺术和娱乐等社团活动，寓教育于文化活动之中，陶冶情操；结合传统节日、国内国际重大事件开展特色鲜明、吸引力强的主题教育活动；并加强对哲学社会科学研讨会、报告会、讲座以及其他涉外学术活动的监督和管理，绝不给错误观点、言论以及各种打着"文化交流"幌子、披着宗教外衣的非法传教行为提供传播渠道。

④高度重视反邪教宣传，加强反邪教队伍建设。

开展各种活动、利用网络平台加强反邪教宣传，使同学们广泛了解和认识反邪教工作的必要性和重要性。为了保证教育效果，高校可以联合宗教事务管理部门和反邪教主管部门开展反邪教进校园宣传宣讲活动等。

为了使高校反邪教工作更加系统化、精细化，需要构建起一支政治素质高、责任心、战斗力强的反邪教工作队伍。并且要对这支队伍进行相关教育，不断提高他们的分析、判断能力，使这支队伍更有战斗力，做好大学生的教育引导工作。

⑤构筑治安防线，建立健全反邪教事件预警、应急机制。

加强校园周边环境综合治理，是阻断邪教向校园渗透的重要方式之一。高校可以加强与政府职能部门、公安机关、宗教事务管理部门的联系，建立联动机制，增强校园邪教活动的查处力度和周边环境综合治理工作。

高校要把反邪教作为一项长期的重要任务来抓。建立完善的预警机制，以反邪教警示教育为基础，开展定期和不定期反邪教排查工作，做好网络舆情监督，加强校园网络管理，防范邪教言论在网络进行散布和传播。对于校园中出现的邪教问题，高校应制定自己的应急处理预案，从上而下指导，自下而上摸排，把反邪教工作落到实处。

（二）反传销

20世纪90年代，传销进入我国，由于当时我国市场经济体制尚不完善，人们消费心理尚不成熟，一些不法分子开始利用传销进行违法犯罪活动，在较短的时间里，传销就演变成为一种严重危害社会的违法犯罪活动。1998年，我国已经明令禁止传销。近年来，传销又开始死灰复燃，传销组织打着就业创业的旗号，以高额的经济利益为诱饵，用一些所谓的经济学理论做支撑，辅以心理战，诱使大学生陷入传销的圈套。各地高校学生因涉及非法传销，而荒废学业、被迫退学，甚至精神崩溃现象频频发生，且人数众多，涉及面广，影响恶劣。

因此，建立高校反传销预防预警机制，提高大学生拒绝传销的能力，为大学生健康成长和平安就业提供良好的环境，就成为高校教育管理工作的一项重要内容。

1. 传销对大学生的危害。

（1）扭曲大学生的价值观，影响大学生的健康成长。

为了达到非法聚敛钱财的目的，传销组织用洗脑的方法，通过不断教唆，改变大学生的思维方式、道德观念、行为方式，使其失去诚信品质和人格尊严。传销组织对陷入其中的大学生进行精神控制和组织控制，进行所谓的经营管理、经商策略、成才之道的培训，通过授课、演讲、讲座、游戏等多种多样的洗脑方式，一步步地使大学生从默认到接受再到无法自拔，并使大学生产生一种虚假的合法感。传销组织向大学生灌输不择手段追求个人利益的观念，破坏了大学生的道德观念和心理健康，影响了大学生的健康成长，导致一些大学生置道德人伦和法律法规于不顾，人生观和价值观严重扭曲，学业荒废，个别的甚至铤而走险，走上违法犯罪的道路。传销还造成大学生财物损失和人身伤害。一些传销组织带有黑社会性质，大学生在陷入其中后，财物被骗、被偷、被抢的情况时有发生，被迫向亲朋好友借钱。为了严密控制传销加入者，传销组织还采取跟踪监视的手段对大学生限制人身自由，更有甚者对想退出传销组织的大学生实施暴力，造成其自由权、生命权受到严重侵害。部分学生被解救出来后，因难以回归正常生活而再次回到传销组织。可见传销除了锻炼了口才，磨厚了嘴皮、脸皮、脚板，别无他获，且严重影响了学生的成长成才。

（2）影响大学生正常的学习生活，对高校学生管理工作带来不利影响。

大学生加入传销组织，一般都是隐瞒学校私自参加的。对于学校而言，学校周边有传销的窝点潜伏，被拉入传销组织的学生又继续骗其他同学和下一届新生，形成恶性循环，影响大学生正常的学习生活，扰乱了正常的教学秩序，给学校校风学风建设造成极大的阻力。这不仅给高校学生管理工作带来了困难，也给高校的稳定造成了危害。潜伏的传销窝点还隐藏着安全隐患，传销组织聚众听课，着迷的人不惜去偷窃其他同学的财物。传销的学生不能正常毕业、就业，又会把负面情绪归结于学校的疏于管理，极端分子还会做负面宣传，严重影响学校声誉，对于学校的长远发展也是极为不利的。

（3）破坏大学生的家庭关系和人际关系，严重危害社会的稳定。

对于家庭和社会而言，传销的终极目标就是为了骗钱财，被拉入传销的人员经过洗脑，会想尽办法交纳入门费或认购费。而每天都在讲课、听课、谈梦想，并没有创造任何实际财富，一些大学生在陷入传销后明知自己被骗，但为了捞回自己的本钱，往往从受骗者变成骗人者，使出浑身解数去骗别人，不断将自己的亲朋好友拉入传销组织，形成恶性循环。传销涉及面广、负面影响大，可谓一人传销，全家遭殃、不得安宁。给大学生及其家庭造成经济和精神的巨大损失，扰乱正常的市场经济和社会秩序，激化社会矛盾，严重危害了社会的稳定。

2.大学生涉足传销的原因。

从近年来报纸杂志对于大学生参与传销的相关报道中可以看出，传销参与者中大学生所占比重较大。2009年3月，河南新郑警方查办的一个传销案中，113名传销人员中有大学生104人，比例高达92%。2010年5月，湖南吉首警方捣毁的传销组织中，90%的成员是大中专学生。2011年6月，南昌市公安局解救的130名传销参与者中，大学生比例高达八成。关于大学生参与传销的具体人数，只能依据已有资料作粗略估计。有少数论文及网络资料显示，"全国超过1000万人参与传销，其中有大学学历者约占30%，在校大学生占其中的5%"。尽管这种说法的可信度很值得怀疑，但以目前传销组织的蔓延态势、传销组织将目标锁定为大学生的新特点以及大学生在传销参与者中的高比重，高校毕业生面临巨大的传销风险。

（1）涉世未深，经验不足。

市场经济的发展助长了以物质财富来衡量成功的思潮，导致一些大学生的价值取向发生了很大的变化。一些大学生将获取更多的金钱作为人生的最高目标，人生观、价值观扭曲。一些大学生思想单纯、好奇心强，缺乏社会经验和识别陷阱的能力，又缺乏"君子爱财、取之有道"的思想境界。容易轻信他人，不愿吃苦耐劳、勤劳致富，幻想投机取巧、一夜暴富，为了实现自己所谓的理想而采取极端的手段。另外，一些大学生在生活上盲目攀比，追求奢侈的物质享受，但是家庭所能提供的物质条件有限，这也使得他们渴望更快更多地赚钱，满足自己的高消费和虚荣心。加之传销人员往往以"找工作""合伙做生意""外出旅游""网友会面"等为借口，把他们骗至传销窝点进行"洗脑"。大肆灌输所谓的"成功学"和"营销理念"，用"三个月开宝马"等一夜暴富的事例来蛊惑人心，让他们认同能用最小的代价获得最大的利益和好处。同时还把传销人员树立为"成功"的榜样，激发其参与热情，让身陷传销的大学生难以自拔，使其心甘情愿地从事传销活动，进而骗同学、骗亲友，最终成为传销组织骨干分子。与以前的低层次无业人员从事传销相比，由于大学生文化层次较高，并且懂得一些经济和网络知识，一旦加入传销活动，他们便具备较强的自我辩解能力和发展下线的能力。

（2）就业困难，"饥不择食"。

由于近年来高等教育扩招，大学生毕业人数增长较快，就业形势日益严峻，这使得一些在校学生求职心切，大学毕业生在找工作过程中屡屡碰壁，承受着巨大的就业压力。传销组织往往利用就业形势严峻的情况，打着招聘等名义，给大学生提供所谓的就业机会，由于大学生对传销的认识不够深入，所以容易被传销组织宣扬的"好工作""高收入"蛊惑，使他们丧失了抵制诱惑的能力，误入歧途。特别是在发生金融危机的情况下，全国有几百万大学生因各种原因无法就业，这个庞大的群体极有可能成为传销组织发展的对象。一些心理学专家认为，"好工作"的诱惑是大学生被拉下水的第一"帮凶"，传销组织者通过强大的心理攻势和严密的组织控制，慢慢将学生们"俘虏"，使其沦为他们敛财的工具。而大学生一旦进入传销网络很容易成为骨干分子，从受害者变为施害者，相互诱骗，这正是大学生沦为传销人员的又一重要原因。

（3）高校学生管理工作存在缺陷。

随着我国高校招生规模不断扩大，在校大学生人数剧增，大学校园里师生比例失调，学生日常管理存在缺陷，造成大学生管理上的自由化，去向不容易掌握。一部分大学生在校外租房或兼职勤工俭学，辅导员、老师很难顾及每一名大学生，对学生的情况很难一一掌握，高校学生管理部门很难发现学生管理中的潜在隐患，无法在第一时间就知道大学生陷入传销。

（4）相关法律的缺失、滞后。

直销活动在国外出现已经有40多年的历史，而我国1990年才正式出现直销。由于对非法传销的认识有一个过程，这就导致了非法传销在很长的时间内蔓延而无法控制它，虽然1997年1月10日国家工商局颁发了《传销管理办法》，但是，各种规模、形式的欺诈性金字塔销售计划已经发展到非常猖獗的程度。直到2005年9月两部法规文件《取缔非法传销条例》和《直销管理条例》才颁布实施，标志着我国对直销、非法传销的法律制度于近年才逐步完善起来。自从国家取缔传销活动以后，由于大学生普遍缺乏关于直销与传销的法律知识，并不知道二者的区别，不清楚什么才是真正合法的直销，同时也不知道直销是禁止大学生参加的。所以，非法传销分子以直销之名打消大学生们的警惕，拉拢大学生参加传销活动。

3. 预防大学生涉足传销组织的对策。

因为大学生缺乏社会经验，预防大学生陷入传销，学生本身和高校都应有对策，需从以下几个方面加强教育和管理。

（1）深入开展思想教育，培养大学生的传销免疫能力。

思想是人们的行动指南，传销组织"猎获"大学生所依靠的"洗脑"就是一种不健康的思想改造，而这也在一定程度上反映了高校思想政治教育实效性的缺失。由此形成的思想养料缺失不仅导致大学生在树立正确的价值观、事业观、财富观、生存观等方面有所缺失，而且导致其认识社会的判断能力、分析能力相对缺乏，以致失去对传销的免疫能力，拜倒在其实一碰就破的肥皂泡式的传销致富谎言之下。首先，从学生个人来说，应该培养正确的财富观，克服金钱至上、急功近利的心理和不切实际的贪欲。其次，高校要引导大学生树立艰苦创业、勤劳致富的优良品质，帮助大学生正确理解财富的真正含义和正当的获取之道，明白财富只有依靠诚实劳动才能得来的道理，不要轻信传销组织鼓吹的所谓"创富神话"，抵制传销组织鼓吹的一夜暴富的引诱，摒弃投机取巧致富的观念。要教育贫困大学生自强不息，用积极的人生态度来面对贫困，把贫困转化为自己奋进的动力。高校要联系大学生思想实际，开展多种形式的教育活动，如班会、讲座、素质课程等，提高大学生的责任意识，培养大学生健全的人格和良好的道德。要以理想信念教育为核心，端正他们的认识。帮助大学生树立崇高的理想信念，使他们具有明辨是非、抵制传销的能力。高校还应重视大学生的人文精神培养，引导大学生接受人类的美德与理想，追求人格尊严和生命意义。让大学生认识到学业才是大学阶段最重要的财富，抓紧大学时光，加强学习，掌握为国家和社会服务的扎实本领。此外，当前中国60%以上的大学生就业是不对口的，大学生在就业和创业中很大程度在依靠从思政课中学到的理论知识和社会经验。要培养大学生兼职和毕业求职时要有正确的求职心态和艰苦奋斗、勤劳致富的就业观念，避免高工资高回报的诱惑，要具备分辨是非善恶的能力，珍惜信誉、不做损人利己的事情，强化责任意识，增强法治观念、克服从众心理，做好职业生涯规划，脚踏实地地去学习、工作和生活，力争改变自我状况。因此，进一步加强大学生思想政治教育，切实提高其实效性，为大学生注入反传销疫苗，是防止大学生误入传销的关键。再者，大学生应正视社会矛盾和不公现象，做好心理调适，自觉抵制不良情绪的影响，消除怨恨、克服悲观厌世的心理，培养平和、积极的心态面对挑战和良性竞争，增强抗挫折能力，让传销组织无从下手。

（2）组织反传销宣传，强化大学生远离传销的意识。

传销虽然在我国泛滥已久，但大多数大学生甚至从事大学生思想政治教育和管理工作的教师，对传销的了解基本上来自新闻媒体，信息相当不全面、不及时。传销组织已几经变异，其变化速度远非高校简单的反传销宣传所能企及，何况有些高校根本就未做应有的宣传。当前的现状是，大学生基本上都是知道传销是有害的，但在变化多端的传销形态面前，他们很难判断自己所面对的是否为传销，以致不少大学生身陷传销以后，还"坚信"自己从事的不是传销。据有关调查，93.5%的大学生希望学校多开设防范传销方面的课程或讲座；90.9%的大学生认为了解相关非法传销的法律知识很有必要，可以防止上当受骗。工欲善其事，必先利其器，针对大学生切实开展反传销的专项教育，可以为大学生准备一把反传销利器。目前，我国高校在反传销专项教育方面存在严重的不足，尽管不少省级教育行政主管部门曾对此有过明确的要求。为此，高校有以下几种选

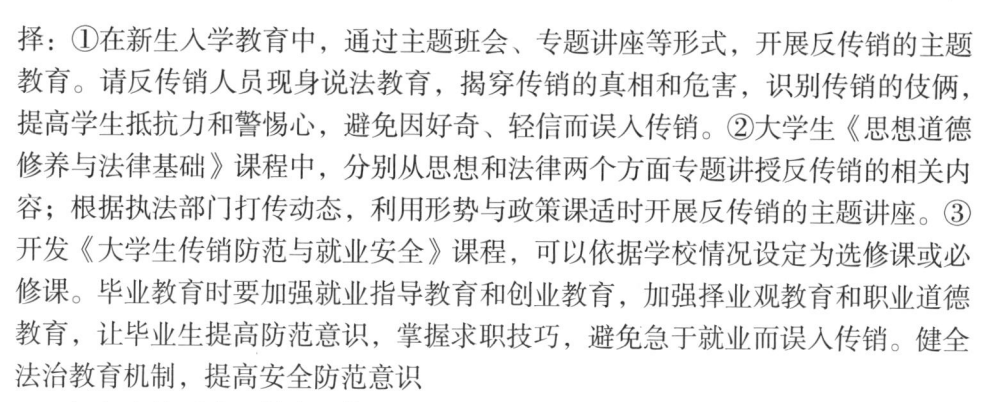

择：①在新生入学教育中，通过主题班会、专题讲座等形式，开展反传销的主题教育。请反传销人员现身说法教育，揭穿传销的真相和危害，识别传销的伎俩，提高学生抵抗力和警惕心，避免因好奇、轻信而误入传销。②大学生《思想道德修养与法律基础》课程中，分别从思想和法律两个方面专题讲授反传销的相关内容；根据执法部门打传动态，利用形势与政策课适时开展反传销的主题讲座。③开发《大学生传销防范与就业安全》课程，可以依据学校情况设定为选修课或必修课。毕业教育时要加强就业指导教育和创业教育，加强择业观教育和职业道德教育，让毕业生提高防范意识，掌握求职技巧，避免急于就业而误入传销。健全法治教育机制，提高安全防范意识

（3）高校要建立健全反传销法律教育制度和机制。

要从制度上落实防范大学生参与非法传销的具体规定和措施，通过成立高校反传销联盟、出台预防大学生参与传销的管理条例等政策，参照"防治非典""防治流感"的做法，成立相关机构，落实具体措施，责任到人，签订责任状。加强对学生进行法治教育，通过举办有关禁止传销的法律法规知识讲座，开设相关课程，让大学生认清传销的本质，增强防范意识，提高辨别能力，自觉遵守国家法律法规，学会运用法律武器保护自己的正当权益，自觉抵制传销，使校园成为无传销的净土。关于如何识别非法传销，主要有以下途径：一是看该企业营业执照、税务登记手续是否齐全；二是看它的收入来源是人头费、加盟费，还是产品销售的正常利润，而以下线的销售业绩为依据计算和给付上线报酬，牟取非法利益的行为就是传销；三是看所销售的商品是否物有所值，商品价格明显高于合理市价，且不准退货或设定苛刻的退货条件的，一般都是传销；四是看工作方式，如果你一到所谓的工作场地就有人开始向你鼓吹"发财"的办法，而且告诉你一定要介绍别人一起来才能发财，那一定是传销；五是当同学、老乡异地邀请一起创业或者帮助介绍工作时，要注意了解工作的具体内容，如果同学、老乡只是极力拉拢关系，描绘美好前景，但对具体的工作内容含糊其词，这多半可能是非法传销的召唤。

（4）加强高校学生日常管理和校外活动的监管。

高校应加强大学生的日常管理工作。随着在校大学生人数的不断增加，高校应及时掌握每一个学生校内外活动的情况，建立良好的信息沟通平台，密切关注学生动态。加强对大学生校外勤工俭学的指导，建立学生情况通报制度，对学生管理中出现的情况要及时报告给上级部门。如果发现有大学生参加传销活动要及时制止，并向公安、工商管理机关反映，配合做好相关工作。班主任和辅导员是最贴近大学生的管理者，对学生的生活起居、请假外出等情况了解得最多，要充分发挥班主任和辅导员在学生日常管理方面的积极作用。班主任和辅导员要经常深入班级、宿舍，和大学生交友谈心，及时掌握他们的思想动态，了解他们在精神及物质方面的困难。构建一个学校、家长、班级、同学构成的全方位"群防

群控"的防传销体系,给学生一个安全的校园环境。要充分发挥学生家长在大学生传销问题上的积极作用。高校应多与学生家长沟通和交流大学生的学习生活情况。学生家长也应多和子女沟通,以自己的社会阅历在防止子女陷入传销方面给予帮助和教育。学校要坚决联合相关部门端掉学校周边的传销窝点,打击传销的嚣张气焰,摘掉社会毒瘤,让周边居民拒绝把房屋出租给从事变相传销的人,让传销无处藏身犹如"过街老鼠,人人喊打"。

(5) 强化班级建设和管理,提升班级集体归属感和凝聚力。

班级是大学生的基本组织形式,是大学生自我教育、自我管理、自我服务的主要载体。辅导员是大学生的人生导师,要以班级为基础、以学生为主体,做好学生干部队伍建设、制度建设、学风建设、寝室建设,关心和爱护每个学生,落实好经济困难学生资助工作,开展丰富的文体活动并指导学生进行职业生涯规划,形成互帮互助、奋发向上、崇尚奉献、温馨团结的班级氛围,让班级同学体会到温暖和亲情,让传销"温情牌、亲情牌"无从下手。

传销活动向高校的渗透对高校产生了许多负面影响,若不正确对待和采取果断措施,势必将对高校的教育和管理产生更大的冲击。高校的教育工作者和管理者应当尽量了解学生思想动向,重视离校学生的去向,及时发现学生问题并尽快解决,避免学生在错误的泥潭里越陷越深。同时,学校要加强法治教育、道德教育,帮助学生构筑坚固的精神防线,抵御各种腐朽思想观念、非法经济利益的诱惑侵蚀,认清传销的本质,真正远离"经济邪教"———传销。

四、网络信息化安全

随着科技与信息技术的不断发展,我国高校都相继完成了校园网络的建设、完善与优化工作。校园网络已成为高校最重要的教学设施之一,其丰富的信息资源可以为高校的教育科研、学校管理、后勤服务等工作提供便利,也是高校教育教学改革的重要平台,在加速数字化校园建设、促进思想文化的交流、营造浓厚的精神文化氛围等方面,发挥了无可替代的作用。但是,近年来,随着网络不良信息资源的泛滥,社会上出现了许多违法犯罪事件,其中利用校园网络盗窃各高校师生信息的案情时有发生。因此,作为高校信息化建设的主要载体,校园网的安全性已经成为当前各高校网络建设和发展中的首要问题。

(一) 网络安全与信息化

1. 校园网络安全概述。

网络安全是指网络系统的硬件、软件及其系统中的数据受到保护,不因偶然的或者恶意的原因而遭受破坏、更改、泄露,系统连续可靠正常地运行,网络服务不中断。对于高校校园网来说,更希望的是用户的隐私、信息、网站及各个部门应的用系统等能够避免黑客的窃取、篡改和破坏,从而在校园网络上完整、准确、保密地进行传输和存储。

2.高校信息化概述。

20世纪90年代以来，以信息化为标志的新科技革命浪潮来袭。高校信息化携带信息时代先进科技的优势，在促进高校教育观念、教育体制、教育管理、教育手段和教育方法等发生根本变革的同时，有力地促进了高等教育的现代化和高校的可持续发展。

所谓高校信息化，是指随着现代网络信息技术的飞速发展，在国家及教育部门的统一规划和组织下，高等院校根据自身发展的特点与需要，在教育系统的各个领域全面深入地应用现代网络信息技术和现代教学理论，深入研究开发、利用信息资源，提高教育教学质量，提高管理效率，促进科研教学，提高后勤服务水平，以高性能的校园网络为载体，全面整合教务管理、人事管理、财务管理、教学资源管理、科研管理及后勤管理等资源，培养出适应信息化社会发展要求的创新人才，从而促进我国教育现代化的发展。

（二）高校校园网络的主要特点

1.开放性。

开放性是高校校园网络的基本特点，这是由高校教学、科研需要所决定的。因此高校对网络服务和应用没有采取严格限制，致使存在大量的安全隐患。有一些人出于好奇或谋取利益，利用协议、操作系统的漏洞非法访问，删除、修改服务器数据，破坏系统，给校园网络安全运行和相关教学工作带来严重威胁。

2.计算机的管理较为复杂。

高校校园网用户群和计算机数量庞大，主要包括学校网络中心、实验室、机房、办公室、教师公寓和学生宿舍的所有上网计算机，在管理上比较混乱，很难做到统一管理，在安全问题出现后通常也无法明确责任、找到源头，给校园网的安全管理带来很大的困难。

3.规模大、用户多。

目前高校网络应用比较普及，加上高校的不断扩招，校园网的用户群体规模也越来越大。因此，数据量大、速度高、用户多也是高校校园网络的主要特点。目前，高校普遍完成了百兆到桌面，千兆甚至万兆校园内主干互联，这就使得安全问题一旦发生，则蔓延迅速、影响严重。

（三）高校网络安全现状分析

互联网的迅速发展对教育行业产生了巨大的影响，通过网络资源共享实现教育信息化，推动教育运行机制和教育体制的改革，这是我国教育行业发展面向未来的关键性工作，也是实现"科教兴国"的重要途径。目前，高校网络承载着越来越多的应用，无论是在办公、教学还是在科研方面，网络都起着至关重要的作用。但是，网络在为高校提供便利的同时也对网络信息安全提出了挑战。目前，高校网络信息安全存在诸多方面的问题和威胁。

1. 网络操作系统存在漏洞。

完整的网络操作系统需要提供网络通信程序对应的各种协议和服务。由于网络协议的复杂性，操作系统必然会出现漏洞和缺陷。

2. 计算机病毒。

编制者在计算机各程序中插入的可以破坏计算机功能或者数据的，影响计算机的正常使用并且能够自我复制的一组计算机指令或者程序代码被称为计算机病毒。其具有隐蔽性好、潜伏期长、破坏力强、传播速度快等特点，一旦计算机网络系统遭受病毒袭击，网络系统会出现异常，可以窃取重要的信息文件，造成系统运作缓慢，严重的可导致整个计算机网络的瘫痪，例如2017年5月12日开始在全球蔓延的WannaCry勒索病毒席卷了至少150个国家的20万台电脑。病毒要求用户在被感染后的三天内交纳相当于300美元的比特币，三天后"赎金"将翻倍。

3. 恶意的系统破坏。

系统破坏主要是利用黑客技术对高校网络系统进行破坏。比如，修改或者删除网络设备的配置文件、篡改学校主页等。而这些破坏都会对校园网的正常使用产生重大影响，造成高校网络全部或者部分瘫痪，甚至造成网络安全事故，最重要的是，对信息安全造成极大威胁。特别是在高校招生、考试、毕业等敏感时期，高校网络很容易成为其攻击对象。

4. 自然灾害的破坏。

教务管理信息化需要使用计算机和网络通信设备等硬件设施，它们存在于一定的自然环境中，网络物理安全是整个网络系统安全的前提，物理安全的风险主要有地震、水灾、火灾等环境事故造成整个系统毁灭；电源故障造成设备断电以致操作系统引导失败或数据库信息丢失；设备被盗、被毁造成数据丢失或信息泄漏；电磁辐射可能造成数据信息被窃取或偷阅；报警系统设计不足，可能造成原本可以防止的事故真实发生了。

（四）高校网络安全问题存在的主要原因

目前，高校网络信息安全面临着多种严重威胁，首先是对高校网站的威胁，其次是对高校应用系统的威胁。门户网站是高校对外信息公开的平台，一旦其受到威胁，网页被篡改，信息被破坏，特别是招生信息或者毕业信息被泄露等情况发生，后果将不堪设想。另外，高校的信息门户、财务、教务、一卡通等应用系统的重要数据是高校网络信息安全防护的重中之重。这些重要数据一旦被篡改或者丢失，将造成严重后果。然而，目前高校网络信息安全状况不容乐观，信息安全仍然存在多方面影响因素。

1. 校园网络用户安全意识淡薄。

高校网络用户群体中学生占很大比重。由于高校近几年来的扩大招生，使得学生用户规模呈逐年增长趋势。学生用户网络水平较高，并且学生自主性学习的时间相当充足。通过学习与实践，学生对计算机知识与网络知识都有所掌握。学生对网络技术很感兴趣，善于尝试，是校园用户群体中最活跃的部分。但是学生用户使用网络的安全意识淡薄，以及版权意识的缺乏，致使高校学生对网络安全问题及可能造成的严重后果缺乏应有的认识。

在高校网络建设中，部分高校领导通常把网站建设视为一次性建设，对高校网络信息安全缺乏足够重视，网站建成后在信息安全维护方面投入的经费不足，忽视后期建设与维护。特别是高校网络管理者对网络安全问题认识不够深入，重视不够，通常是只注重系统的应用性能，而对系统的安全可靠性缺乏重视。多数高校网络使用者通常只是简单地认为网络信息安全更多的是技术部门的事，与用户自己没有太大关系，对高校网络信息安全的重要性认识不足，导致在运行过程中出现危害校园网络安全的问题。

2. 管理因素。

高校网络信息安全并不单纯涉及技术问题，与管理因素也有很大关联，一旦管理出现纰漏，将会对网络信息安全造成极大隐患，为外部恶意攻击、内部破坏提供可乘之机。管理方面主要有管理规章制度不完善、盗版资源泛滥以及校园网计算机系统管理复杂等问题。

3. 技术水平有限。

系统安全是目前高校网络信息安全的重要组成部分。虽然大多数高校都已建设数字化校园，但就目前形势而言，这种信息化仍然存在一定的安全缺陷。首先是通信过程存在缺陷，高校的网络运行协议并不是专业安全通信，依托公共网络而进行的数据传输存在一定风险，其中的数据有被截获和破坏的危险。同时，大多数高校网站信息平台的数据和信息管理技术并没有统一的数据标准和系统安全要求。

（五）网络安全在高校信息化建设中的重要作用

信息作为一种资源，它的普遍性、共享性、增值性、扩充性、压缩性、可处理性和多效用性，使其具有特别重要的意义。信息安全的实质就是要保护信息系统或者信息网络中的信息资源免受各种类型的威胁、干扰和破坏，即保证信息的安全性。信息安全在各行各业都是一个不容忽视的战略问题。高校网络中涉及招生等诸多应用系统的重要数据，这些信息资源一旦受到破坏或者泄露损失，造成的后果将不堪设想。因此，对高校网络信息安全的要求已经越来越高，网络信息安全的保证是高校网络平稳运行的基本条件，其重要性是高校网络中任何环节都无法达到的。

1. 提升师生安全防护意识。

随着高校信息化的不断深入，高校教师和学生的大部分工作都将通过网络渠道上传至学校信息管理中心。在这个过程中，如果疏忽大意极有可能造成校园信息和工作数据的泄露。通过建立安全防护系统，提高网络安全的防护技术，就能利用网络密钥、权限等级和预警提示等方式提醒教师和学生，时时刻刻提高对个人信息安全的防护意识。这也是校园信息化建设过程中必不可少的内容。

2. 保护校园信息安全。

建立良好的高校网络安全防护体系，不仅能够提升工作效率，更重要的是能够为学校内部的资源和信息提供保密防护。近年来，不少犯罪分子通过盗取高校学生的信息，用以诈骗非法获取利益。因此，通过建立安全的网络防护系统，可以在校园信息中增加保密防护，杜绝犯罪分子对学生和学校信息的疯狂盗取。

3. 提升工作效率。

通过信息化建设，学校在办公和教学过程中大部分工作都将使用计算机和网络系统完成。提升高校网络安全的防护能力，可以为学校工作创造良好的工作环境。通过安全防护，将不良信息和程序抵挡在校内网之外，清理校园网络的内存容量，可以提升运算速度，降低系统拥挤程度，提升工作效率。

（六）高校信息化网络安全问题解决措施

高校网络的信息安全涉及多方面，是一项极其复杂的系统工程，而打造安全稳定的网络环境是高校网络信息安全的首要任务。针对高校网络信息安全问题，高校网络安全防范措施主要从以下几个方面着手：

1. 完善网络安全管理制度，提高安全意识。

在网络安全中，除采用技术措施外，制定有关规章制度，加强网络的安全管理，对于确保网络安全、可靠地运行将起到十分有效的作用，应始终贯穿于校园网络的运行过程。

高校实施信息化建设，构建校内网络，其初衷是为了在一定范围内使资源管理更加科学，信息数据更加准确公正。为了保证网络的稳定运行，必须制定相应的管理制度。例如在应用下载、数据传输、信息查询等方面，要进行严格的检查，以达到降低非法入侵风险的目的。特别是在使用外部网络软件的时候，更要遵守相关的规则标准。从管理者的角度来说，要注意方式方法，只有做到赏罚并重，才能保障在更大的范围内推广和执行这些规定。管理权限不应过分集中，要将工作职责细分到位，利用责任心来增强每个管理者的安全意识。

学校通过设计网络信息安全防御体系，制定周密的安全防护策略，明确责任，做好网络信息安全事故预案。校方可以定期组织一些培训课程，让更多的用户认识到网络安全的重要性，将正确的网络使用规范进行大范围的推广传播。这样用户就可以及时察觉攻击行为并上报给管理员，从而避免造成更多的损失。校方也要对管理人员进行相关培训，大力支持中心机房管理人员不断总结、学习、深造，提高专业技能，并适时调整信息化建设的人员队伍，加强对师生的网络信息安全培训，增强他们防止网络信息不安全事故发生的能力，保证网络安全技术不断更新，以适应网络发展的速度。定期安排专业的技术培训，以提高管理人员的安检、维护以及应急处理能力，真正建设起一支高素质的管理人才团队。

2. 认证权限和信息加密。

认证权限是指当用户要求进入系统访问时，需要输入口令进行身份验证来确定用户是否可以进入系统，以及进入系统后允许有哪些操作。如果验明是合法的，可以允许进入，否则系统会自动拒绝该用户的请求。通过认证权限主要是防范越权访问，禁止非授权用户访问相关信息资源，有效地保护软件和网络信息的安全。

信息加密是目前网络上比较常见的安全技术策略，它能够有效地保证信息资源不被恶意窃取。信息加密通常是利用口令和密码来作为第一层的防御，没有经过确认是无法读取信息的。一些特别重要的文件，可以通过更高级的加密技术转化为无法识别的乱码信息，即使有攻击者侥幸窃取到了这些文件，也无法获得里面所隐藏的真实信息，从而达到保护信息安全的目的。信息加密甚至可以防止非授权用户对其他用户进行搭线窃听，也能够很好地防止恶意软件的植入。但是信息加密也有其自身的缺陷，很多人为的疏忽会导致加密程序并不标准，更没有经过科学验证，从而使得密码很容易被破解。

网络信息加密的目的是为了有效地保护高校内部网络的口令、数据文件及控制信息，防止遭到恶意破坏。网络信息加密是保证网络安全最有效的方式之一，但是网络信息加密仅是一种手段而已，并不能完全防止信息外泄，特别是不科学的加密方式很容易被破解。

3. 及时备份教务管理系统数据。

经常备份教务管理系统的全局数据是必要的，可在应用服务器上专门设置一个足够大的硬盘分区存储备份数据，以便万一出现故障时能够利用已备份数据及时进行恢复，把损失降到最低程度。备份数据时可以通过设置应用服务器的任务计划来启动教务管理系统数据的自动备份，因为进行数据备份时会拖慢系统的运行速度，影响师生正常使用教务管理系统，所以应当把自动备份的时间设置在较少人使用教务管理系统的时段。

4. 完善安全设备，保障高校校园网络安全。

高校可以通过应用漏洞扫描系统、防火墙、入侵检测与防御系统的方式在校园网内网、外网接口处，配备相应的网络安全设备。

首先是应用漏洞扫描系统。将漏洞扫描系统应用到校园网络中，能够及时地查找网络中潜在的安全隐患。众所周知，如果仅仅依靠个人经验来实现大型校园网络安全漏洞的查找，是不现实的，也是不可能完成的，为了能够迅速、及时准确地将校园网络中存在的安全隐患查找出来，我们可以将漏洞扫描系统应用到校园网络中，利用打补丁或者是优化系统的方式，弥补最新的安全漏洞，提高网络的安全性。

其次是防火墙，防火墙是一种保护计算机网络安全的技术性措施，它是阻止网络中的黑客访问某个机构网络的屏障，也可称之为控制通信进、出两个方向的门槛。在网络边界上通过建立起来的相应网络通信监控系统来隔离内部和外部网络，以阻挡外部网络的侵入。防火墙技术是目前保护网络最有效的防御手段，很多高校都通过设置防火墙来保护校内网络。外部网络想要接入校内网络的时候，必须使用经过授权的身份，才能经过防火墙许可，进入内部。它还使网络数据的管理更加简单：利用数据通道内的防御机制，有效过滤非法信息和恶意攻击，这样管理者就可以节省更多的人力来对网络安全进行全面管理。

最后是采用入侵检测与防御系统，针对网络中的入侵行为，应用入侵检测与防御系统是一种有效的解决方式。采用先进的协议分析技术，结合了高速数据包捕捉、协议分析及行为描述代码来探测攻击。在网络和主机层面，以基于攻击特征分析和协议分析的入侵检测技术为基础，监控分析网络传输和系统事件，自动检测和响应可疑行为，使校园网络在系统受到危害之前截断并防范非法入侵和内部网络误用，最大程度降低安全风险，保护校园网络系统安全。

通过以上安全策略，校园网可以做到由内到外的整体防护，这将极大提高校园网的安全性，保证校园网能够稳定健康地为高校管理、教学以及研究工作提供服务。

充分认识高校校园网络在日常教学、科研和管理工作中不可替代的重要作用，同时认清校园网的潜在安全威胁和脆弱性，在提升网络防范技术的同时，注重加强网络使用管理，这样才能最为有效地实现高校校园网络安全、稳定地运行，为现代高校的发展提供良好的信息保障。校园网络安全的防护关系到我国高校信息化建设的全局，必须对此投入更多的资金和精力，从设备、管理和安全防护意识等方面提升校园网络的安全防护等级，提高校园信息安全的防护能力，保护校园信息安全。

总之，校园网络信息安全管理是一个长期的过程，是重要的也是很难的任务，我们应该尽可能地提高校园网络的安全性，保护重要的数据不被恶意窃取，重要的信息系统不被攻击，并在发生安全问题时能及时处理好，降低破坏程度，使损失和影响减少到最低。

第三节　学校环境安全

随着我国高校招生规模的扩大和后勤社会化改革的不断深入，高校日益与社会融为一体。在周边社会环境浸染下，昔日封闭、平和的"世外桃源"般的校园逐渐消失，高校频发的事故和防不胜防的安全隐患严重威胁着广大师生的财产安全和身心健康，冲击着大学文化氛围。因此，治理校园环境，优化教育环境，成为一项必要而又迫切的课题。

一、校园环境安全问题概述

（一）校园环境的范围

校园环境主要包括教室、宿舍、食堂、操场等与大学生学习生活密切相关的几个校内场所。教室是师生共同上课、探讨学问的场所，是大学生最主要的活动区域之一；宿舍是大学生的休息场所，大学生有一半多的大学时光在这里度过；食堂是大学师生就餐的场所，人口密度大，汇聚时间短，往往爆发式集中；操场是大学师生进行体育活动的场所，是大学生活动场所的重要组成部分。近年来，随着高校招生人数的增多，高校主要活动场所人群密度进一步加大，人均场地占有面积减少，矛盾产生概率增加，安全隐患增多。

（二）高校校园环境安全常见问题

1. 教室安全问题。

教室是大学师生共同学习的场所，是大学学习的主活动场所。教室的安全隐患颇多，如教室建筑安全、防盗问题、上下课的秩序问题、教室电器安全使用问题、突发自然灾害的撤离、公共卫生安全预防等。

2. 宿舍安全问题。

随着高校后勤社会化，过去由学生工作部门管理学生宿舍的方式被"公寓管理中心"等类似的宿舍管理机构所取代，并且划入后勤服务部门的管理范畴，一系列冲突和亟待解决的问题难以被发现和及时处理，往往酿成更大的祸事。宿舍管理中的问题，如物业管理与人的管理相脱节、宿舍管理工作和思想教育工作严重不合拍、宿舍功能的综合化问题等。随着高校的扩招，宿舍的功能综合化，宿舍已经不再是大学生单纯的栖息之地，也成了他们交流、学习、娱乐的主要场所。宿舍远离学校管理核心、脱离监管现象严重，造成宿舍中的安全隐患难以及时排除，从而造成更大的安全事故。宿舍中常见的安全隐患，如盗窃、抢劫、打架斗殴、心理疾患、报复、夜不归宿，等等。总之，宿舍安全问题已经成为高校安全工作中首要的安全防范课题。

3. 食堂安全问题。

食堂是学生快速聚集的场所，聚集密度大、时间短、安全隐患多。如食堂秩序安全、食品安全、就餐财物安全，等等。

4. 操场安全问题。

操场是广大师生休闲娱乐的场所，安全问题多以竞技产生的问题为主，比如，竞技冲突、活动中矛盾冲突、肢体碰撞受伤等。随着高校人数的扩大，体育活动场所紧张的局面也日益突出,因活动场地争夺而爆发的冲突增多。

此外,校园内环境安全问题发生的范围很广,如厕所偷窥事件;环境嘈杂,影响学习和休息,易引发冲突,甚至非正常死亡事件;经常有人开车进入校区,交通事故多发,隐患增大等。

二、高校校园环境安全构建

搞好高校内部治安,加强对大学生的教育和管理,积极建设校园文化,营造安全教育氛围是高校综治的重要内容。

1. 建立和完善人防、物防、技防于一体的安全保卫工作模式,提高安全管理水平。首先要健全安全保卫工作制度,做好校园治安维护的基础工作;设立数字化门禁系统,有效管制出入人员;设立电子巡更系统,记录和考核校卫队员的巡逻情况和巡检工作;在财务室、实验室、档案室、多媒体教室等要害部位设立防盗报警系统,防止盗窃分子作案;设立可视监控系统,为安全管理提供事实证据,预防可能发生的突发事件;抓好报警设施建设,完善以110指挥中心为平台的接警、处警、求救服务,建立与学管、物管、宿管等相关部门的协调和联动机制,发挥"一方有事,八方支援"的功能;建立与地方政府和各执法部门联动的长效工作机制,协助公安机关优先处理校园内的违法犯罪案件,参与校园周边环境的治理;协助当地政府与交警部门维护校内交通秩序,依法处理无证经营、乱停乱放、超速超载、乱鸣喇叭现象,确保校内交通安全;及时疏导、调解在校学生与社会人员发生的纠纷,避免酿成事端;加大师生安全教育,预防和减少各类涉校案件和安全责任事故的发生。

2. 加强大学生安全防范教育和管理,提高学生自防能力。

校园安全教育直接反映着校园的文明程度,是大学生健康成长的环境保障。因此,必须把安全教育作为高校安全工作的首要内容来抓。充分发挥高校思想政治教育的阵地作用和工作优势,结合课程内容适时对大学生进行法律知识、安全防范知识和校纪校规的教育;建立和完善学校教学、生活、管理等规章制度,加强对大学生日常行为的管理和监督,增强学生的法纪意识、安全防范意识和责任意识,使其自觉地遵守法纪和各项安全制度,掌握各种安全防范的知识和技能,提高自防能力,最终达到自我教育、自我管理、自我保护,自觉抵制周边不良环境和各种丑恶现象的目的。

3. 积极建设校园文化,营造安全教育氛围。

健康向上的校园文化,不仅能增强人文氛围、提升人的精神境界、形成优良的教风学风、激发创造力、增强凝聚力、弘扬主旋律,而且会以各种形式、各种渠道对社会形成辐射,影响周围地区的文化取向。因此,高校应树立全员共育观念,加强教师的引导,发挥学生组织的作用,努力创新校园文化。积极开展丰富多彩的校园文化活动，通过举办以弘扬爱国主义、集体主义、社会主义为主题思想的演讲会、辩论会、主题班会，帮助大学生树立正确的世界观、人生观、价值观；举行高水平的人文社科讲座、学术交流活动、科技创新活动使大学生增加知识、提高境界、崇尚科学、追求真知；举办各类校园文艺体育竞赛活动，为大学生提供施展才华的机会和舞台，提高大学生欣赏美和创造美的能力。

4. 增强家庭、学校、社会环境安全多维建设，强化群防群治网络建设。

学校不是游离于社会之外的"乌托邦""世外桃源"，对孩子的安全教育同样离不开社会、家庭的参与。有些问题"防不胜防"，许多安全事故都发生于对隐患的麻痹和忽视，发生于对安全防范的松懈。学生在学校的时间毕竟有限，更为广阔的是校外的空间，要面对的是更为复杂的社会环境。因此，要扎扎实实做好安全防范工作，对外要争取到家长和周边街道、社区、派出所及共建单位的全力支持和配合。加强学校和社会的联系，形成教育合力。安全教育不单是学校的工作，也是家庭、社会的责任，要形成三位一体的安全教育体系，才可能对学生形成教育合力。

（1）成立家长委员会。

成立家长委员会作为学校规范管理的监督机构。学校定期召开家长委员会会议，邀请他们担当校园安全监督员，对学校内外的校园安全隐患进行检查，以弥补校园环境安全建设工作上的不足。

（2）发动其他周边力量。

派出所、街道、社区是学校安全工作最重要的辅助力量，与这些力量进行协作，无疑给学校安全建立了一座天然屏障。

校内自下而上、自上而下的安全工作网与校外家庭、社会的横向安全教育网相结合，形成了立体交互的网状安全教育工作体系，为学生构建了一个安全保护网。

5. 创新校园环境安全模式，尝试通过开展校园环境设计来预防危机，做好校园安全控制工作。

1971年，犯罪学者杰弗里在他的《通过环境设计预防犯罪》一书中创造并提出了"通过环境设计预防犯罪"。这一理念历经四五十年的发展，已经在犯罪预防领域中扮演了重要的角色。借鉴这一理念，校园环境设计在预防犯罪和保障学校安全中同样可以发挥显著作用。随着环境设计预防犯罪理念的推广与应用，逐渐发展起来的相关理论之一的"防卫空间理论"，此理论是美国犯罪学家和行为建筑学家奥斯卡·纽曼提出的。其理论根据是：利用环境设计改变物理环境空间样式的功能，以此改变居民的行动方式和增加相互间的社会联系，达到预防犯罪的目的。"防卫空间理论"开拓了环境设计的新理念，为预防犯罪提供了富有可行性的新思路。高校设计者可以大胆借鉴，在校园内开展环境设计预防犯罪的尝试。校园环境设计可以采取以下模式：

（1）出入口控制。采取安全屏障设施防止有人未经授权非法进入学校操场、校园或严格控制的内部区域，可以采用出入卡和读卡器来实现这一功能；

（2）环境设计实现自然监控。通过环境设计增加自然监控的概率和机会，从而增加闯入者的风险。目前实用性最强的就是部署在校园的各种摄像头；

（3）机械式监控装置。为学校校园安装安全装置来跟踪和定位任何非法闯入行为；

（4）拥堵控制。降低或消除任何可能会造成学生拥堵的因素，避免学生之间可能由于身体接触产生的冲突；

（5）心理威慑。实施心理威慑来防止偷窃和蓄意破坏行为；

（6）用户监控。在危险地带实施师生及员工安全保障措施；

（7）应急程序。为教职员工提供各种手段来处理突发性事件，包括应急预案；

（8）用户意识。启动专项计划来提高学生的安全风险意识和反制能力；

（9）用户动机。通过增加课外活动、提供舒适的校园环境、提高校园的视野范围来鼓励对外社交，提高师生凝聚力和荣誉感；

（10）领地标识。将校园不同的功能区域进行领地划分，减少区域使用的混乱性；

（11）社区参与。通过组织活动提高学校的公众意识和社会参与。

高校校园是大学生共同学习、休息和娱乐的重要场所，是对学生进行思想政治工作和素质教育的重要阵地，也是一所学校文明程度和集体风貌的展示。学校校园安全管理事关学生人身和财产安全，校园环境安全状况关系到学校正常的教学、生活秩序，关系到学校和社会的稳定。校园环境安全的建设与管理在新时期成为高校治安工作的严峻课题，学校在构建和谐育人环境时，要着力运用教育、管理、约束等手段，实现校园文明和教育事业的和谐发展。以培养高素质人才为核心，以师生的发展和学校事业发展为目标，以校园为阵地，促进学校各子系统及诸要素间的协调运转，从而形成合力，使学校稳定可持续发展。

第四节　个体生命安全

近年来，大学生自杀或伤害他人的事件时有发生，对于大学生漠视生命的思想，应加以教育，以防出现更多恶性事件。因此，对大学生进行生命安全教育，是刻不容缓的。

一、认识与理解生命

名人名言：1. 生命是人的光。——列夫·托尔斯泰

2. 如能善于利用，生命乃悠长。——塞涅卡

3. 旅程的终了，将是我们生命的结束。——梅特林克

（一）认识生命

关于生命的定义有很多，不同的学科给予生命不同的定义。广义生命认为，宇宙中的万事万物都具有生命，它包括生物、非生物和意识，也包括人类的和非人类的，还包括不同空间的生命。生物即有机生命体，如动物、植物等。非生物即无机生命体，如桌子，椅子等。狭义的生命便是人的生命。这一章我们主要研究人的生命。

人的生命可以分为生理生命、心理生命、社会生命。这三个生命共同存在于我们的生命体中，共同发挥功能。

人的生理生命是指有生命特征，可以进行新陈代谢，可以生长发育的生命体。生理生命是生命的基础，只有我们拥有了生理生命，才会有其他的生命活动。

心理生命是指个体意识到的心理自我，心理自我是个体对自己心理属性的意识、情感、评价。包括感知、记忆、思维、智力、性格、气质、动机、需要、价值观和行为等心理过程、心理状态和心理特征。

社会生命，指人生活在社会中担任一定的角色，生命存在也是一种社会关系存在。我们存在于社会中，社会关系决定了我们可以做什么、不可以做什么以及必须做什么。

生命是神圣的。每一个个体的出生都是偶然且不易的。

生命是宝贵的。每一个生命都区别于另一个生命，是唯一的、特别的。

生命是有限的。我们只有这一次生命。

（二）认识死亡

一直以来，人们都很害怕死亡，那死亡究竟是什么，为什么会让人害怕呢？

死亡，指生命丧失，生命终止，停止生存，是生存的反面。作为一个哲学概念来说，死亡是生命系统中本来维持其存在的属性的丧失，且不可逆转的、永久性的终止。

死亡是世界变化中的必然。没有人可以永远活着，我们最终都逃不过死亡，所以我们应好好规划自己的人生。

死亡存在不可预测性。我们无法知道自己的死亡时间，也无法知道自己是因为什么原因死亡，可能是自然灾害，可能是疾病缠身，也可能是车祸，也可能是被陷害，等等。有时候生命就是如此脆弱，我们无法预料。正因如此，我们应当珍惜活着的每一天。

死亡存在积极意义。死亡听上去是那么令人悲伤，那么消极。但不得不说在一定程度上，它存在积极意义。我们的生命终有一天会丧失，这让我们认识到生命的有限，时间的有限，让我们永不停止对生命的思考。认识死亡，让我们更加珍惜生命，珍惜时间。

（三）生命的价值

根据生命价值的性质，生命价值可分为正生命价值、负生命价值和零生命价值。

正生命的价值是指有利于自身、他人和社会效用的实现，即对自身、他人、社会有积极作用。我们社会的存在和发展便是大家共同奉献的成果，我们相互满足、相互付出。

负生命价值是指生命危害自身、他人和社会效用的实现，即对自身、他人、社会有消极作用。如果一个人活着做有害的事情，便是在浪费自己的生命，浪费自己的创造力。

零生命价值是指生命无利无害于自身、他人和社会效用的实现，即对自身、他人、社会既没有积极效用，也没有消极效用。如果一个人碌碌无为，那作为一个生命，又有什么价值可言呢。

卢梭曾说："人的生命价值是由自己决定的。"人的生命是有限的，但是我们要利用这有限的生命来创造出无限的价值。我们提倡正生命价值，做对自己、对他人、对社会有利的事情。我们每一个人都应为世界走向美好做出自己的贡献。

二、大学生生命的困惑

因为对生命和死亡缺少深度的思考，很多大学生在遇到生活中的一些问题后，产生许多困惑，有人甚至无法走出困惑，从而结束自己的生命。

（一）迷失自己

很多大学生从来没思考过自己究竟是为谁活，是为什么而活？从小被父母教育要好好学习天天向上，努力考取好大学。当真的进入大学后，发现目标缺失了。失去了生活的意义。大部分学生都是一直在别人的操控下生活，从来没有思考过自己生活的意义，于是变得迷惘、痛苦。还有一部分大学生，追求金钱，把打工赚钱作为自己的主业，荒废学业。有的人追求享乐，把父母挣的辛苦钱挥霍出去，买名牌、攀比，还有的人追求功利，做事有极强的目的性，想尽一切办法做班委等。

（二）价值感欠缺

很多学生欠缺对生命价值感的正确认识，于是产生不合理的观念，从而迷失方向。

一些同学认为学习成绩、学历是自己价值的体现,当他们学习成绩不理想时,他们就会彻底否认自己的价值,对自己没有信心,否定自己存在的意义。

一些同学视爱情为自己存在的意义,当自己的恋人离开自己后,他们会否认自己是值得被爱的,他们会觉得没有了这份爱情,活着也没有什么意义,便容易产生轻生的念头。

还有的同学认为自己有一份好工作,自己就是有价值的。当他没有得到理想的工作时便否认自己工作能力。

三、珍爱生命

(一)关爱自我

珍爱生命首先要关爱自我。这世界上只有一个你,你要珍爱自己。接纳自己的生命,接纳自己的不完美,包括长处和短处。只有懂得接纳并且爱自己的人才能够善待自己,珍爱自己的生命。

> **相 关 链 接**
>
> 热爱生命　　　　汪国真
>
> 我不去想是否能够成功
> 既然选择了远方
> 便只顾风雨兼程
> 我不去想能否赢得爱情
> 既然钟情于玫瑰
> 就勇敢地吐露真诚
> 我不去想身后会不会袭来寒风冷雨
> 既然目标是地平线
> 留给世界的只能是背影
> 我不去想未来是平坦还是泥泞
> 只要热爱生命
> 一切,都在意料之中

(一)关爱他人

关爱自己,也关爱他人的生命,是心理健康的必要条件。我们生活在社会群体中,每一个人都不是独立存在,都在爱与被爱中成长。关爱自我与关爱他人都是生命中最重要的组成部分。在肯定自己的价值、珍爱自己的生命的同时,我们应该肯定他人的价值、尊重他人的生命。当他人生命遭遇困境需要帮助时,尽自己所能，伸出援助之手。

四、预防自杀

近年来，我们看到或听到越来越多的大学生自杀，每一个年轻生命的离去，都将会带来不可弥补的损失。因此预防自杀显得格外重要。

（一）不堪承受的压力

一些学生因为不能承受在大学生活中产生的压力而选择自杀。其中有学习压力、恋爱压力、人际压力、就业压力、经济压力、家庭压力。

学习压力，一些同学因为考试成绩不理想，跟不上老师的上课进度，考研失败等，不能经受这些挫折，便产生了自杀的念头。

恋爱压力，一些同学因失恋，否定了自己的存在价值，对生活失去信心，便放弃了生命。

人际压力，一些同学因和朋友关系疏远，内心孤独，得不到支持，产生心理问题。

就业压力，有些毕业生因找不到理想工作，多次受挫后失去信心，放弃生命。

经济压力，一些同学因为家庭贫困，无法承受家庭的经济压力，想解脱便想到轻生。

家庭压力，一些同学因家庭出现变故，或父母离异，内心缺少安全感，也有的和父母关系不好，缺少家庭的支持。

我们每个人生活在这个世界，都将会不可避免地遇到挫折，会有压力。自杀也许是解决困境的一种方式，但是它是一种不必要的死亡。我们应在面临困境的时候，去战胜它，而不是去逃避它。

（二）自杀的识别

我们可以从语言上来识别，有的自杀者会直接表达出自杀的想法。例如，他们会说：我希望自己死了。有的自杀者会间接表达自己的自杀想法。例如，有的人会说：活着好没意思啊。没有我，世界照样好好的。像这些话语就有自杀的信息表露，在生活中，我们应当对此保持敏感，善于识别隐含的自杀危机信息，及时拯救同学。

我们也可以从行为上识别自杀危机，有的自杀者会突然改变行为，中断和别人的交往，或危险行为增加。一般伴有抑郁症表现。还有的自杀者会有条理地安排后事，突然把有价值、有纪念性的物品送人，还可能会出现意外事故，或饮酒、吸毒量增加。

（三）自我求助与救助他人

自我求助是预防自杀最有效的方式。大学生应积极参加学校的心理健康活动，可以增强心理素质，预防自杀危机。当感觉自己状态不好，自己无法调节时，要求助身边的人，可以向父母或亲人求助，也可以向朋友老师求助。如果求助身边的人，还是无法走出困境，便寻求专业心理咨询。

在大学，当发现同学有心理问题，自己解决不了时。要鼓励他向专业咨询机构寻求帮助。同时，要立即报告学校心理咨询中心或班主任，及时地报告便可能拯救一个生命。

第四章
大学生安全管理体系构建

第一节 健全安全管理法律法规和制度

一、现有安全管理法律法规和制度概述

（一）国家层面关于大学生安全管理法律法规

国家十分关注大学生安全管理工作。共分为六个层次对学生安全管理工作做出论述。

1.宪法层面。宪法是国家治国安邦的总章程，在我国具有最高法律效力。我国宪法第十九条规定：国家发展社会主义的教育事业，提高全国人民的科学文化水平。国家举办各种学校，普及初等义务教育，发展中等教育、职业教育和高等教育，并且发展学前教育。宪法第四十六条规定：中华人民共和国公民有受教育的权利和义务。

2.基本法律层面。基本法律是全国人大常委会制定的关于大学生做人做事的基本规范。主要有《中华人民共和国民法总则》《中华人民共和国民法通则》《中华人民共和国刑法》及诉讼法。例如，《中华人民共和国民法总则》第二十六条：父母对未成年子女负有抚养、教育和保护的义务。《中华人民共和国民法通则》第一百一十九条：侵害公民身体造成伤害的，应当赔偿医疗费、因误工减少的收入、残废者生活补助费等费用；造成死亡的，应当支付丧葬费、死者生前扶养的人必要的生活费等费用。《刑法修正案（九）》规定了非法出售、提供试题、答案罪，代替考试罪："在法律规定的国家考试中，组织作弊的，处三年以下有期徒刑或者拘役，并处或者单处罚金；情节严重的，处三年以上七年以下有期徒刑，并处罚金。"在国家组织的考试中，为实施考试作弊行为，向他人非法出售或者提供第一款规定的考试的试题、答案的，依照第一款的规定处罚。"代替他人或者让他人代替自己参加第一款规定的考试的，处拘役或者管制，并处或者单处罚金。"

3.普通法律层面。全国人大常委会制定了关于大学生安全管理的普通法律。

《中华人民共和国治安管理处罚法》《中华人民共和国教育法》《中华人民共和国高等教育法》《中华人民共和国职业教育法》。例如《中华人民共和国教育法》第四十四条规定：受教育者应当履行下列义务：（一）遵守法律、法规；（二）遵守学生行为规范，尊敬师长，养成良好的思想品德和行为习惯；（三）努力学习，完成规定的学习任务；（四）遵守所在学校或者其他教育机构的管理制度。第四十五条规定：教育、体育、卫生行政部门和学校及其他教育机构应当完善体育、卫生保健设施，保护学生的身心健康。《中华人民共和国高等教育法》第五十三条：高等学校的学生应当遵守法律、法规，遵守学生行为规范和学校的各项管理制度，尊敬师长，刻苦学习，增强体质，树立爱国主义、集体主义和社会主义思想，努力学习马克思列宁主义、毛泽东思想、邓小平理论，具有良好的思想品德，掌握较高的科学文化知识和专业技能。高等学校学生的合法权益，受法律保护。《中华人民共和国职业教育法》第三十二条：职业学校、职业培训机构可以对接受中等、高等职业学校教育和职业培训的学生适当收取学费，对经济困难的学生和残疾学生应当酌情减免。

4. 行政法规层面。主要是指国务院制定的关于大学生安全管理的规定。例如《国务院关于加快发展现代职业教育的决定》《职业学校学生实习管理规定》和《中共中央、国务院关于进一步加强和改进大学生思想政治教育的意见》。《国务院关于加快发展现代职业教育的决定》要求：加大实习实训在教学中的比重，创新顶岗实习形式，强化以育人为目标的实习实训考核评价。健全学生实习责任保险制度。

5. 行政规章。主要是教育部或者其他部委制定的关于大学生安全管理的规定，在全国范围内发生法律效力。中华人民共和国教育部令第41号令，《普通高等学校学生管理规定》公布，自2017年9月1日起施行。《学生事故处理办法》《普通高等学校辅导员队伍建设规定》。教育部关于切实加强高校学生住宿管理的通知》（教社政〔2004〕6号）。《学生伤害处理办法》（教育部令第12号）；《学校食堂与学生集体用餐卫生管理规定》（教育部令第14号）；《教育系统事故灾难突发公共事件应急预案》；《学生军事训练工作规定》。《普通高等学校学生管理规定》第四十二条，学生不得有酗酒、打架斗殴、赌博、吸毒，传播、复制、贩卖非法书刊和音像制品等违法行为；不得参与非法传销和进行邪教、封建迷信活动；不得从事或者参与有损大学生形象、有悖社会公序良俗的活动。

（二）云南省层面关于安全管理的法律法规

主要是云南省各级机关制定的与学生安全有关的管理制度，例如，《云南省安全生产条例》《云南省教育系统安全工作管理办法》（云教保〔2010〕25号文）等。《云南省安全生产条例》第二十二条：生产经营单位应当按照有关规定对从业人员、被派遣劳动者和实习人员，以及离岗后重新上岗、换岗和采用新工艺、新技术、新材料或者使用新设备人员进行安全生产教育和培训。未经安全生产教育和培训合格的，不得安排上岗作业。第二十六条：在居民区、学校（幼儿园）以及其他公众聚集场所的安全距离范围内，不得新建、改建、扩建危险物品的生产、经营、储存场所及设施。

（三）我校关于学生安全管理制度

云南交通职业技术学院也在60多年的办学经历中，积累了较多的学生管理经验。《云南交通职业技术学院学分制学籍管理办法》《云南交通职业技术学院学生转专业管理办法》《云南交通职业技术学院学生考试违纪处理及处分办法》《云南交通职业技术学院学生违纪处理办法》《云南交通职业技术学院学生违纪处分程序规定》《云南交通职业技术学院学生公寓办法》《云南交通职业技术学院勤工助学管理办法》。

二、现有安全管理法律法规和制度的不足

（一）内容宏观，不具体，执行难

暂且抛开国家层面的法律法规，就教育部制定的《普通高等学校学生管理规定》《学生事故处理办法》《普通高等学校辅导员队伍建设规定》《教育部关于切实加强高校学生住宿管理的通知》都没有能够明确学校应该做什么？学生应该承担什么责任？例如《普通高等学校学生管理规定》第五十二条：学生有下列情形之一，学校可以给予开除学籍处分：违反本规定和学校规定，严重影响学校教育教学秩序、生活秩序以及公共场所管理秩序的；现实生活中，具体什么属于严重影响学校教育教学秩序、生活秩序以及公共场所管理秩序？由谁来判断和决定？执行起来难度很大。

（二）具体管理人员水平参差不齐，难免出差错

"上面千条线，下面一根针。"上级制定了各种各样的法规，最后总要落实。以宿舍管理员为例，安全、防火、消防、打牌、娱乐，可以说学生宿舍是学生生活的重要场所。而各学校聘请的宿舍管理人员，多以大妈为主，尽管这些人责任心较强，但其理解政策和执行政策的能力和受过高等教育的人员比起来稍显逊色。

（三）学生管理安全危机原因千变万化

学生安全事故的发生千变万化，短期性、时效性强，而老师和辅导员不可能盯着每一个学生，这样就加大了管理的难度。大学生大多是18—22周岁的年轻人，其处于身体成熟但心智尚未成熟的阶段，精力旺盛，思维多变跳跃性大。其实，带来的安全隐患也在增加。

三、健全安全管理法律法规和制度

《云南省学校师生非正常伤亡统计表》显示：云南省每年约有1500名师生非

正常伤亡。这一数字尽管和庞大的在校生人数比起来，微不足道，但对于每一个个体家庭来说，都是血淋淋的事实。因此，我们有必要全方位制定学生安全管理法律法规。

（一）完善立法，从多个角度制定安全管理法规

学生安全涉及方方面面。我们要加强顶层制度设计，确保学生管理各方面都有法可依、有章可循。目前，我认为应该加强《高校学生宿舍管理办法》《高校消防设施管理办法》《高校课外活动管理办法》《高校教育设施管理办法》《高校学生事务管理办法》《高校食堂饮食管理办法》等与学生生活密切相关的管理办法。

（二）细化标准，结合本校校情制定学生管理法规的细则

制定法律法规规定的人一般都有一定的文化知识修养，文字的东西都过于笼统，而执行的人未必能够理解原意，因此有必要结合学校实际，制定更加细致的规范操作。各个学校都有自己的管理方式，例如，学生晚就寝，每个学校都有自己的管理方式，有签字的、有查宿舍的、有拍照的、有上报的。这些具体方式，都应该由各学校自己行使管理权。所以，各个学校都应该制定自己的学生管理办法。

（三）与时俱进，及时针对新情况补充学生管理法规

法律规定都是针对以前已经发生的事情的规定，而现实是千变万化的，所以学生安全管理法律法规要与时俱进。网络贷款已经成为影响大学生安全管理的主要因素之一，但国家目前还没有针对在校园放贷行为的约束性规定。我们认为，校园不是经营性场所，高校与大学生之间是教育管理关系，不是监护与被监护的关系。学生在校读书，大部分家庭都可以按时给予生活费，学费国家已经通过生源地贷款的方式给解决了，入学还有绿色通道，在校期间还有国家助学金，所以正常读书，满足基本生活需求不会有问题。那些追求较高品质的生活也不是学生应该向往的，动辄几万、几十万，甚至利滚利上百万的贷款也不是学生应该去做的事情，因此国家应该及时出台法规，对在校园放贷给学生的机构予以处罚。当然，像网贷一类的校园毒瘤还很多，学生年龄、智力尚没有完全健全的情况下，国家主管部门应该及时制定相关法规，堵截这一丑恶现象在校园蔓延。

第二节　完善校园安全管理组织机构

组织领导在中国是政策得以成功执行和达到预期效果的核心因素，高校保卫机构作为维护校园安全的主要机构，可谓意义重大。但就目前来看，部分学校和管理学校的政府部门普遍缺乏专门的、常设的机构来从事安全事件的管理工作，至多是针对某一事件临时抽调部分人员组成的非常设机构，安全管理体制不健全，这具有

较强的临时性和不确定性，不利于安全事件的有效处理。另一方面，从事安全管理工作的人员大多不具有专业背景而且没有受过正规的、系统的安全管理培训，且日常安全管理较为松散，这在很大程度上也不利于安全管理工作的有效开展。

社会转型期，高校已经被推向了社会舞台的中心，高校与城市其他社区之间的联通性和开放性，决定了其管理机制需要多方面力量的参与。但实际情况是，我国绝大多数高校尚未走出主体单一性、空间封闭性、时间滞后性的安全事件应对套路，与外界各方的信息没有形成良性的沟通。少数高校领导层为了个人或小集团的私利，对外封锁消息，自断外来援助，形成形势上的孤岛。社会是大环境，学校是小社会、小环境，学校安全事故往往与社会大环境有联系。高校的良好发展和安全管理水平的提高，离开了政府、社会各个方面的理解与支持几乎是不可能的。作为保护高等学校师生员工生命财产的专门机构，学校安全管理机构是维护学校安全稳定与和谐的中坚力量，所以高等学校主管部门和各级领导应高度重视高等学校保卫组织，从财力、物力、人力给予大力支持，必须完善和改进高等学校安全管理组织机构。

一、提高认识，强化领导者的责任意识

强化领导者的责任意识，加强安全基础设施建设。首先，要强化高校领导者的责任意识。领导是高校的决策者，领导思想上的高度重视是校园安全管理体制建设的重要保证，高校领导对安全工作的重视程度是构建安全管理机制的关键。长期以来，一些高校的领导对安全工作在思想上不够重视，或者热衷于搞形式，或者为了完成任务、应付了事，或者为了树典型、争先进，就事论事，工作缺乏系统性、经常性。高校内部应成立应急管理领导小组，统一指挥突发安全事件。高校领导者要始终把安全工作摆在学校工作的首位，牢固树立学校安全工作比什么都重要，学校安全工作比什么都关键的思想，把"平安校园"建设工作作为努力办好让人民满意的教育工程、保持稳定的基础工程，纳入工作总体布局。领导者要坚持以身作则，对安全工作的规律性有很好的洞察力和推动力，严格执行各项安全制度，加强对安保工作的监督和检查，杜绝安全事故发生。要定期分析学校安全工作中存在的薄弱环节，明确"校园安全行为规范奖惩原则"，并起模范带头作用，逐级落实责任制，签订责任状，明确责任人，做到安全工作人人有责，常抓不懈。其次，要在资金投入、设施建设、设备添置、建章立制、安全宣传等方面有明确的思路、总体的规划。物质基础设施指学校内部的硬件设施，是校园安全的保证，主要包括校园内的建筑物及教学设施、师生生活设施、室外活动空间设施。各高校应加大校园安全基础设施建设力度，在校园进行建筑施工过程中，要注重考虑可能会出现的各种不安全因素，提高安全保卫部门的装备技术水平。对校园进行规划，在校园内搞建筑施工，进行设备安装等，应该更加注意简洁、安全、实用，最大限度地避免不安全因素的产生。

二、完善法制建设，强化安全管理组织机构职能

保卫机构作为承担高校安全责任的主要机构，经历了执法权从有到无的尴尬历程。20世纪80年代，高校保卫机构既是本单位的职能部门，又是公安机关的派出机构，拥有执法权。1994年国务院下发了《国务院批转公安部关于企业事业单位公安体制改革意见的通知》，保卫机构不再是公安派出机构，只是本单位的职能部门，执法权被取消。没有执法权的高校保卫机构处于尴尬的境地，大问题交给派出所，小问题只能依靠学校学工部门。高校安保工作无"法"可依的现状，使高校安全保卫干部在工作中无法有效展开安保业务，与日益严峻的高校安全形势脱节。鉴于这种形势，2004年12月国务院发布《企业事业单位内部治安保卫条例》，指出"高等学校治安保卫工作的具体规定，由国务院另行制定"。但此项工作至今没有下文。由于现在的高校安全保卫机构所担负的职责涉及面之广在高校内部管理机构中是绝无仅有的，即便在行政机关当中也不可能存在这样一个担负多方面职责的部门；而且改革开放40多年来，高校发展的速度与我国社会发展的速度相比有过之而无不及，对安全保卫机构提出了更高要求。因此，现如今的高校安全管理工作包括什么范围，高校安全管理职能机构到底拥有何种权利、需要履行什么职责、工作要达到什么要求，都需要通过国家法律、法规予以明确。如果在法律、法规这个层面上不能明确高校安全管理职能机构在安全管理中的权利和义务关系，那么高校安全管理职能机构的任何一项作为都是没有任何法律依据的，也就是说不是合法的，即违背了行政合法性原则。一代代高校安全保卫工作者一直在不断探索高校安全保卫工作的模式、机制、方法、手段等，也总结出了许多符合现代高校发展需要的安全保卫工作经验，这些模式、机制、方法、手段以及经验可能在日常安全保卫工作当中起到了非常重要的作用，即有其存在和运用的合理性。但是，不能以法律、法规的形式将其规范起来，那也是不合法的，也就是说即便合理也不能运用，否则都是违法行为。因此，尽快颁布施行《高等学校校园安全管理条例》或者是包含高校校园安全管理内容的《校园安全法》，确立高校安全管理职能机构的法律地位，明确其权利义务，这既是全国各级各类高等学校顺利发展对安全稳定的校园及校园周边环境的迫切需求，是社会发展的客观需要，也是填补立法空白、完善教育法规体系、依法治校的需要，还是便于司法实践操作及我国法制化进程的需要。既然对于高等学校内部治安安全保卫工作的立法需求如此强烈，那么为什么在《企业事业单位内部治安保卫条例》实施将近20年后，高校安全管理立法依然遥遥无期呢？这是由高校安全管理工作特有的复杂性所决定的。如何在各种权利和义务关系当中寻找一个既有利于高校发展又不违反行政职权分配的平衡点，也就是说在立法过程中，如何对国家公共权力进行一个较为合理的分配，如何对校园安全管理职能部门和公安机关之间的执法权限进行科学的界定，是一个亟待解决的重要课题，也是校园安全管

理立法的难点和症结所在；这也是国家权力机关、行政机关、高校安全保卫工作者、高校安全保卫工作研究者及法律专家所共同的期望。

近年来，在安全管理目标和安全文化理念的指导下，基于对师生健康、校园环境以及对各种安全问题的全面关注，香港高校的安全管理不再局限于传统的安全保卫，已经将安全的概念逐步延伸到了健康、环境的方方面面。由此，大多数高校的安全部门被冠以"健康""环境""安全"等字眼，即将安全工作简称为"环安健"。香港各高校的安全管理体制、机制都比较相近，大体分为四个层次：第一层次，学校安全工作的总负责人由一位副校长担任，在其领导下，成立并组建学校安全事务委员会；安全事务委员会的职责是定期召开会议，制定政策、决定重大事项等；其下设一般安全委员会、化学安全委员会、生物安全委员会、辐射安全委员会、其他安全委员会等多个分委员会（或咨询委员会）。第二层次，在负责学校安全工作的副校长和委员会的领导之下，学校设立行政机构——健康安全及环境处（简称安全处），其主要职责是负责学校的安全政策的执行和日常管理工作的实施。对应各分委员会，根据安全管理的实际，安全处一般设有化学安全、辐射安全、环境安全等多个工作小组，实行专员（或主任）负责制。这些专员一般是具备了某些专业特长的技术人员。第三层次，院系有主管安全的领导，设立一名专职安全工作人员负责整个院系的日常安全工作，对安全处负责。治安、交通安全、消防监控等常规安全工作多安排在物业管理处等部门，由保安兼管，也对安全处负责。第四层次，安全处作为学校的安全管理机构，负责与政府管理部门、社会各种机构的对口联络、协调工作。由此可见，香港高校与国内高校的安全工作体制、机制有很多方面是相似的，不同之处主要在于香港高校顶层的安全管理职能集中于安全事务委员会和职能部门，由一个部门实施全面的安全管理；这种体制、机制更便于学校对化学、生物、建筑、环境、激光、辐射、消防、交通、治安以及安全教育与培训等各项安全工作实施全面组织和协同管理，更为关键的是其安全事务委员会不像国内高校中各种领导小组那样虚化。

通过对香港高校安全管理机构的分析，可以得到一些安全管理机制的启示。第一，香港高校将安全管理的领域从传统的安全保卫拓展至健康、环境和安全的方方面面，这是一个进步。第二，香港高校的学校安全事务管理委员会不像我国高校的各种领导小组那样虚化，而是实实在在的顶层领导管理机构，更具实效性。第三，香港高校安全管理机制层次分明、责任明确，更有利于安全管理责任的落实。

（一）给予高等学校安全管理机构适当权限

给予高校安全保卫管理部门适当的执法权限是十分有必要的。依照法律程序，各省、市、自治区地方人民政府以规范性文件的形式，确立高校安全保卫管理部门的执法地位，恰如其分地赋予高校安全管理职能机构相应的权利，给予校园安保管理部门一定的执法权限。主要有对轻微违法行为的侦查处理和对轻微刑事案件的侦查及勘验现场的权利。同时整合高校安保队伍力量，制发统一的工作制服，明确安保工作人员为校园警察，编制全省统一的校警编号，从事校园安全执法活动，建立校园安保工作人员的工作权威性和公信力。有装备警绳、警棍、电击棒、网枪等警械的权利，并赋予在面对严重暴力和恐怖案件时采取人身强制措施的权利；其次是赋予一定间接强制执行的代执行权，比如对校园内的一些违法、违规行为采取相应的措施，如排除道路障碍物、排除消防通道障碍物等。三是赋予高校安全管理职能机构一定的检查管理监督权。凡在校园内活动的单位和个人，如涉及治安、交通、消防安全、环境卫生及安全、产品质量安全、食品卫生安全等，高校安全管理职能机构均有权对其进行检查、管理和监督。

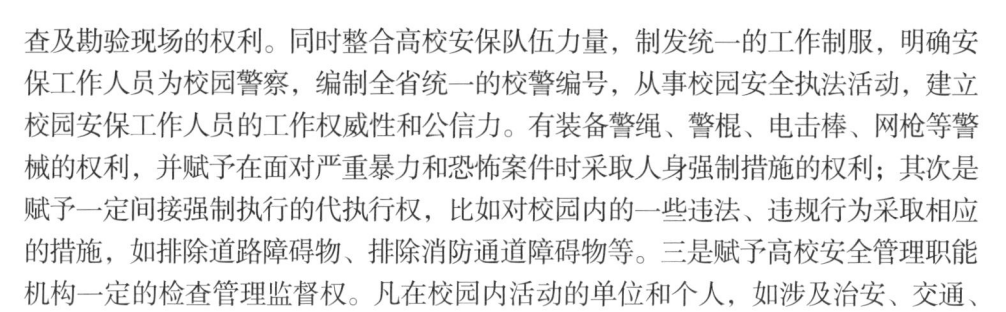

（二）明确高等学校安全管理职能机构及工作人员的职责

高校安全保卫机构及工作人员的职责包括：开展治安防范宣传教育，并落实本单位的内部治安保卫制度和治安防范措施；根据需要，检查进入本单位人员的证件，登记出入的物品和车辆；在单位范围内进行治安防范巡逻和检查，建立巡逻、检查和治安隐患整改记录；制定消防安全制度、消防安全操作规程、灭火和应急疏散预案，落实防火安全责任制，进行消防宣传教育、培训、演练，组织防火检查，检查、维护消防设施和器材、消防安全标志，保障疏散通道、安全出口畅通，建立防火档案，建立防火巡查及巡查记录制度；维护单位内部的治安秩序，制止发生在本单位的违法行为，对难以制止的违法行为以及发生的治安案件、涉嫌刑事犯罪案件应当立即报警，并采取措施保护现场，配合公安机关的侦查、处置工作；督促落实单位内部治安防范设施的建设和维护，加强技术防范措施的建设；制定校园道路交通安全制度，合理设置校园道路交通标志标识，指挥疏导校园道路交通秩序；制定食品卫生安全、产品质量安全、环境保护等制度，检查、监督校园内食品卫生安全、产品质量安全和环境保护工作；制定各种涉及安全稳定的突发公共事件的应急处置预案，并定期组织演练。

（三）理顺高等学校安全管理机构的管理体制和隶属关系

当前高等学校保卫组织即安全管理机构实行"条块领导相结合"的双重领导制，即在人、财、物方面隶属高等学校党组织和行政首长，而在业务技术方面隶属上级公安机关领导，在开展具体工作时则同时接受双重管理、检查和监督。导致在开放社会、法治社会的市场经济体制中，高等学校的安全管理暴露出种种弊端，如保卫组织无执法权只能依赖公安机关解决，而常常贻误战机造成损失等。为此，公安和高等学校主管部门要积极研究高等学校安全稳定工作的特点，理顺高等学校保卫组织的管理体制和隶属关系，使保卫组织在校园安全管理方面切实发挥作用。

三、合作高于单干：建立高效的组织协调机制

高效的组织协调机制是指在高校校园安全管理过程中，承担着学校安全管理

的各个部门通过会议、协商、讨论、沟通、交流的方式,统筹各部门规划、计划和决策,完善各部门管理中的共性制度,整合各部门的资源和力量,相互协作、相互配合,共同完成学校安全管理的任务。高效的组织协调工作对构建安全校园意义重大,而组织协调机制本身又蕴含着广泛的、多层次的参与机制。广泛多层次的参与机制是指在高校安全管理工作基本制度的指导下,整合校内外力量共同参与校园安全工作的程序或方式。多层次的参与机制既包括校内的广大师生参与学校的安全管理工作,又包括校外的工商税务、公安消防、交通城管、医疗卫生、新闻媒体以及所在辖区等多元主体有序参与学校安全管理工作。学校要定期研究安排安全管理工作,虚心听取社会各界对学校安全管理工作的意见和建议,互通情况、交换意见,研究制定安全措施。政府的各职能部门也要切实依法履行自身职责,利用各自的技术与信息优势,在自身范围内积极采取措施,关心、支持高校安全管理工作。齐抓共管,从而形成校园安全管理的整体合力,努力开创全社会重视安全教育、关注校园安全的良好局面。

第三节 加强高校安全管理队伍建设

安全管理队伍承担着维护高校安全稳定的重任,是开展校园安全工作的基础。加强安全管理建设是保障校园安全工作有效开展的重要手段,对建设和谐平安校园至关重要。加强高校安全管理队伍建设主要包括以下几方面:

一、加强安全保卫人员队伍建设

安全保卫队伍是维护校园秩序和治安安全的专职队伍,在高校的各项安全保卫工作中发挥着重要的作用。安保人员的辛勤付出为高校师生筑起了一道无形的墙,保障了校园的良好治安和秩序。作为高校安保工作的核心力量,安保人员既要保护好高校师生的人身和财务安全,又要承担起相关的思想教育工作;既要有较高的业务素质,又要有勤于思考、善于沟通的能力。打造一支业务能力强、思想素质高的安全保卫队伍是保证各项安全管理制度有效实施、提升高校安全管理效能的必然之举。因此,高校必须高度重视安全保卫人员队伍的建设,为和谐稳定的校园环境竖起这道墙。具体来说,可以从以下几方面着手:

(一)提高安保人员的业务能力

安保人员的专业技能和业务水平对高校安全管理工作的成效起着决定性作用。因此,在聘请安保人员时,就要进行严格的筛选,定期对安保人员进行培训,建设起一支熟悉校园安全的法律法规知识,拥有优秀执行力的安保队伍。校园环境有其特殊性,并且有一定的复杂性,这就要求保安人员熟悉校园环境,有敏锐的观察力,在日常巡逻过程中,快速准确发现校园中的安全隐患,及时处理，做到防患于未然。校园是人口密集之处，一旦遇到突发性安全事故，处理难度会大大增加。安保人员要贯彻执行突发事件预防与应急救援的规定，协助制定和完善本级应急救援预案并定期组织演练，提高危机应对的能力，增加危机处理的经验。

在新的社会大环境下，高校的发展、科技的进步给安保工作带来了更多的机遇与挑战。安保人员应该改变固有的思想观念，与时俱进，通过不断学习，熟悉新时代的安全问题，熟练使用新型消防安保设施，用新的理念和机制取代旧的僵化的安保工作体系，以适应当前高校安全稳定发展的新需要。

（二）加强安保队伍的纪律管理

目前，高校安保队伍纪律散漫的现象十分普遍，这对校园安保工作的开展十分不利。"矩不正，不可为方；规不正，不可为圆。"管理者首先要制定和完善各项规章制度，使安保队伍的管理做到有章可依。在具体的纪律管理方面，建立科学的考勤制度并严格执行，引入竞争和奖惩机制：结合校园的实际情况，合理安排安保人员的作息时间，结合安保人员的工作任务和岗位特点制定相应的考勤制度，使安保人员的工作有序进行；实行竞聘上岗和淘汰制，在重要岗位设立组长、班长，实行级别工资待遇，淘汰部分思想觉悟低、工作能力差的安保人员，吸引思想素质高、工作责任感强的人员进入安保队伍；建立健全奖惩机制，建立工作评估体系，实行每月、每季及年终考核，通过考核了解安保人员的工作情况。奖惩分明，对于工作表现突出的安保人员予以奖励，对于工作不积极、作风懒散、纪律松懈的安保人员给予适当惩罚，情节严重者坚决予以辞退，以此调动安保人员的工作积极性。

（三）重视安保队伍的稳定性建设

首先，保证数量的稳定。其次，促进人员的固定。安保工作具有一定的特殊性、危险性和艰巨性，高强度高压力的工作付出理应收获合理的待遇，但是就现在的情况看，安保人员的待遇水平普遍偏低，导致了安保人员的人事变动频繁，不利于队伍的稳定性建设。解决这个问题，首先要争取提高安保人员的待遇，通过更好的薪资、福利吸引高素质、高水平、吃苦耐劳的人员加入安保队伍中来。其次是要贯彻落实相关社会保险制度。安保岗位具有特殊性和危险性，贯彻落实相关保险制度，切实保障安保人员的合法权益，安保人员在投入于安保工作时没有后顾之忧，将更加投入。再次，让安保人员明白自己的价值与意义，对于表现突出的安保人员给予表彰和奖励，提高其工作满足感与热情。

（四）提高安保队伍的思想水平

思想是一件无形的武器，安保人员提高思想水平对日常工作的开展十分有利。通过组织学习大会、党政教育、自查自纠、先进评比、主题讲座等活动，提高安保人员的思想政治水平。培养吃苦耐劳的奉献精神，加强工作的责任心和事业心，树立爱岗敬业的务实作风，树立爱学校、爱集体的人生观、价值观和荣辱观，提高安保人员的职业道德水平。推行"以师生为本"的服务理念，加强与师生的接触力度，把安全服务落实到每一位师生上，为他们排忧解难、保驾护航，尽职尽责做好每一项安全管理服务工作，突出安保人员的服务精准度。

（五）提高安保队伍的文化素质

高校是孕育培养社会精英的场所，师生们有着较高的文化素质，如果安保工作者也具备较高的知识水平，将会更能胜任工作岗位。因此，在招聘和选拔安保人员时，就要做到公开招聘、择优录用、提高准入门槛；加强人员的轮岗和交流，从校内其他单位调动素质较高、能力较强的管理干部充实保卫队伍，优化保卫人员配备，强化人才队伍梯队建设；鼓励安保人员在工作之余利用高校的资源学习知识，充实自己。提高文化素质，有利于安保人员在处理问题时能更好地与师生交流、沟通，也能使双方配合更顺畅。

二、加强高校辅导员队伍建设

高校专职辅导员作为直接对接学生的管理者，对学生的思想动态、心理状况有着更精准、更透彻、更全面的掌握，在校园安全工作中发挥着不容忽视的作用。在招聘辅导员时，要注意考察其政治素养、道德品质、理论修养、创新能力、组织管理能力、分析和解决问题的能力，从而不断优化辅导员队伍。加强辅导员专业化、职业化建设，把辅导员培养成专业水平高、业务素质强的专业管理人员。发挥辅导员的优势，使其成为安全教育队伍中的一员，熟练掌握大学生心理健康教育知识、国家安全知识，承担起安全教育的任务。培养辅导员事前主动式管理的工作理念，对一些学生可能发生的安全问题积极做好预防工作。提高辅导员处置突发事件、复杂事件的应变能力，提高辅导员安全工作的管理水平。

三、发挥学生干部的作用

学生骨干队伍是连接学生和学校、学生和老师之间的桥梁，也是传达、执行学校安全管理规章制度的重要通道。强有力的学生骨干队伍，不仅在班集体和学生组织当中发挥着模范带头作用，同时对学校的安全管理也起着积极的作用。学校应当重视学生骨干队伍的选拔、培育及使用，建立学生队伍发展机制，设定高标准、严要求、重发展的培养目标，把学生骨干队伍的建设纳入学校工作当中同规划、同部署、同落实。提供实践平台，充分发挥学生干部的带头示范作用，使其参与到涉及学生的各类安全大检查当中，如宿舍的卫生检查、违章用电排查及校园的治安巡逻等，从而不断提高学生的安全意识和自我防范能力。抓好学生信息员队伍建设，充分发挥学生信息员在传递信息、安全宣传、秩序维护、突发事件应急处置救援工作中的作用。

第四节　加强大学生安全教育机制

大学生安全教育问题关系整个社会的稳定与发展，是建设和谐稳定校园的前提和基础。加强大学生安全教育不仅是促进大学生健康成长的内在需要，也是迎接高校治安挑战的客观需要，更是构建和谐社会的时代要求。然而新时期大学生安全教育仍然存在诸多问题。具体表现为：多数高校尚未形成专门的安全教育制度，一些高校对安全教育工作还不够重视，很多教师在开展安全教育课程的时候，在整体上还较为形式；大多数高校安全教育的内容主要体现在人身安全、财物安全等传统安全问题上而很少涉及心理健康教育、社交安全教育、文化安全教育、网络安全教育；安全教育的方式缺乏多样性，不能满足不同学生对安全知识的多样化需求等。作为高校安全管理中最活跃的因素之一，大学生的安全教育对高校校园整体的安全具有重要的意义，从某个方面来说，只有建立并加强大学生安全教育长效机制，不断地提高大学生的安全素养，才能从根本上提高高校校园安全管理水平。

一、坚持安全教育理念创新，营造良好氛围

科学发展观的核心是"以人为本"，安全教育要体现"以人为本"的安全教育理念。以人为本就是针对大学生的实际情况和需求，改变走形式的安全教育，真正深入学生当中，开展各类调查研究，准确把握当代大学生的安全需求，有针对性地组织开展形式多样、内容丰富、覆盖广泛、效果显著的安全教育活动，全面提高大学生的安全意识和自护自救能力。在新生入学前就应在录取通知书上印刷简要的防盗、防骗等安全知识要点；新生入学后应将治安环境、安全设施、生活安全常识、法律法规、校规校纪、防盗防骗、火灾逃生、防震避险等方面的安全知识作为重要内容纳入教育。制订安全教育教学计划，既要考虑大学生在校期间应接受的安全教育、掌握的安全知识，又要考虑针对不同年级、不同时期所要完成的教育内容；既要安排正规系统的课堂教学，又要针对不同时期学生的倾向性，安排一些教育活动。实际生活中，大学生的个体安全问题是千差万别的。由于每个人的思想和性格不同，使安全问题具有鲜明的个性特征。为了对症下药，使安全教育富有时代性、科学性、针对性，还应当建立大学生安全咨询机构，开展安全咨询服务活动。安全咨询的范围包括帮助大学生依法维护自身的正当权益、依靠有关组织解决大学生面临的现实安全问题，以及通过谈心开导帮助大学生克服因各种原因产生的心理障碍等。在校内营造浓厚的安全育人氛围，将校园文化环境与安全文化环境有机结合，充分运用现代媒体构建宣传阵地。全面构建家庭、学校、社会三位一体安全教育体系，营造良好的安全教育氛围。

二、与时俱进、开拓创新，完善安全教育内容

落实安全教育"进课堂、进教材、进头脑"的"三进"措施。在学校专业人才培养方案制定过程中，学校往往忽视了大学生安全教育，建议在制定专业人才培养方案时增加"大学生安全教育"课程，明确教学目标和课程标准，编写相关教材。回顾我国高校安全教育模式，其教育内容几乎是一成不变的，长期围绕着国家领土主权安全和利益、对敌斗争、军事威胁等"传统"的安全观开展教育活动。然而，随着时代主题的转换，特别是改革开放以来，安全观在内容上已经历了从传统安全观到非传统的新的安全观的演变。新的历史时期，与大学生有关的安全问题相当丰富。包括人身安全、财物安全、心理安全、学业安全、出行安全、运动安全、社交安全、信息安全、性安全、消费安全以及就业安全等。因此，加强对大学生的安全教育，在内容上要与时俱进，实现由传统安全观向非传统的新安全观的转换，及时更新安全教育内容，这是时代对高校安全教育提出的新课题、新要求。

学校应成立安全教育教研室，从师资、课时和经费上给予一定保障。建立安全知识培训讲座制度。组织全体学生、班主任、辅导员参加安全防范技能专项培训，邀请专业人士举办安全知识讲座，开设相关的安全知识选修课。安全教育应贯穿学生生活始终，方式方法可灵活多样。要根据学生在校每个阶段的特点，分层次、有重点、有区别地对学生进行安全教育。可把大学生安全意识教育融入实验课、实习、实训等教学环节。完善安全教育真实体验，进行常见的安全防范能力训练，加强学生自律能力训练、应急能力训练和安全管理能力训练。学校要制定切合实际的各种应急方案，各系（院）应根据学校的大方案，制定出小方案，方案应包括指挥员、疏散员、安全员等，学校每学期应至少举行一次以上的消防演练和地震疏散演练等。学校可以成立安全协会，以宣传安全知识、增强安全意识、掌握安全技能为宗旨，为广大师生提供广阔的学习交流平台，让大学生参与学校安全协会，参与学校安全管理。实践出真知，让学生投入到安全管理的实践中去，远比单纯的灌输教育更能收到效果。近些年组织的大学生治安服务队，发动学生参与学校安全管理，以及派遣学生在安全保卫部门或者院系勤工俭学，负责一些安全宣传、教育、日常安全管理等，在实践中端正安全态度，强化安全意识，提高安全防范能力，在从事管理工作中获得教育，这些都是有效的安全教育形式。

三、规范安全管理保障机制，强化管理育人力度

学校要建立健全安全教育管理的组织机构，建立由党委统一领导，相关部门各司其职的领导体制和运行机制，形成党委统一领导下的院、系配合、齐抓共管的组织保障体系。建立和完善安全管理规章制度，建立一整套规范合理的学生安全管理的制度体系和法规，安全管理相应制度落实到学生个人和班级。可以将大学生的安

全管理融入社会保险机制，落实和推行社会保险制度。将大学生的安全意识引入对其人文素质的考核中，可以设立安全单项奖，与学生的奖学金直接挂钩，可以利用奖惩机制提高学生的安全意识。可以建立安全工作考核体系，实行安全工作"一票否决制"，与教师评先选优、晋升、工资、评定职称、年度考核等挂钩。完善物质保障机制，学校用于教育培训、应急演练、突发事件处置等的经费从学校行政事业费中单列。加强人防、技防、物防管理，进一步规范技防设施和物防器械的管理与使用，积极推进校园安全的数字化管理。建立学生外出活动审批制度。涉及学生出游、实训等集体外出情况，须由集体外出的负责人到保卫部门领取校外活动申请表，注明外出人数及安全责任人，并由班主任、系领导签字确认，最后由保卫部门送交分管安全工作的校领导审批。要建立一支专兼结合的安全教育师资队伍，确定安全教育课程授课教师的基本条件，从源头上提高教师质量。加强教师业务知识培训，邀请公安、消防、法律、心理健康等方面的专家来校开展专题讲座，提升授课教师的内涵。专业课教师在课堂教学中渗透维护校园安全稳定的意识以及加强学生自我保护的意识。高校教师要勇于接受新鲜事物，与学生共成长，充分认识新媒体给学生带来的影响，在课堂教学中引导学生理智、科学地利用新媒体，让新媒体为学生的成长成才服务。大力开展安全教育研究，调研其他高校安全教育好的做法，学习国内外先进的安全教育理念和措施，掌握大学生安全教育的规律，提升教师的理论研究水平，探索大学生安全教育的新途径、新方法。

四、抓好新媒体建设，消除安全隐患

在当今互联网时代，充分运用微博、微信、QQ等新的交流载体，改变教育方式。高校要充分发挥网络便捷性、共享性的特点优势，利用网络阵地与学生平等交流，加大正面教育引导和宣传力度。比如，发挥计算机网络在安全教育方面作用的同时，把安全常识挂到网上，把近期校园的安全状况公布在网上。新媒体具有及时性、互动性特点，高校可以通过校内课程培养学生的分析和独立思考能力，以及新媒体素养，让他们能全面正确认识新媒体，增强信息分辨意识，增强信息处理能力。高校要开展多种多样的与新媒体有关的安全教育活动，如网络视频欣赏、手机信息互动、网络论坛等实践教育活动，使学生乐于参与、主动接受。高校要针对大学生易发的敏感问题，通过网络、手机等平台广泛收集信息，要关注网络舆情，努力提升网络舆情危机的应对处置能力，做好学生的安全教育引导工作。高校应借助新媒体，推进校园安全文化建设，紧紧把握时代脉搏，因势利导，抓好思想阵地建设，消除安全隐患。

五、加强理论研究，提高安全教育的整体水平

提高安全教育的针对性、实效性，要靠理论研究的不断深入。因此，高校必须转变观念，根据形势的变化积极开展安全教育的理论研究，不断提高安全教

育的整体水平。一是加强对学生安全和社会形势的预测，对影响学生安全的因素进行前瞻性研究，把握当前学生安全教育和管理的新特点及新规律，避免工作的表面化、形式化与简单化，使安全教育始终处于主动的地位。二是拓宽思路，从安全教育工作的长期发展考虑，结合安全形势和实际情况，深入研究安全教育的内容、方法、实效性等问题，以推动安全教育的不断发展。三是针对目前大学生安全问题的新特点，要特别加强对学生心理安全和信息安全的研究，分析和把握大学生心理和网络信息使用方面的新问题，有针对性地开展心理健康教育，预防和有效干预学生心理危机，保障学生心理健康；探索如何预防网络成瘾、网络受骗、网络失德、网络犯罪等信息安全问题的产生和发展，引导学生正确、安全地使用网络信息，促进其身心健康成长。

六、建立学校、社会、家庭的安全教育网络，使之立体化

学校与社区、居委会、公安、消防、交通等部门开展安全教育合作，形成安全共建模式。每年组织一次有关方面专家和家长参加的学校安全工作座谈会，共同探讨提高学校安全工作水平的措施。聘请有关部门的专家担任安全教育辅导员，定期请专家上安全教育课或做报告；积极开展共建平安大道、平安社区活动，组织学生志愿者深入社区开展安全宣传活动。学校要实行学生文明自律与学校管理协议书制度。每年新生入学后，学校应与学生本人以及学生家长签订协议书，明确学生本人、学生家长（或监护人）和学校的权利、义务，以及发生安全事故时，学校、学生家长（或监护人）、学生本人的责任。学校应经常与学生家长（或监护人）保持通讯联系，及时了解和掌握学生的思想、学习、情绪和行为表现情况，以防止发生意外事故。

安全教育是维护大学生安全的一项基础性教育，是学生素质教育的重要内容，是人才保障的根本教育。危险有时是如此之突然，生命有时是如此之脆弱。只有通过有效途径，有针对性地、经常地加强安全教育，才能提高学生自我保护能力，防患于未然，才能维护我国高等教育的稳定发展，培育社会需要的、全面发展的人才。高校要从根本上重视大学生安全教育问题，把安全教育工作摆在思想政治教育工作的重要位置，做到常抓不懈、持之以恒，努力营造安全教育的良好环境，构建大学生安全教育机制体系。

第五节　加强校园安全文化建设

校园安全文化既是安全文化在校园的体现，又是校园文化的一个组成部分。建设校园安全文化，树立校园安全文化理念，提高师生的安全文化素质，对于建立安全、稳定、和谐的校园有着十分重要的意义。

一、高校校园安全文化概述

（一）校园安全文化的内涵

校园安全文化是一个综合性概念，涉及校园文化和安全文化两个方面的内容。朱颜杰的《学校管理论》指出：所谓校园文化是指一所学校内部所形成的，是其成员所共同遵守并得到同化的价值观体系、行为准则和共同的思想作风的总和。安全文化指："人类发展过程中，为维护安全而创造出的各类物态产品及形成的意识形态领域的总和；是人类的生产生活中所创造的安全生产、安全生活的精神、观念、行为与物态的总和；是安全价值观念和安全行为标准的总和；是保护人的身心健康、尊重人的生命、实现人的价值的文化。"据上所述，校园安全文化可归纳为高校在长期的实践中，为保障师生员工的人身和财产安全、构建和谐的校园环境长期积淀而成的安全方面的物质财富和精神财富的总和。它包括完善的校园安全设施、安全监管制度和安全宣传教育活动等，是以预防和消除在教学、科研、生产、生活、学习和专题活动中发生的安全事故为目的，进而建设安全、稳定、和谐校园环境的一种文化现象。

（二）高校校园安全文化的构成

文化的结构可以分为精神、制度、物质三个层次，高校校园安全文化也是由这三个文化层所构成的：

1. 物质层次。

物质层次主要是指校园内看得见、摸得着的安全硬件设施，如安全设备、灭火装置、防护器件、报警系统及警力等。这是高校校园安全文化中最表层的部分，反映了一所高校的安全理念、安全意识、安全作风及安全管理的实际状况。

2. 制度层次。

制度层次指的是与高校校园安全有关的法律法规与各项规章制度，是学校人员在教育教学活动中所应遵循的安全行为准则。它既包括对师生员工的安全产生规范性、约束性影响的部分，也包括校园安全责任制度、教育制度、检查制度、评估制度等一系列管理、检测制度和操作规程。

3. 精神层次。

精神层次主要是指高校的领导和广大师生员工共同信守的安全价值理念，是高校安全文化的核心和根本，是衡量一个学校是否形成了校园安全文化的根本标志。它是师生员工的安全思想、安全意识的体现，高校的师生将安全理念根植于心，将影响到现实中的行为，形成良好的安全行为习惯。

校园安全文化的三个层次是一个有机的统一体。物质层是校园安全文化的外在表现，是精神层和制度层的物质载体；制度层制约和规范着物质层和精神层的建设，是校园安全文化的骨架；精神层是制度层和物质层的思想内涵，是校园安全文化的核心和灵魂。

二、高校校园安全文化建设

（一）高校校园安全文化建设面临的问题

1. 对校园安全文化教育的重视不够。

一方面，高校注重教学质量和科研成果，往往忽视了安全文化建设，校园安全文化教育不健全，缺乏系统的校园安全文化教育体系。现行的校园安全文化建设一般以召开主题班会、开办安全讲座、发放安全读本、寝室安全大检查等方式进行，大多流于形式，效果不佳。很多高校缺乏专业的安全文化教育讲师，极少常态化开设安全教育课程，也很少通过考试来测定学生对安全知识的把握程度。囿于各种限制，很多高校也没有开展校园安全文化的实地演练和教育，学生很难真实地感受到安全问题以及通过实践学会应对安全问题。另一方面，学生在思想上不重视安全知识，总认为校园一片"净土"，安全问题发生的概率很小，安全意识淡薄，警惕性不高。学生们将主要精力用于专业知识和技能的学习，不认真对待有关安全文化的教育，认为相关的课程、讲座、主题班会都无关紧要，学习态度散漫，几乎没有学习安全文化的自觉性和主动性。

2. 校园安全文化建设缺乏科学有效的评价体系。

高校对安全文化建设的落实缺乏有效的管理，没有建立起安全文化建设的评价体系。表现在：(1) 物质方面，各项安全硬件设施的配备上，缺乏相应的标准，在设备的定期维修更新方面，没有相应的计划和方案。(2) 制度方面，校园安全制度、规定的制定是否完善，有没有做到定期修订，师生们对各项规章制度的熟悉程度如何、遵守情况如何……这些方面尚没有相应的评估办法。(3) 精神方面，这是最难评价的方面，如校园安全文化氛围、安全精神、安全理念等，这些都是在长期潜移默化中积累形成，只能通过行为主体的行为结果来反映，很难用客观数据来评价，评价时无从下手。

除此之外，目前各高校在进行校园安全文化建设的过程中，由于对安全文化理解不同、建设内容、建设重点不同，而导致衡量校园安全文化建设优劣的标准没有统一，高校校园安全文化内容的多层次性也导致评价标准无法一一量化。

3. 高校安全文化建设缺乏系统性。

高校校园安全文化建设体系必须要做到精神和物质相统一，这是由校园安全文化的内涵决定的，也直接关系到高校校园安全文化建设的质和量。完整的目标体系应该包括配设安全保障场所、设施、器物等，建立健全与之相应的规章制度和预警机制，培养师生员工的安全意识和安全文化素质，做到教学、科研、生产、生活各方面的充分兼顾。既要有防微杜渐性质的日常防备，又有快速应对的危机管理能力，既要有一般性、传统性的安全文化，又要建设从事专门工作所需的专门安全文化和应对信息时代挑战的网络安全文化。对照上面的高校校园安全文化建设系统性要求，目前还存在许多不足或缺失的地方，如：大学生安全素质参差不齐，安全保障和预警机制不健全，安全管理水平与保障要求之间存在很大差距；安全管理机制存在缺陷，尚未形成齐抓共管的局面；安全制度执行难，在日常工作中常常出现执行不力、安全经费投入不足，等等。

（二）加强高校校园安全文化建设的作用

校园安全文化建设对各项安全工作的开展具有潜移默化的导引作用，对师生安全文化素质的提高起到春风化雨的教育作用。在良好的校园安全文化影响下，师生员工会自觉约束自己的行为，促进平安和谐校园的建设。

1. 对高校安全工作的导向作用。

马克思主义认为，正确的认识对实践有指导作用。相较于现实中的安全工作，安全文化属于思想认识层面，渗透于高校安全实践的过程中。正确的安全文化理念是安全工作的向导，对校园师生安全行为的产生具有积极指导性意义。将正确的校园安全文化价值观念转化为具体的行为规范和安全制度，可以使安全工作的开展更有针对性、有效性。高校师生在日常学习、工作、生活中受到校园安全文化的熏陶，潜移默化地提高安全素质、修养，增强安全意识；自觉学习与遵守校园安全相关的法律法规和规章制度。从而获得保护自身安全的自觉性、警惕性以及保护公共财产安全的自发性、主动性。

2. 对安全工作开展的协调作用。

高校安全问题关系到每一个身处高校的工作者和学习者的切身利益，做好校园安全工作需要每一位在校人员的配合和支持。做好高校安全文化建设工作，将积极向上的安全文化拓展到师生员工的精神和灵魂层面，由此形成强大的内驱力能有效协调师生员工个体和安全工作者的安全理念和安全行为，使之更加趋于一致。

3. 提高师生安全文化的教育作用。

缺乏安全知识和安全技能是高校学生的通病，校园安全文化强调学校的教育价值与人的生命价值的统一，要求学生除了学习专业知识，掌握专业技能外，还必须掌握安全知识，提高生存能力及自身的综合素质。在校园安全文化的熏陶下，广大师生员工自觉学习和遵守安全方面的法律、法规和规章制度，增强安全意识，保护师生职工的人身和财产安全以及身心健康安全。

（三）加强高校校园安全文化建设的举措

1. 强化校园安全基础设施建设。

校园安全基础设施建设是校园安全文化的物质载体。良好的安全基础设施能够增强全校师生职工对校园安全文化的形象认知感和理念认同感。因此，要按照高校校园安全事故防范规定,加大校园安全基础设施的建设力度,确保校园安全设施的建设符合高校校园安全防范要求;教学设施、生活设施以及活动设施建设都要符合安全标准;要与时俱进,提高校园安全保卫装备的科技含量。

除此之外,还要对校园安全设施进行定期检查、维护和更换。定期对校园安全基础设施进行排查,遇到失灵或者老化的设施做到及时维修和更新。对存在安全隐患的校园环境进行重新安全规划和安全设备安装,为安全文化建设奠定良好的物质基础。

2. 加强校园安全的制度建设。

规章制度是学校各项工作和活动顺利开展的有力保障,建立科学合理的安全管理制度,形成良好的制度文化,是校园安全文化的重要内容。

制度要立足于预防,在制度建立之前要科学研究校园安全应对机制,开展预防危机发生的活动;学校的危机管理包含现象评估、制定策略、监控策略实施、追踪调查;全面考虑威胁学生安全的校舍、消防、交通、饮食、传染性疾病以及校园周边治安秩序等不安全因素,推出针对性的措施。在此基础上建立安全应急制度、安全检查制度、门卫制度、食堂卫生制度、消防制度、实验室制度、上课点名制度、晚自修、晚就寝点名等制度。在制度规定中还要明确相关的责任人,并把各项制度贴在各种场所中,以便相关人员注意对照实施。

制度建立后,对制度落实情况进行追踪评估,要对相关责任人进行考核,这样可避免制度流于形式。要通过制度的建立健全,落实国家关于学校安全管理工作的法律法规;通过制度的建立健全,规范学校安全管理行为,提升安全管理水平;通过制度的建立健全,逐步构建学校安全管理科学体系,建立行之有效的安全管理的长效机制。

3. 加强安全教育,提高师生安全素质。

在教育内容上:一是大力开展法律法规教育,组织师生学习相关的法律,如《民法》《义务教育法》《未成年人保护法》《学生意外伤害事故处理办法》等。让师生们知法、懂法、守法、用法,养成遵纪守法的良好习惯,提高自我保护意识,进而增强安全意识。二是大力开展安全知识教育,使师生了解和掌握诸如起居安全、用电安全、交通安全、社交安全、突发事件应急反应以及避灾、逃生等最基本的安全文化知识和自我保护技能。在此基础上,还要学习、掌握从事各类生产和科研活动时应具备的专业安全知识,增强安全防范意识和能力。三是要大力开展心理卫生教育,组织师生进行心理健康教育,建设心理健康辅导室,提供心理健康咨询服务,引导师生正确认识和对待社会、学校、家庭以及自身学习、工作和人际关系中的各种矛盾与问题,提高心理调适能力,对师生们存在的心理问题及时疏导、干预,最大限度地预防因心理问题引发的学生伤人和自杀事件。

在教育方式上:一是多种方式齐头并进开展安全教育。如通过新生入学教育等方式让学生了解学校安全文化;通过演讲比赛、知识竞赛等方式,改变学生被动地接受安全文化的模式,让学生通过参与来了解安全文化;充分发挥学校墙报、黑板报、橱窗、标语牌的宣传教育作用,营造安全教育氛围。二是创新教育方式,积极利用现代化的的技术来进行安全教育,如利用校园网、公众号等来宣传安全文化、举办相关活动,这样既可以节省宣传成本,又可以扩大宣传范围、增强宣传效果。

4.构建校园安全文化建设的队伍。

一方面,高校要成立专门的机构、指定专门的人才负责安全文化建设与管理工作;另一方面,高校要制定监督检查制度,督促各二级学院、学生管理部门积极采取措施推动安全文化的落实,如构建激励体系,对安全文化落实好的单位和个人给予奖励,对执行差的部门则给予惩罚。其次,要建立安全文化投入稳定增长机制,通过完善保障体系,保障安全文化相关责任人的基本职权,推动安全文化的落实。

5.完善校园安全文化建设的监督和评价体系。

总而言之,校园安全文化建设是高校校园文化建设的重要组成部分,随着社会发展,校园安全管理将面临新的挑战,高校安全管理工作者只有认清形势,深入分析校园安全现状,坚定不移加强校园安全文化建设,提高师生的安全文化素质,才能确保高校教育教学工作的良性运行和协调发展。

第六节 打造高校学生安全管理信息平台

高校安全稳定是构建平安校园的重要基础和前提。高校是人员比较密集的地方,其稳定和安全对于社会稳定乃至全国稳定均有重大意义。构建国内高校学生安全管理信息平台是必要的,应当以全新的思路看待高校安全保卫工作,整合力量,构建一个适合国内高校学生的安全管理信息平台,进而从根源上突破当代大学生安全管理方面的瓶颈,保持和维护高校安全稳定。

传统的高校学生管理模式在一定程度上不能很好地处理突发的事件(事故),不能高效地做好大学生的安全教育,更不能做好安全预防工作。构建高校学生安全管理信息平台可以使信息透明化,利用现代信息技术可以使高校职能部门无缝连接,实现学生信息的资源共享,有效地进行信息交流,透明地共享组织资源,以达到整合组织资源、提高安全管理效率的目的。这样就可以综合运用制度、行政和技术等手段,做到早发现、早预警,及时地处理和解决问题。

一、高校学生安全管理现状

高校安全信息的搜集、汇总和利用对于高校的安全保卫工作起着非常大的作用,可以使高校安全工作的工作效率得到极大的提高。在我国,大部分高校在日常工作中仅重视保卫工作，但是对高校安全信息管理的重视程度却十分不足，主要原因有：

（一）管理体制不健全

虽然目前高校校园学生安全管理工作是校园管理中重要的一部分，但就实际管理工作开展情况来看，部分高校校园学生安全管理体制不健全，且日常安全管理较为松散。大多数院校在管理工作中都着重进行学术以及科研项目研究，相比之下对安全管理重视力度不足。大部分高校安全管理工作过于形式化，日常管理较松散，以火灾安全管理为例，较多学校中虽有规定不允许学生私自使用电器，但学生多报以侥幸心理，且不具备基本消防意识，最终造成火灾案件发生。这与学校疏于防范以及安全管理工作落实不到位有着直接关系。

（二）安全教育的效果有限

目前，很多高校还没有把安全教育课列为必修课程，即使有安排几堂安全教育课，也没有系统规范的教材和大纲，对学生的安全教育大多只是一种形式。例如，学校举行安全讲座或宣传，学生参与性较差，对所讲内容了解甚少；学校举行消防演练多是配合地方政府训练，其实际教育效果较差；针对学生心理健康引发的安全问题，学校设有"心理健康办公室"，但常是空无一人，使学生心理问题无法得到有效解决。这些都体现出安全教育工作落实不到位。由于学生对安全教育内容不重视，学生学习的主动性和积极性较低，因此效果相当有限。有些学校为了应付上级的要求和检查，只对大学新生简单开展一些消防演练活动，而且有的演练只是简单讲讲消防基本常识，没有进行实际的灭火和逃生自救技能演练等，即使有让学生实际操作，也只能是部分学生代表，很难做到所有学生都能动手练习，这样消防教育的效果自然是大打折扣。更有甚者，个别不重视安全工作的高校很少开展安全教育活动，只是在学生入学时向学生发放了《学生手册》而已。

（三）安全管理中存在各种不安定因素

现阶段我国正处于社会转型期，社会发展变化较快，其中各种复杂势力逐渐进入到校园中，使高校环境更加复杂。随着高校与社会的联系越来越紧密，它也就处于半开放状态，融入于复杂的社会环境当中，各式各样的社会人员进出高校校园变得方便容易，这使得高校校园环境变得比较复杂，成为高校安全管理的一大挑战。

二、分析安全管理问题成因

（一）安全管理意识淡薄

一方面，伴随着高校规模扩大，高校师生数量激增，高校办学形式的多样化，社会与高校相互交叉渗透越来越深入，使得各种不安全因素涉足高校各个角落，安全管理日趋严峻。另一方面，高校管理部门由于受高校绩效指挥棒牵制，主要精力会集中在高校教育、科研和社会服务上,安全管理意识淡薄,面对着校园内众多的诸如消防安全、食品安全、交通安全、治安安全、网络安全等潜在的安全风险疏于分析、布控和管理,一旦出现问题,也只是采取临时补救办法,没有从制度上、理念上重视校园安全问题。

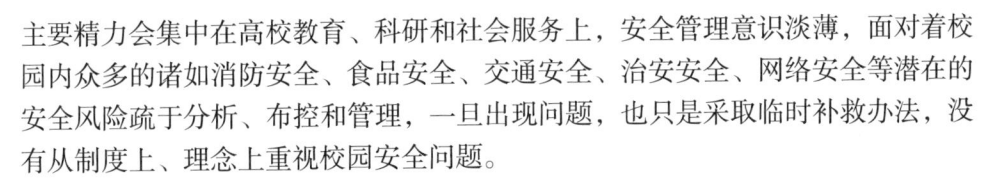

（二）安保队伍整体素质偏低

目前我国高校一般都设有保卫处,当前的高校安保队伍,主要由下岗人员、待业人员、离退休人员以及近郊务农人员四部分组成,从他们的年龄层次和学历水平上分析,年龄层次明显偏大,高中及以下学历占大多数,本科毕业人员寥寥无几,也正是年龄层次和学历水平的不足导致这部分群体在安保的专业知识、职业技能等方面的获取上变得缓慢,同时学习和培训的匮乏也使得他们自身素质的提升变得更为困难。学校保安作为安全保卫的一线人员,不管是学校自行招用还是物业管理公司招聘的,他们往往存在文化素质偏低、年龄偏大、没有保安职业资格证等问题,这也会直接影响高校安全管理的规范性和实效性。

（三）校外复杂环境的影响

现在很多高校的学生集中居住在校园外的学生公寓,公寓周边的复杂环境也大大地影响着学生的安全。高校周边的治安环境和交通秩序相对比较混乱,高校的学生数量大,这个群体也具有较大的消费能力,吸引了大量小商小贩在校园周边摆摊设点、开设各种消费场所,一些经营者利用大学生自我控制能力较差和社会经验不足的特点,诱导一些学生进行不良消费,歌舞厅、酒吧、餐馆、网吧遍布,成为治安事件和安全事故的多发场所。由于高校校园环境越来越复杂,校外因素给学生安全带来严重威胁,多种校外因素介入校园将给学校学生安全管理工作带来一定难度,使安全管理工作难以应付多变、复杂的影响因素。总之,高校周边已经成为学校安全工作的薄弱环节,这也成为高校安全管理的一个重要的难以有效应对的问题。

三、高校安全管理信息平台的重要性

高校安全信息管理系统必不可少的是网上反馈、报警模块,校园中的突发事件由于事发紧急,高校安全管理人员有可能不能第一时间得到信息,这就会耽误宝贵的处理时间,紧急事件刚发生时的时间是最宝贵的。所以这个模块就是让师生可以迅速将事件反馈给管理者。同时为管理者进行决策提供帮助。作为一个管理信息的系统,同时又是具有一定保密性,所以一定要保证系统的安全性,保证安全的同时,让系统稳定运行。所以一个信息系统必须有一个功能良好的安全模块。并且在结构的选择上一定要选择带有防火墙的拓扑结构,这样就可以有效地防御病毒和黑客的入侵。使得整个系统在一个安全的环境下运行。

（一）掌握高校安全信息

为了使高校可以第一时间掌握安全信息,一个高校安全信息管理平台的建立就成为非常行之有效的手段。这个平台不但可以使学校获得准确、快捷的信息,

同时可以使以往高校安全信息管理人工化的方式加以改变。从而做到高校安全信息智能化管理。同时将计算机网络和高校安全信息系统相结合，使高校安全信息平台的作用达到最大化。

（二）整合资源、反馈信息

高校安全稳定信息平台的搭建，可以广泛收集数据、整合各方资源、有效分析、科学预测维稳信息，完善高校的安全管理模式与教育机制，提高高校学生的自身安全意识，做到事前处理，掌握处理突发事件的主动权，维护高校稳定、高效、正常运行，保障校园平安。高校安全信息平台可以获取高校人员信息、安全信息、突发事件信息、反馈信息等对于高校安全信息管理起到很大作用的内容并有效保存，这样的做法对于高校安全管理人员的工作有很大的帮助。同时，该平台的反馈功能可以让高校在遭遇突发事件时，第一时间做出响应，有效避免了因为时间被浪费而可能带来的更多损失。高校安全管理人员可以根据信息平台内的内容做出预警，防患于未然。

四、构建高校安全管理信息平台

高校安全信息平台无论是从政策法规上，还是实际建设上还没有得到足够的重视，一定程度上导致发生突发事件，高校预警不及时等情况。从高校的大环境来看，现阶段我国的高校环境基本上都属于开放型，和社会安全环境的水平基本一致。所以将高校安全信息加以利用，建立高校安全信息平台就成为工作重点。高校要打造安全管理信息平台，就要做到以下几点：

（一）建立有效的信息处理模式

高校要利用自身网络资源，形成有效的由学生、教师、学工干部、领导等组成的信息收集、分析、处理、反馈与传递模式，全面收集网格内涉及学生安全的信息，分析危机发生的可能性，及时将信息录入数据库，并反馈给上一级信息平台，做好事前预警，危机发生后使危机得以有效、快速处理，避免事态扩大化。

（二）打造平台，强化逐级管理

利用好现有学生信息平台的资源。第一，建立学校—学院—年级—班级的多级联网的学生安全管理信息平台。从实际出发，建立班级的信息数据库，将学生动态数据录入平台，如缺失学分、清考情况、家庭情况等，通过研判做出提前预警；第二，要实现多级信息的融合。现有的学生安全管理体制是各职能部门分割，不能有效地适应当前信息技术的发展，而采用大数据、智能化等信息技术，可以突破各部门因自行其是而不能有效协调的模式，以跨职能团队的形式开展组团式服务，打破了现有的部门分割格局；第三，利用平台系统可以对有不稳定因素的学生进行排序。主管人员可以从高到低依次排除，减少全面排查的工作量，使工作更有效率、有效果。

（三）建立整体分析系统和学生趋势倾向的研判机制

对平台收集到的数据，进行深入挖掘、整合，并及时对信息实时抓取、补充，达到数据库实时更新，再通过对动态数据库的分析和研判，辨别出潜在的处于不稳定状态、具有不安全因素的学生个体，从而采取适当的方法和手段，把危险事件化解在萌芽之中。

五、高校安全管理信息平台需求分析

高校安全信息平台要依靠高校安全信息管理机制而建设，并且高校安全信息平台应成为高校安全信息管理机制的核心。作为一个信息管理平台，它自然也具备其他信息管理平台的共性，高校安全信息管理平台的核心业务流程就是对于信息的处理，在这个流程中包括了信息获取流程、信息存储流程、信息沟通流程、信息利用流程。但是由于安全信息自身有一定的特殊属性，在安全信息管理平台上也会具备自己的一些特色，比如安全信息不对所有人进行公开，如果想获得安全信息就要取得相应的权限。安全信息管理平台作为一个信息系统，最核心的部分还是将信息获取功能、信息存储功能、信息沟通功能、信息利用功能发挥到极致。

六、高校安全信息平台功能设计

根据系统的需求分析，结合高校安全信息管理的实际，设计的整个系统应包括以下功能：将用户进行分类，对于不同的用户具有不同的权限，不同的权限可以对存储在平台内的信息进行阅读、建立、更新、删除等。系统内包含四级不同的用户权限，第一级是一般用户（学校的普通在校生及老师），第二级是内部用户（即学校各个部门负责安全信息管理的学生及老师），第三级是系统普通管理员（即学校主要负责高校安全的主管老师），第四级是系统超级管理员。超级管理员在整个平台中只有一个，具备所有操作的最高权限，而第三级别的管理员可以设置多个，可以将管理员设置在不同模块下分别管理属于自己的部分。

在平台中的一级普通用户只具备最基本的浏览公开信息和网上反馈、报警模块的填写权限。因为有些安全信息是不适合对全校师生进行完全公开的，所以在浏览上只能允许普通用户浏览公开信息。同时，对于不适合公开的安全信息可以进行浏览等级设置。只有对应的等级才可以浏览到这些非公开的安全信息。二级用户相对于一级用户多了一些权限，最主要的是可以查询收到的反馈、报警信息，并且在上一级用户的授权下可以发布公开信息。并且对上一级用户发布的通知、说明等进行签收。三级用户是系统的一般管理员，可以根据管理员的职务来对应负责的模块，对其所负责的模块进行管理，对信息进行新增、修改、删除等操作。四级用户是系统的超级管理员，超级管理员具备后台中的全部权限，对高校安全信息管理平台进行统筹管理。

第五章
安全管理危机预防

第一节　安全管理末端延伸到学生层面

从安全管理最基本和最重要的要求来看，预防与控制是成本最低、最简便的方法。建立一套以学生为中心的安全危机管理前馈控制体系来防患于未然就显得至关重要，传统管理观念往往将学生当成学校安全管理的对象，忽略了学生在学校安全管理中的主体地位。通过建立健全和完善学生个人、宿舍、班级的安全管理信息员反馈机制，形成一套完善的安全管理体系，就可以及时掌握学生动态情况，了解学生思想状况，准确把握学生思想动态，发现问题及时干预，多角度、多层次、及时、准确地掌握学生的安全信息，回馈一个良好的安全环境给学生。

一、构建和谐校园细胞——学生宿舍

学生公寓日益成为学生学习、生活和交流的主要场所，成为新形势下学生思想政治教育与管理工作的新平台、新阵地、新领域。教育部《高等学校学生管理规定》也对学生公寓管理提出了相关要求。加强和改善学生公寓管理，就能进一步加强学校学生公寓思想政治教育、管理与服务工作，更好地发挥学生公寓育人功能，营造和谐校园环境，促进学生的全面发展。

（一）学生公寓的功能定位

公寓承担着"思想教育、生活服务、文化建设、行为养成、自我教育"等功能，学生公寓的育人作用越来越突出。

1. 生活服务功能。生活服务功能是公寓最基础的功能。学生公寓作为大学生学习、生活的主要场所，要提供更多方便学生学习和生活的服务内容，以满足学生日益增长的物质和文化生活需要。

2. 思想政治教育功能。公寓的思想政治工作更容易贴近学生，思政教师、辅

导员和学生党团建设进公寓，能够加强大学生的思想政治教育，及时发现学生中存在的问题，寓教于管理、服务中，必将增强教育实效。

3. 文化育人功能。学生公寓是校园的重要组成部分，积极的学生公寓文化对大学生有较强的凝聚作用，公寓内富有特色的文化标识、整洁的卫生状况对于大学生形成良好的道德行为习惯，培养高尚的精神追求，提高审美情趣无不产生深远影响。公寓内形成的相互信任、彼此相容的积极人际关系对大学生良好的道德品质的形成起着非常重要的作用。

4. 行为养成功能。公寓是学生生活与活动的地方，也是培养学生养成良好的行为习惯的好地方。要加强大学生在宿舍的日常行为养成教育，使学生更加爱护环境卫生，能主动将垃圾投入指定的垃圾箱，在公寓里不乱丢、乱吐、乱画，爱护公物，按时作息，能相互体谅尊重，不大声喧哗影响他人休息和学习，形成积极文明的公寓生活氛围。

5. 自我教育功能。公寓是学生自我教育的平台。学生是公寓管理的主体，也是公寓建设的主人。学生参与公寓管理，一方面可以唤起学生的主人翁意识，进而形成自我的责任感和对他人的责任心；另一方面可以培养学生的管理能力和社会交往能力，提高学生自身素质。

（二）目前公寓管理面临的问题

现在的同学获取信息的手段和途径多，精力充沛，思想活跃，有着渴望成才的共同愿望，同时由于青年的社会化尚未完成，思想还未完全成熟，心理素质不够稳定。加之目前公寓硬件设施建设滞后，管理水平较低，学生公寓的隐患呈现不断增多的趋势，失窃和火灾事故时有发生，不安定因素越来越多，加强公寓的安全管理显得越发重要。

1. 学生公寓基础设施不到位。

经调查，学生公寓发生的火灾事故多是学生违规使用大功率电器、电线私接乱拉造成的。进一步分析发现，学生违规用电的深层次原因在于学生公寓的基础设施不到位，给学生的生活带来了不便。如热水供应不足、智能用电管理系统缺失、宿舍内插座布局不合理等。

2. 公寓区教育功能发挥不充分。

随着后勤社会化的推进，学校的部分管理者对学校通过公寓对学生进行教育的重要性和必要性有所淡化，片面认为公寓管理仅仅只是生活管理，甚至放弃了这一重要的思想政治教育阵地。

（三）积极创新思路，强化措施，切实将学生公寓管理各项工作落到实处

1. 探索建立公寓管理全新模式。

从学生管理实际出发，加大工作力度，逐步建立"学校统管、学院专管、学生自治、部门协调"的"四位一体"学生公寓管理新模式：即学校学生公寓管理实行校院两级管理，学校学生工作处负责学生公寓宏观管理和服务工作，各二级学院负责学生公寓日常管理，各级学生组织以"自我管理、自我服务、自我教育、自我监督"为理念，开展以创建校级"文明公寓"为主题的各种日常检查和有利于学生精神文明建设和学风建设的各种自律活动。学校后勤部门承担公寓服务招标、公共设施使用指导和监督、基础设施维护和修缮等工作。保卫处进行治安消防教育和管控、法制教育。

辅导员队伍是公寓思想政治教育与管理工作的主体力量。各二级学院辅导员要按照要求深入学生公寓，了解学生在公寓内的生活、学习情况，开展学生思想政治教育与管理工作，帮助学生解决实际问题，及时掌握学生的思想动态，指导公寓的学生党团建设，开展公寓文化和社团活动，更好发挥公寓的育人功能，提高公寓管理、教育、服务水平。各学院要充分发挥公寓辅导员的作用，在学生评优、入党等工作中要充分听取辅导员的意见。

各级学生组织是实现学生自我教育、自我管理、自我服务、自我监督的骨干力量。切实整合和加强学生自治队伍建设，让他们积极参与公寓管理，在学生与学校管理者、学生与公寓管理者之间发挥积极的沟通作用。

2. 全面推进公寓管理制度建设。

一种成熟的公寓管理模式必然要求有严格、科学的规章制度和管理措施作保障。要对公寓管理中现有的规章制度进行修改、完善，同时建立健全学生综合测评机制，以此为依托把对学生在公寓内的综合表现考核结果纳入学生年度综合测评内容中，作为推优入党、评先评优和助学金评定等方面的重要依据；将学生在公寓的表现与辅导员、学院的考核等直接挂钩，不断推进公寓管理的规范化进程。

3. 系统推进公寓思想政治建设。

高度重视党团组织在学生思想政治教育中的重要性。坚持以党建带团建，团建促党建的原则，建立公寓"党员宿舍"，发挥学生党员的模范带头作用；探索以宿舍为单位建立团小组，夯实共青团的基层组织，增强公寓共青团工作的活力，把团员青年在公寓的行为表现纳入"推优"范围，发展党员时必须要有公寓团组织的推荐意见，否则一律不得发展。尝试加强和改进公寓学生思想教育的内容和方式方法。把心理健康教育纳入学生德育和思想教育的内容体系之中，以宿舍为最基本单位，开展以集体咨询为主的心理健康教育工作，将公寓真正变成学生健康成长、提高素质、增长智慧的课堂。

4. 大力开展公寓文化环境建设。

一是在每栋公寓楼前设置电子显示屏，建设学生接受先进文化和信息的窗口和园地，使之成为公寓文化建设的一道亮丽的风景线；二是加强公寓活动场所及设施建设，使之成为学生开展公寓文化活动的主要阵地；三是加强公寓文化建设，积极开展宿舍文化品牌创建活动，与校园文化生活有机融合，利用公寓文化节等形式积极引导健康向上的宿舍文化氛围，努力把公寓建设成大学生怡情养性、陶冶情操的沃土和乐园。

（四）加强组织领导，理顺管理体制和运行机制，开创公寓管理工作新局面

1. 健全领导体制，为公寓育人工作提供制度支撑。按照"大思政"理念，将学生公寓作为思政教育重要阵地，切实加强对公寓思想政治教育、管理与服务工作的领导，形成"部门联动、全员参与、分工合作、合力育人"的工作机制。

2. 明确分工，为公寓育人工作提供合力保障。学生工作处负责对学院学生公寓管理工作进行规划，制定审核学生公寓管理工作的规章制度，经常开展学生公寓管理工作调研，及时研究解决学生公寓管理工作中遇到的困难与问题，加强对学生公寓管理工作的指导、监督与考核，协调解决公寓管理过程中出现的各种矛盾和纠纷。各二级学院成立相应的公寓管理工作领导小组，负责本学院学生公寓工作的组织与协调。团委指导学生会结合具体情况，建立由学生代表组成的学生民主监督机构，参与公寓的管理和服务，监督各项制度的执行，反映学生的建议和要求，协助做好相关工作。学院要加强学生的思想政治教育与日常行为管理，后勤部门除了加强对公寓物业管理之外，还要协助学工处和各学院做好学生的教育与管理工作。

3. 加大投入，为公寓育人工作提供财物保障。创造条件最大限度地实现各学院学生相对集中居住，严禁学生自行校外住宿。各学院要加大开展公寓教育管理、文化活动的力度。学生工作处、后勤部门、资产管理部门要为各学院进公寓创造条件，在公寓内建设党团活动室、各类咨询室、社团活动室和学生文体活动场所，为值班住楼辅导员提供工作和休息的固定场所、办公设施，还要加强对公寓硬件设施的管理，提高使用效率。

4. 完善考核评估，建立完善的公寓育人激励机制。加大对公寓各项工作的考核评估力度，将其纳入各二级学院年度考核评估指标体系中。学生工作处制定并落实辅导员进公寓实施办法，要将辅导员在学生宿舍的工作表现作为工作考核的一项重要指标。各二级学院建立对学生的考核机制，将学生在公寓的表现纳入学生综合测评。

5. 加强研究与创新，为公寓育人工作提供理论支持。重视对公寓思想政治教育、管理与服务工作的科学研究，开阔思路，鼓励不同模式的公寓管理体制的有益尝试，进一步探索公寓思想政治教育、管理与服务工作的新思路、新机制、新方法，不断总结经验，提升公寓工作的育人效果。

二、创建学习型班级，引领积极向上的学习生活

高等教育大众化使得高校不再是象牙塔，各种不良的思想如物质主义、享乐主义等充斥于高校校园，高校的管理面临前所未有的压力，班级管理也困难重重。当前，在教育部的推动下，易班平台正在得到推广，集多种网络功能于一体的班级管理模式正在改变传统行政班级管理方式，得到了高校管理者和学生的认

可。易班的管理模式是一个新兴的事物，将易班平台和学习型班级的构建相融合，创新班级管理。

（一）易班在学习型班级构建中的作用

大学阶段是学生充分发展的关键时期，在网络及学分制的作用下，大学生的集体意识比较淡泊，易班是顺应时代发展而出现的新生事物，它对重塑学习型班级具有不可忽视的作用。

1. 学生学习交流的新园地。

现在的大学生多是独生子女，独立意识比较强，同学之间面对面的交流很少，学分制的推行更是加大了他们的离散倾向，在网络化的语境下，传统的行政班级管理显得力不从心。易班具有BBS、微博、即时通信、微信、手机应用、邮箱等多种功能，而这些功能正是当代大学生熟知熟用的，通过易班，我们为学生提供他们所急需的学习资料，从而形成班级的文献资料中心，实现资源共享。经历了高中紧张的学习，大学生的学习热情显然大不如前，如何营造良好的学习氛围一直是高校管理的一大难题。网络是一只看不见的手，它可以将不同时间和地点的人联系在一起，借助于易班的平台，我们还可以建立学习经验交流平台，以学习经验、体会为主要议题，兼涉大学生活的各个方面，让学生自由交流，在班级中形成相互学习的风气。

2. 师生关系的新纽带。

课堂教学是"一对多"传授模式，不少教学甚至是教师单向的知识输入，师生之间的互动交流少，师生没有形成学习共同体，学生学习处于被动接受的境地。易班能让师生之间进行一对一的交流、指导，师生可以有效地互动，有效地拉近师生的距离。同时，通过易班平台，教师可以了解学生的学习现状、学习兴趣、对课程的希望等信息，在收集此类信息的基础上，教师可以有效地改进课堂教学方法，使得课堂教学更受学生欢迎。通过易班平台的交流，学生对课程内容、目的、学习方法、学科前沿等能有比较深入的了解，在此基础上明确学习的目标，提高学习的兴趣和效率。另外，有些学生并不善于面对面交谈，易班平台避免了师生面谈的尴尬，能够让学生敞开心扉，畅所欲言，释放心灵的负能量，达到良好的交流的目的。

3. 是辅导员班主任了解学生学习心态的窗口。

当代大学生是有个性的一代，他们喜欢特立独行、彰显个性，网络的交流平台助长了这一风气。互联网是一个开放的世界，多元的价值观念在网上传播、碰撞，喜欢新鲜事物的一代大学生受到网络各种思想的影响很大，互联网教育正在冲击着学校教育。网络是大学生思想的出口，他们喜欢在网络上发表个人的见解，并冀图通过网络与不同的人进行交流。由于网络具有开放性、无地域性的特征，大学生网上交往的对象、范围极其广泛，网络交往的虚拟性也很符合他们的年龄特点，因此深受他们的喜爱。然而，长期沉溺于网络很容易降低面对面的沟通能力，造成孤僻的性格。与互联网的交往相比，易班平台面向既定的现实人群，具有虚拟和现实双重特征，通过这一平台，班主任可以有效地了解学生的思想动态并有目的地开展教育。根据上海多所高校的调查，学生通过易班平台写日记、发布心情已成常态，通过这一平台了解学生的学习心态是班级管理的重要途径。

（二）易班学习功能的构建与管理

当代大学校园生活丰富多彩，大学生兼职、创业、参加各种社交活动等现象已屡见不鲜，与高中相比，大学生的学习意识要淡薄得多。同时，当代大学生思想活跃，同学之间往往缺乏有效的沟通，"同班不同学"的现象在高校并不少见，班级凝聚力不强，班级成员很难再像高中那样形成共同的理想信念、价值观。借助于易班平台，笔者认为可以从以下几个方面入手构建学习型的班级。

1. 建立学习资源共享空间。

大学课程众多，每一门课程都有丰富的学习资源，建立大容量的班级网盘是构建学习型班级的重要物质条件。学习资源网盘应该由多人负责，不断扩充，特别是收集好重要的考试资源，让网盘成为学生学习的后备阵地。同一个班级的同学面临共同的学习任务，研究表明，班级多数学生都喜欢从共享空间下载相关的学习资料，尤其是公共课、考证的复习资料。为了能够让易班的网络学习有凝聚力，班级应该组织班委进行分类收集，收集的资料可以有多种形式，如文本、视频、PPT、图片等，有些容量比较大的学习资料可以提供链接地址。据《解放日报》报道，上海东华大学的易班在"短短数月开出102个'易课堂'，从线性代数到无机化学，每门课的课代表牵头建站，联系任课老师、发动'学霸'，将课件、笔记等教学材料都搬到网上，连教务处也提供了历年考试的真题题库，总题量达6000多道。易班班长甘晓晨介绍，由于试卷没有答案，他们开展有奖答题，解题者在类似游戏的积分榜单上排名，并获得校内消费券、入场券等，大家'比、学、赶、帮、超'"。海量的学习资料将会提高易班的点击率，对提高学习风气将起到积极的推动作用。另外，如何将易班与学校的教学资源有效整合也是一个值得探讨的问题。例如，如何将教务处的网络系统与易班结合，让学生在易班平台上就可以选课、评课、查询考试信息；如何将学校的图书馆资源与易班结合，让学生能够迅速地查找到所需的图书资源等。

2. 建立学习信息发布和交流平台。

网络虽然信息丰富，但对于个人而言，能够收集到自己所需的信息毕竟是有限的，不同的同学收集到的信息往往具有很强的互补性，汇集起来相对就比较完整，对大学生拓展自身的知识是很有裨益的。学分制之后，传统意义上的行政班级已不复存在，利用易班平台传递各种学习信息显得尤为重要。大学的学习从一年级到毕业都有不同的重心，自2007年易班运行以来，学习动态一直是大学生关注的重心，英语等级考试、考证等信息的点击率居高不下，回复率也相当可观。因此，易班的信息平台一定要注意更新、维护，结合学生的现实需要设置专门的信息板块，如教师资格证考试信息、公务员考试信息等，让信息平台成为同学们上网时必点的内容。上海一些高校还尝试通过易班平台由任课教师布置作业和提交作业，这一做法深受学生的欢迎，提高了学生对平台的认可度，也为师生教与学的互动提供了契机。

  线上交流成本低、形式灵活多样，当代大学生更倾向于线上的交流，因此，我们应该构建各种交流工具，让他们能够自由交流学习经验、心得，通过同学之间的交流提高他们学习的积极性，从而营造良好的学习氛围。一般而言，线上的交流活动首先需要一个发动者，班主任或辅导员可以先带好头，拟出一个让学生感兴趣的学习话题，让大家围绕话题展开讨论，并积极给同学们的发言打分、点赞、送花等，营造气氛，鼓励学生发言，让一个学习共同体在易班平台上真正地形成。为了保证网络交流的持续性，应该由班委结合学习中遇到的问题开展讨论，让学生对各种问题有比较正确的了解，有些不能解决的问题可以由班委联系专家进行解答，提高学习交流的成效。必要的时候我们还可以将班内的交流与校内连接起来，扩大交流的范围，开阔学生的视野。另外，我们应该鼓励学生撰写个人博文，博文是学生思想的出口，通过博文我们可以了解他们的思想状况、学习状况。作为班主任或辅导员，应该及时关注学生的博文，并积极答复，让学生感觉到关怀的温暖，从而端正他们的学习态度，提高他们学习的积极性。

  3. 将任课教师引进易班，开展教与学的互动。

  大学的班级是一个相对松散的组织，仅仅依靠辅导员和班主任是不够的，在平时的学习中，大学生们接触更多的是任课教师，任课教师的学识、个性、治学方法等因素都会对学生产生影响，有的学生甚至以某一任课教师为师法对象。任课教师除了要进行专业课程的教学，他们也有义务对学生进行治学、思想政治教育等，他们是班级文化建设的引导者之一。因此，引导任课教师进入易班是构建学习型班级的捷径。高校教师承担繁重的教学和科研任务，要想让他们加入易班中来，一方面需要班级的热情邀请，本着对知识、教师尊重的态度，主动向任课教师发出邀请，让他们在专业学习上给同学进行"补课"，特别是有学历提升要求的同学。另外，我们可以要求任课教师结合自己的研究专长在易班上开小讲座，引导部分有兴趣的同学参与讨论，从而促使教学互长。另一方面，高校教师也要转变观念，认识到自己的任务除了教书还要育人，自觉地发挥自己知识权威的作用，不避辛苦，参加到易班中来，引导学生诚实做人、诚信做事，以实际言行给学生树立学习的榜样。当然，要把所有的任课教师都加到易班来是不大现实的，我们可以选择一些在学生中公信力比较高、乐于与学生交往的教师，由班委联系并负责教师空间的建设，定期邀请教师进行学科动态的宣讲，或定期邀请教师与学生互动，提高师生互学共进的兴趣。像上海部分高校还建立起了班级导师制度，让导师把教学、科研、管理搬进易班，有力地提高了学生的学习热情，这是很值得借鉴的。易班是一个新生的事物，它和网络一样是一把双刃剑，它在给我们构建学习班级带来便利的同时也会带来一些不利的因素，如过度依赖网络会使学生沉溺于虚拟的世界，网络交流频繁会影响正常的人际交往等，我们必须对这些负面影响有所警惕。

三、建立有效的信息反馈渠道

信息员队伍建设可以通过学生的信息反馈，了解学生在日常学习和生活中的思想状况。相关部门得到信息后，积极协调相关责任人落实整改，提高工作的预警性，以此提高工作效率。从而进一步加深与学生的思想沟通，掌握了学生最关注的热点问题，为管理者采取科学的防控措施提供了有效依据。

（一）信息员队伍建设的背景与意义

当前，随着市场经济的快速发展和改革开放的不断深入，高校学生的思想观念、价值取向、道德标准、就业观念发生了很大变化，部分邪教分子顽固不化，甚至与国际敌对势力相互勾结，通过邮件、传单、网络等方式，在暗中对学生进行反动宣传活动，对其控制难度逐渐加大。由于国内外敌对势力的渗透破坏，少数人利用敏感日期、台独、疆独、藏独等，借机制造事端，煽动不明真相的个别学生、员工做出危及高校和社会安全稳定的突发性事件。因此，高校安全管理工作中离不开安全稳定信息的收集与反馈，信息员队伍建设是信息收集的基础。同时信息员队伍建设也赋予学生应有的管理权力和义务，它充分反映了对学生生命权、受教育权与发展权等基本人权的尊重，彰显着对学生的人文关怀。学生信息员队伍建设是高校真正实践"以人为本"人性化管理新理念的重要手段，为学校决策的科学化、管理的人性化，开辟了一个良好的直通渠道。

（二）高校信息员队伍建设机制

1. 信息员队伍的机构设置。

高校信息员队伍应该设学校和二级院系两级，学校成立安全管理工作信息员站，作为高校安全管理体系的重要组成部分。可设安全信息员站站长1名，二级学院设二级安全管理工作信息站，各有1名信息站站长，由各学院分管领导担任，每个班级设有一名信息员，学校保卫工作信息站负责收集、整理学校有关舆情信息，向有关部门反映学生的合理意见与建议，开展有关调研活动，发布安全工作信息。

2. 信息员的条件。

（1）必须具有较高的政治觉悟、较强的责任心，良好的思想素质和道德修养；

（2）有较强的组织管理能力和积极性，能对学生反映的信息去粗存精、去伪存真，在同学中有一定的群众基础；

（3）有奉献精神和尽职尽责的态度，能自愿牺牲一些课余时间从事相关信息收集和整理工作。

3. 信息员主要职责与信息反馈。

学生安全信息员的主要职责是收集非法势力蛊惑勾结在校学生从事非法活动，煽动策划校园内群体性事件以及国内外敌对势力向高校的渗透信息；收集学校重点部位的治安消防安全隐患等信息；收集全班学生对学院的管理和其他影响到安全稳定的意见和建议；对收集到的问题和建议每周向各二级学院信息站站长汇报，由各二级学院信息站站长整理、汇总后，上报保卫处信息管理站。

4. 实行信息员聘任制度，举行信息员聘任仪式。激发信息员的工作责任感和荣誉感。

随着新老同学的不断交替，每一届新信息员加入时，都应当举行隆重而热烈的聘任仪式。在聘任仪式上，由主管安全工作的副校长亲自为信息员颁发聘书，并对他们今后的工作提出要求和希望。通过这种仪式，强化学生信息员的责任意识和工作态度。

（三）信息员队伍的管理机制

1. 坚持工作例会制度。

可以每周或每月召开一次工作例会，每次都有考勤记录。例会可以让学生信息员相互交流近期的工作情况，并对反映出来的比较集中的问题展开讨论，提出可行性的建议，同时制定下一阶段的工作计划。会上信息员可以把本周或者本月的舆情情况向信息站站长通报。工作例会制度的执行，为提高学生信息员队伍的战斗力和增强团队精神提供了制度保证。

2. 坚持信息员培训制度。

正常情况下，每学年可以组织一次到两次的学生信息员培训工作，为信息员发放一些相关的学习资料，让一些有经验的老信息员传授工作经验。介绍典型的案例，并为新信息员提供一个问题解答场所，不断增强信息员的工作能力，为学生信息员工作的有效开展提供理论和实践指导。

3. 完善信息员奖励机制。

在学生信息员队伍的建设过程中，应注重进一步完善对学生信息员的奖励机制，使他们在认真完成工作、担当一定责任的同时，给予一定待遇，激发其参与热情和工作积极性。在每学期的评先、评优或评选奖学金时给予加分或者优先考虑。学校应每学期召开一次全体学生信息员表彰大会，对工作责任心强、提供有效信息多的信息员进行表彰，通过开表彰会，激发学生参与信息员队伍的热情。

4. 安全管理工作信息员队伍建设过程中应注意的问题。

（1）信息员身份保护

由于安全工作信息员身份比较特殊，提供的信息往往涉及敏感问题甚至涉及敌对势力的利益。因此，对非法势力向高校渗透或试图利用学生制造混乱等信息提供者，学校要对信息员身份予以保护，防止因为侵犯到敌对势力的利益而使信息员人身受到报复伤害。对提供学生群体性活动的信息员也应当予以保护，防止提供信息的信息员在同学中被孤立，影响到信息员的正常学习和生活。

（2）加强信息反馈速度

信息反馈是学生信息员工作最重要的内容，但除了常规反馈外，要进一步强调信息的及时反馈，因为学生思想方面的变化和一些突发事件的发生，经常起源于学生对学校各项管理工作不满，学校在这方面不及时掌握相关信息并采取果断措施加以解决，就有可能酿成重大群体性事件。

总之，高校建立安全管理信息员队伍，对预防和化解高校群体性事件和政治性事件的发生将起到重要的预警作用，为了进一步推动这项工作的开展，应克服信息员工作中的种种问题，加强信息员队伍的建设，使得信息员队伍在保护高校的安全稳定工作中发挥更大的作用。

第二节　深化安全教育、建立安全管理立体化格局

一、新生入学安全防范知识教育

（一）大学生入学安全教育的必要性

随着社会的发展进步，大学生的生活空间也随之扩展，交流领域也在不断地拓宽。大学生不仅要在校园内学习、生活，而且还走出校园参加众多的社会活动，危及人安全的危险因素也随之不断增多。特别是经过高中阶段的封闭管理及高压状态下的高考冲刺，很多学生对社会上的诸多安全隐患缺乏认识。因此，高校将安全防范教育纳入新生入学后学习生涯的第一课抓好抓实，是一项十分重要的基础性工作。应大张旗鼓地进行安全教育宣传，将其作为学生必修的一门课程，其原因是为了进一步适应形势发展的变化实际。帮助同学们了解、搞好人身安全的基本常识，掌握处理各种应急情况的技能，提高自身的防御能力。

（二）大学生入学安全教育的途径

1. 入学前的安全防范教育。

通过高考进入高校的学生，大部分都是第一次离开家乡，到一个陌生的环境学习生活，对学生本身就是一个挑战，加之社会经验的匮乏，诸多的安全问题也就摆在了学生面前。所以，高校不仅要做好入学后的安全教育方案开展安全教育，更要在大学生入学前通过多种方式提前进行安全教育，在网络信息高速发展的今天，高校辅导员在联系学生后，可以通过班级微信平台、QQ群、短信等方式对学生进行出行安全、乘车安全、防盗抢安全、防诈骗等安全知识防范教育。

高校可以制作入学安全"温馨提示"在寄入学通知时一并寄出进行安全教育。通过入学前的一系列安全教育，首先能够让学生及家长对学校有一个归属感，其次让学生感知学校对每一个学生的社会责任意识，最终能够使学生安全顺利进入校园报到学习。

2. 入学后的安全防范教育。

大学生入学后对于学习生活的新环境有一定的新鲜感，但对校园周边的民情、社情、治安环境、校园内部以及相关安全管理规定缺乏一定的了解，针对此情况，一是高校可以院（系、部）为单位的方式集中进行安全教育，也可采取主题班会的形式进行安全教育。为了让安全教育入脑、入心，在开展安全教育之后，以宿舍为单位进行大讨论，讲述身边、社会中的种种安全事故，而后写出心得体会文章；二是由学校保卫部门、学工部门牵头组织师资力量编印安全手册，并下发到每个学生手中，采取学生自习的模式，在军训结束后进行考试，并给予一定的学分；三是积极开展"安全我来说"的有奖征文活动，营造浓厚的安全教育环境；四是在"易班"发展中心的网络平台拓展安全教育专栏，并设置学校有奖安全监督电话，培育校园安全文化。

（三）大学生入学安全教育的内容

1. 国家安全教育。要使每个学生认识到，国家安全是关系到国家存亡的大事，没有国家安全，就没有和平稳定的建设环境，就没有社会主义的现代化。每个大学生都有维护国家安全的责任和义务。抓好爱国主义教育，强化责任意识。在开展爱国主义教育时，要联系中国近代史，联系改革开放以来全国各条战线所取得的巨大成就，激发民族自尊心和自豪感，增强大学生对党和国家的向心力和凝聚力。抓好保密教育，强化防范意识。保密工作关系到党和国家的安全，关系到经济建设和社会发展的大局。

2. 网络安全教育。网络虚拟社会带来的安全隐患不容忽视。网络化趋势给大学生安全教育也带来了挑战。对于思想活跃的当代大学生来说，网络是他们了解社会、接受知识、进行人际交往的重要工具。国内外一些反动势力利用网络进行文化渗透，一些道德败坏的人传播不健康和低级趣味的网络游戏、黄色网站，一些别有用心的人以网上交友为借口进行犯罪活动，等等。加强网络法律法规宣传教育，提高大学生网络安全意识。教育学生自觉抵制校园网上的有害信息，是防止校园网络遭受非法入侵最有效的方法和途径。

3. 消防安全教育。组织大学生学好消防法规，用好消防法规，提高依法治火的观念。要教育学生在平时学习、生活中，严格按照消防法的原则和规定办事，自觉遵守学校消防安全管理规定，积极配合学校做好消防安全工作。

4. 防盗窃教育。加强宣传教育，提高学生的治安防范意识。运用典型案例开展防盗窃教育。要教育学生自觉遵守学生宿舍安全管理规定，在宿舍内不存放大额现金，不擅自留宿外客，更不能丧失警惕，引狼入室。对形迹可疑的陌生人更应提高警惕，随时进行询问，不给犯罪分子以可乘之机。

5. 交通安全教育。加强交通法规的宣传教育，提高大学生交通法制观念，使广大学生牢固树立"安全第一、预防为主"的交通方针。加强大学生的心理训练。心理训练的目的是提高大学生对交通情况的反应能力和应变能力，训练内容包括注意力、观察力和应变力，通过训练提高学生心理素质，在行车、走路时集中精力，注意观察，遇到紧急情况能够迅速做出有效的应对处理，从而遏制交通事故的发生。

6. 预防犯罪教育。大学生违法犯罪问题在高校里正呈上升趋势，但也绝没有达到不可控制的程度。违法的毕竟是少数，犯罪的更是微乎其微，绝大多数同学是好的。由于大学生犯法的高智商性和高损失性，故应引起我们的重视。解决日益突出的大学生违法犯罪问题，直接关系到整个高校的稳定和人才培养质量。因此，高校在新生入学后，要不断加强法律法规方面的教育，特别是从世界观入手，加强人生观、价值观的理论指导。要解决好大学生的世界观、人生观和价值观问题，还必须从理论上和思想深处弄清如何看待金钱、幸福、苦乐、理想信念、前途等问题。

7. 军训安全教育。军训是大学生的必修课，军训时间紧、强度大，又是集体教学，容易因处理不当发生群体性事件及训练伤亡事故，并造成一定的不良影响。近年来，不断有高校发生教官打人、训练发生意外等影响高校形象的安全事故。为此，军训的安全教育也摆在了新生入学安全教育的首位。

二、完善心理健康教育，形成心理预防机制

（一）大力开展以传授心理危机应对方式为核心的心理健康教育

引起大学生心理危机的事件中，包括人际关系、健康适应、"丧失感"等因素。其中人际关系因素和健康适应因素是具有可预见性的、累加性的生活事件。在学生心理危机教育及干预过程中，应该重点考虑良好人际关系的教育与培养，营造和谐的校园、宿舍人际环境；同时重点关注大一新生的适应问题及大四学生的毕业就业问题，可以考虑加强新生适应教育、毕业生就业培养。学校要勤于发现这样类型的大学生心理危机源，并且采取相应的策略提高大学生应对这两类危机事件的能力，预防由此引起的心理危机。

同时，应重点培养学生的"自助"能力，如教授学生增强心理能量的方法，以及合理释放压力和发泄情绪的方法与技巧，培养学生积极心态和积极人生观等。同时应该考虑充分运用辅导员、心理咨询中心专业教师的职责优势，给学生提供倾诉对象和环境，并给予积极关注、耐心倾听、设身处地理解。在社会支持方面，可以考虑由学校心理咨询中心联络专业团队和咨询师进行学生心理危机干预，以帮助有心理危机的学生运用科学有效的方法应对心理危机。

1. 建立健全三级大学生心理健康教育工作网络。

第一级：学院心理健康教育领导小组，心理健康教育与咨询中心。负责全院心理健康教育与咨询工作的组织、指挥和协调，处理心理危机事件，组建和管理学生心理档案。

第二级：二级学院分管学生工作的领导，兼职心理老师。负责掌握学生心理动态，必要时及时与心理健康教育与咨询中心联系，采取相应措施。

第三级：各班辅导员。负责配合心理健康教育与咨询中心做好班级学生心理健康教育工作，促进学生心理素质的全面发展。及时收集学生心理危机信息，将预防学生心理危机工作深入到日常的学习和生活中。

建立学生心理健康教育工作网络，由院学生会心理发展部、二级学院心理发展分部和各班心理委员组成。

2. 以课堂教学、课外教育指导为主要渠道和基本环节，把心理健康教育课程列入学校教学计划是保证心理健康教育科学性、有效性的最好办法。实践证明，心理健康教育的必修课程是心理健康教育课程体系的基础；选修课程是心理健康教育课程体系的补充专题；讲座是心理健康教育课程体系的拓展；第二课堂活动是心理健康教育课程体系的延伸。

从2016级开始，我校（云南交通职业技术学院）开设了"大学生心理健康教育"公共必修课程，把心理健康教育课程纳入教学计划和培养方案，覆盖全体学生。结合我校学制三年，学生专业课程较重的实际情况，大学生心理健康教育课程设置1个学分16个学时。学习时间安排在一年级。任课教师基本条件是心理学相关专业硕士学历或国家劳动部二级心理咨询师。课程管理由思政部三生教育教研室和学生工作部心理健康教育与咨询中心共同负责。三生教育教研室主要负责教师聘任及管理、课时安排、考试及成绩管理等工作；心理健康教育与咨询中心负责组织评选教材、审定教学大纲。教研活动由双方共同组织。双方相互支持，共同完成教学管理任务。课程内容主要包括大学生心理与心理健康基础、大学生的自我意识与人格发展、大学生情绪管理、大学生人际交往心理、大学生压力管理与挫折应对、大学生的性心理及恋爱心理、大学生生命教育与心理危机应对和追求幸福人生八大主题。

同时，专兼职教师还开设了《爱的艺术》《幸福心理学》《心理学与自我管理》《人际心理与交往礼仪》等有关心理健康教育的选修课程。课程贴近学生心理，关心学生身心的健康成长，深受学生喜爱。

3. 定期开展心理健康宣传教育活动。

我校心理小报《心田》，2007年5月创刊，每两个月出版一期，现已发行二十二期，每期八个版面，图文并茂，内容丰富。制作心理宣传橱窗，每期橱窗共六个版面，用彩色写真图文喷绘而成，外形美观，内容温馨。制作心理趣味知识卡片三套，第一套和第二套每套共十张，第三套共二十张。每周一中午专兼职教师们利用校园广播站做心理广播。《心理健康教育与咨询活动集锦》，每年编印两册，每册十六个版面，以图片为主。将每年的5月20日至6月19日定为心理健康宣传月，集中组织心理讲座、电影赏析、心理游园会、心理节目比赛以及5.25心理健康宣传日系列活动。

4. 组建学生组织，开展朋辈心理辅导，协助心理健康教育工作。

建立心理委员制度，组建学生心理健康发展部和心理健康协会。每班选一名心理委员，在心理委员中通过自愿报名竞聘，成为心理健康发展部成员。心理健康发展部的主要职责是在云南交通职业技术学院心理健康教育与咨询中心的指导下，组织各班心理委员，在学生中开展以心理健康教育为主题的活动。心理健康协会是学生自发成立，自愿参加的群众性学生社团，是学院成员最多的学生社团。经常组织心理游戏、心理测试、影片赏析和心理知识学习活动，有力地支持了心理健康教育工作的开展。

（二）建立健全心理危机干预系统，面向全校学生开展个体心理咨询服务，定期开展团体辅导。

1. 心理普测。

自2007年开始，我校组织新生心理普测，建立和管理心理档案。选用心理健康测试量表（SCL-90）、大学生心理健康调查表（UPI）和同学关系测验问卷三个量表。邀请心理测验预警同学到心理中心做心理干预。对有较严重心理障碍的学生予以重点关注，并根据心理状况及时加以疏导和干预。

2. 大学生心理危机预防与干预体系建设。

①坚持预防为主的原则，重视心理健康知识的普及宣传工作，充分发挥心理健康教育工作网络的作用，组织新生心理普测，建立和管理心理档案。

②制定心理危机干预工作预案，建立以三级学生心理健康教育工作网络为主线的三级预警机制，明确工作流程及相关部门的职责。建立科学有效的心理危机转介机制。

③按照有关规定做好心理危机事件善后工作，对危机事件当事人及其他相关人员提供支持性心理辅导，最大限度地减少危机事件的负面影响。应及时总结经验教训，提高师生对心理危机事件的认识以及应对心理危机的能力。

3. 开展心理咨询服务。

来访者有通过心理测验发现问题后邀请来咨询的学生，也有主动来求助的学生，还有部分教师及家属。很多同学通过心理咨询走出心理困境，走向更加快乐而积极的人生。心理老师还通过解读沙盘了解来访者的一些心理问题，特别有助于了解一些来访者自己没有意识到或者是不愿明说的问题。

4. 组织团体心理辅导。

给心理发展部成员和心理委员做怎样开展班级团体活动的辅导，请云南大学生心理中心给我们做成长营培训，提高学生自己的成长能力和朋辈心理辅导技能。给班级学生做人际沟通的团队心理辅导，提高班级的凝聚力。

（三）建立大学生社会支持系统

1. 建立多元化的大学生社会支持网络体系

建立和完善大学生社会支持网络，不仅要建构非正式的来自同学、老师、父母、亲属等社会关系的社会支持网络而且要建构正式的来自学校、社会的社会支持网络体系。

建立和完善非正式的大学生社会支持网络。由于大多数大学生是离家在外求学的，与他们交往最多的是同学和老师，同学和老师的支持是其面临危机事件时最易于求助和获得帮助的资源。因此，同学和老师是大学生最重要的支持性资源。学校要尊重大学生的同伴关系，增进师生之间的交流与沟通，向大学生提供更加广阔的活动场所和更加丰富多彩的活动内容，使学生在更大范围内发展他们的人际关系。学校是大学生主要的活动场所，它除了提供学习文化知识的条件外，还必须尽可能多地提供活动内容，让大学生进行各种形式的交往。如举行各种社团活动，进行各种球类联赛等，都是增进他们交往的有效措施。

建立和完善正式的社会支持网络。就学校内部而言，要通过建立心理援助制度、危机预警对象特别关注制度、贫困生支持制度、师生定期交流制度等形式建构起广泛深入的社会支持网络。目前，许多高校虽已制定心理咨询制度，但由于保障制度不够完善，学生真正从中获得的社会支持仍然非常有限。其他如贫困生支持制度等也常常难以落到实处，学校给予大学生的社会支持仍是不充分的。因此，对高职院校而言，如何健全大学生社会支持网络体系，使需要帮助的大学生能够得到及时有力的帮助，是预防大学生心理危机、帮助大学生成功度过危急时刻的关键。此外，在完善校内的社会支持网络的同时，也要拉近学校与社区及社会各界的关系，使大学生不仅可以从学校获得支持资源，而且可以从更广阔的社会范围内获得有力的帮助。

2. 训练大学生利用社会支持的意识和能力

要使社会支持网络真正发挥作用，还要训练大学生利用社会支持的意识和能力。

训练大学生主动求助的意识。危机事件的发生往往是突发性的，校园危机干预即使再完善也难以随时发现突然发生的事件，因此危机中的个体要得到及时的援助，主动求助是非常必要的。培养大学生主动求助的意识首先要向学生宣传危机援助的机构，使学生知道学校存在这样的部门可以求助，同时将机构的联系方式做永久性宣传，让学生随时可以找到这些机构的地址及联系方式。其次，要向学生宣传主动求助对于解决危机的重要性，并且向学生宣传危机援助机构的各项职能，即让学生清楚他们可以获得何种支持和帮助。

训练大学生利用社会支持的能力和技巧。社会支持网络真正发挥作用还需要大学生具备基本的利用社会支持的能力和技巧。人际沟通能力是利用社会支持的最基本能力,只有具备了基本的人际沟通能力,援助者才能真正了解求助者所面临的问题,求助者才能理解、领会援助者的意思,从而执行援助者的方案,逐步解决危机。此外,求助也需要有一定的技巧。如通过倾诉寻求帮助时,倾诉的方式、倾诉对象的选择都是需要技巧的。因此,学校危机服务系统要通过多种途径,使大学生接受一定程度的求助能力和技巧的训练。

三、加强毕业生安全教育,实现学校与社会的对接

为切实做好高校毕业生工作,确保毕业生安全离校,保证学校以及社会的安全稳定,学校应结合自身实际情况,采取多种多样的措施办法,深入开展高校毕业生安全离校工作。对于个别出现的不稳定苗头,学校应及时研究对策,认真做好学生思想教育工作,帮助学生解决实际问题,尽可能保障毕业生安全顺利离校和校园的安全稳定。

毕业生离校安全教育工作,是高校毕业生教育工作的重中之重。在高等教育教学中,班级是大学生的基本组织形式,其作用的发挥直接影响学校教育教学目标的实现和学校管理中各项措施的落实,对大学生整体思想政治水平的提高起着极其重要的作用。高校班主任作为班集体中最有权威的教育者和组织者,以及学校各级部门联系学生的桥梁和纽带,担负着对学生思想政治教育、管理、服务三项重要任务,是学校和学生家庭及社会教育之间的协调者,是学校思想政治教育工作的骨干力量,在班级建设中起着决定性的作用。在与班级学生经历这几年的共同学习生活之后,在确保毕业生安全离校工作中则更是起着不可忽视的作用。

1.加强思想政治教育工作。

目前,全球经济形势不容乐观,高校毕业生就业工作困难重重,同时随着国内国际形势的深刻变化,西方文化思潮和价值观念的冲击,使大学生的人生观、价值观面临严峻的考验,尤其在大学的最后一年,涉世未深的毕业生们在多重选择面前,难免会出现困惑、彷徨和无助,此时能否继续坚定正确的人生观、价值观对毕业生今后的生活乃至一生都有着极其重要的影响。作为毕业生班主任在关注的同时,应认真思考有效办法,采取有效措施,主动承担学生思想上的教育引导工作,结合实际采取合适的教育管理办法,帮助学生坚定正确的人生观、价值观,加强对毕业生的思想道德信念、社会责任意识以及人生价值取向的培养。针对个别毕业生的特殊情况,应该有重点地、有针对性地对症下药,有的放矢。

2.做好学生就业工作。

学生就业工作是毕业生教育工作的工作重点,此工作不仅仅是高校就业办公室的工作内容,作为班主任亦有责任和义务承担起毕业生的就业工作。

（1）掌握本班学生的就业、考研情况。学生的就业情况在不断更新，作为班主任，应随时掌握本班学生就业动态，掌握考研、就业数据的同时，应了解每名学生的就业升学去向，同时了解仍未就业同学的未就业原因和目前生活情况，对于就业困难的同学给予生活上的帮助和人生方向上的指导。

（2）了解就业手续办理程序，做好指导工作。作为毕业生班主任应熟知就业工作时间安排、就业协议的签订、违约的办理、派遣证的发放等就业相关程序。当学生存在疑问或在就业过程出现问题时，班主任应能够及时进行正确的解答，给予学生有效的帮助，杜绝一问三不知的情况。

（3）关注国家就业政策，做到及时正确传达工作。为了确保我国高校毕业生就业工作的顺利开展，同时结合国家不断更新的就业政策，实施多种有效措施，比如"三支一扶""毕业生入伍"等就业政策。作为毕业班班主任，应及时正确地掌握国家相应的就业措施政策，对学生做到及时正确的传达引导，使毕业生能够把握更多的机会，有更多的选择，从而顺利就业。

3. "分群分类"地做好部分群体的沟通教育工作。

对于不同的学生，应采取不同的教育方式。班主任为了有效做好毕业生工作，应熟悉掌握自己班级所有学生的不同情况和特点，不能一概而论，尤其是对于存在安全隐患的部分群体，更应加以关注，并思考有效的应对措施：

（1）对于就业困难的学生加以关注。对于就业存在困难的学生，班主任应了解其就业困难的原因，有针对性地采取就业教育措施，引导学生摆正就业心态，认清形势，拓宽就业渠道，同时在就业技巧上加以帮助，助其成功。

（2）对于无法顺利毕业的学生加以关注。很多高校都会出现个别毕业生由于学分未修够、考试不及格，或者身体因素等可能造成无法及时拿到毕业证、学位证，甚至留级。对于这些学生，班主任一定要时刻加以关注，多与学生沟通，帮助学生调整状态、树立信心，针对不同情况，认真思考有效措施，调整学生心态，坚决避免悲剧的发生。

（3）对于考研落榜的学生加以关注。高校就业工作是在大学最后一学年的第一学期就开始了，而积极准备考研的毕业生往往会孤注一掷对就业信息不闻不问，一心准备第一学期末的硕士研究生考试。而考试成绩要等到第二学期的3月份才知道，这样就容易导致那些考研落榜的学生丢失了最好的就业机会。所以，作为毕业生班主任应多关注这些学生，多与学生沟通，帮助学生调整就业心态的同时尽可能多地提供就业信息和就业帮助。

4. 充分发挥学生党员干部的先进模范带头作用。

在学校，党团组织和学生干部的作用不容忽视。学生干部来自学生，服务于学生，是班主任的得力助手，同时也是班主任和学生之间的纽带和桥梁。毕业生班主任应继续加强对学生党员干部的教育培养工作，引导这支学生工作队伍严于律己、遵规守纪，听从老师的指挥和要求，充分发挥其模范带头作用，维护好整个班级的良好形象,把一个有朝气、有素质的班集体带向社会,把一个有成就、讲团结,值得学校、老师、同学怀念的班集体风采留给学校。

5. 加强日常管理,严肃校规校纪。

教育和管理是高校育人的基本方式,教育是传授学生知识的基本手段,管理是保证学校育人水平的重要方法,两者相互渗透、相互促进,在毕业生教育工作中要注意两者的有机结合,日常管理不容放松。尤其毕业生在离校之前,学习任务逐渐减少,这样就出现了顺利就业的学生无事可做、就业困难的学生着急无助等现象。同时,一起度过大学美好时光的同学即将分离,学生们难免在情绪上会产生波动,为了发泄情绪,酗酒打架、通宵上网等违反校规校纪的行为屡屡发生。为了避免危险的发生,班主任应多多深入到学生中去,掌握学生思想动态,加大管理力度、严肃校规校纪,对于一切违纪行为进行严肃批评教育。

6. 组织丰富多彩的毕业生文体活动。

为了丰富毕业生离校前的生活,增进学生之间的感情沟通,更好地做好毕业生文明离校工作,班主任应结合实际情况组织多种多样的文体活动,比如组织毕业生篮球赛、乒乓球赛、联欢会等活动,尽可能地让所有学生参与到其中,分散大家注意力,进一步加深同学友谊,从而使学生们在欢笑中平安顺利地离校,未来同学之间互帮互助,共同为社会做出自己的贡献。

7. 加强对学生的"感恩"教育工作。

感恩教育是道德教育里的一项重要内容。尤其是对于即将离校的毕业生,他们应该懂得对学校感恩、对老师感恩、对同学感恩。而现在由于社会因素、家庭因素等多种环境因素导致很多年轻人忘记了感恩,在情感上存在一定的道德缺失,不利于未来的发展和成长。所以作为班主任在做毕业生教育工作的同时,绝对不能忽视"感恩教育"这一重要教育内容,可以通过开展各种形式的聊天会让同学们在轻松、愉悦的环境中接受感恩教育潜移默化的影响,从而更好地走出学校、走向社会。

8. 加强毕业生文明离校教育。

社会主义核心价值观中文明二字基本道出了当代社会对文明的要求,毕业生在走出学校时,要时刻牢记文明的重要性,对他人文明既是高素质的表现,也是给母校争光的表现。因此各学院要教育毕业生树立爱校荣校意识,结合"两学一做"学习教育,发挥党员和学生干部的先锋模范作用,积极参加学校学院组织的活动,争做文明标兵,让文明成为一种习惯。

9. 严格毕业生管理。

越是在最后时刻,越是要注意安全,安全教育不可放松,对毕业生的管理不可停歇,针对一些规定要坚持不懈地执行下去,针对毕业班学生教学实际,学院要科学安排毕业生各项活动,确保离校前教育管理到位,杜绝出现教育管理的"空隙"和"盲区",严禁出现"不管不问"状态,确保管理教育稳定持久。

10. 准确掌握毕业生动向。

在最后的紧要关头，对于毕业生的动向要掌握清楚，学院要将每一名毕业生在校、离校等情况掌握准确。离校必须请假并做好离校登记。在校生要严格课堂考勤、住宿考勤，对于旷课、夜不归宿、晚归等学生要及时掌握状况并迅速采取各项措施，以确保安全度过学生毕业前夕的最后一个阶段。

11. 做好信息反馈和报送。

学校要时刻掌握学生动态，要发挥毕业班学生党员、学生骨干等作用，健全信息反馈机制，完善信息处理流程，对于出现的各种安全隐患及时发现和应对处理。学院要建立健全突发事故处理应对机制，确保第一时间应对各种突发事件。要严格信息报送，出现事故要第一时间报送学生工作处、保卫处等相关部门。

12. 严格毕业期间值班制度。

全体学工干部要落实学校宿舍值班制度，坚守值班岗位。各学院要做好本学院宿舍值班轮班工作，确保值班期间"无空岗"。对于异常人员，要及时上报，必要时向公安机关汇报，以确保学生宿舍安全稳定。

13. 做好毕业生帮扶。

学院领导班子、辅导员、班主任要经常深入毕业生宿舍，了解毕业学生思想状况和存在的困难，特殊情况特殊对待，对于疑难杂症，及时做好帮扶，需要资源的及时向上级汇报，保证毕业生安全顺利毕业，最终成为对社会、对国家有用之才。

四、大力加强校园环境综合治理，创建安全稳定的校园环境

随着高等教育事业蓬勃发展，高校校园安全问题也凸显出来，越来越需要人们的关注并采取有效对策。作为学校管理者应该：提高全民安全素质，进行校园安全立法，为校园安全工作提供法律保障；加强高校校园安全文化建设，增强搞好高校校园安全的责任意识，营造一种全民关注高校校园安全的氛围，在防患于未然上下功夫。另外，高校安全问题不仅仅是学校自身的问题，而是全社会的问题。因此，需要整个社会的关注、支持和维护。

高校校园安全问题涉及青年学生的学习、生活安全及健康，涉及千家万户的福祉，也涉及全社会的稳定。因此，加强高校校园安全问题的研究是十分重要和紧迫的，同时需要全社会对校园安全问题给予更多的关注和支持。就高等学校而言，作为高等教育活动的主导者，更有义务和责任确保高校校园的安全，努力为广大青年学生提供一个安全、健康、和谐的学习和生活环境，促进学生的成才和全面发展，在科教兴国、实现创新型国家、建设和谐社会事业中做出自己的最大贡献。

1. 进一步明确校园安全责任主体。学生到学校学习、生活，那么他们就与提供学习、生活条件的学校构成了特定的权利和义务关系。现有的法律法规已经明

确了学校有保障学生安全的责任及学校是校园安全的责任主体这两个问题。但还不够具体，因此校园安全立法要明确单位法人（学校）、主要负责人、教师、工勤人员（包括临时雇佣的工人）对出现的安全事故应承担的法律责任，同时还要确立有关地方政府教育行政部门、学校上级主管部门的法律责任制度。

2. 建立校园安全隐患报警法律制度。对安全隐患的发现、报告、论证、解决、责任等做出具体规定，明确对安全隐患的处理流程，对隐患的发现划定责任人，出现问题后对特定的责任人处罚做到有理有据。尽管这样，预防仍是减少事故的最根本办法，加强对教师的师德教育，树立敬业爱生思想，提高教学水平和教育质量，注意观察学生心理变化，防患于未然。因此，校园安全立法重点应该是"预防为主""安全第一"。

3. 学校保卫机构具有一定的治安管理权。公安机关的执法权是国家赋予公安机关的权利，主要指侦破刑事案件和处罚违反治安管理条例的权利。目前学校保卫机构有专门的人员，但无治安管理权，而公安机关因警力有限，常常对治安案件不够重视，对发生在校园的刑事犯罪打击缺乏力度。当今世界行政改革的一个重要趋势是公共管理社会化，即将一些政府职能通过向社会转移或委托代理等方式转移出政府，以达到提高行政效率，节约财政开支的目的。因此，在校园立法中赋予学校保卫机构一定的治安管理权是非常必要的。

4. 建立校园安全管理法律制度。结合当前校园安全的严峻形势，开展《校园安全法》立法，填补校园安全管理法律空白，形成科学、有序、规范的校园安全管理法治环境。尽快制定校园安全法，督促中央和地方政府加大投入，为学校履行自己的法定职责提供必要的设施，明确学校责任，努力为师生营造一个安全的社会法治环境。校长是学校的法人代表，对学校的人、财、物的安全全面负责。学校要经常对学生进行多种形式的安全知识教育。每班每周应有针对性地对学生进行安全教育，要对学生进行自救互救常识的教育。

5. 建立校园安全管理联席会议制度。为科学应对、有效处置各类突发事件，加强沟通和协调，形成统一指挥、多方参与、协调有序、运转高效的应急联动机制，应建立应对突发事件联席会议制度。联席会议由地方政府领导为总召集人，政法、宣传、武装、公安、卫生、民政、经委、建委、教育、交通、安监、水务、财政、农业、林业、环保、国土、信访、科技、气象、消防及应急办负责人为成员。下设应急办公室，各成员单位相关科、室、队、办负责人为成员，同时作为信息联络员，联席会议在地方应急委员会的领导下开展工作，日常事务由应急办负责。

6. 开展校园安全隐患排查。校园安全管理机制的完善同样需要进行风险识别、评价和控制。事实上，校园中有不少安全隐患，大多数的学校没有进行过风险识别，一旦出事后措手不及。因此，进一步强化校园安全管理机制建设是实现校园安全的根本对策。校园安全监督与评价是各级教育主管部门和学校掌握校园公共安全基本形势、状况的重要手段和方式。针对当前严峻的校园安全形势，教育部成立了应急管理咨询专家组，有助于校园安全隐患的科学评估，发挥专家的咨询和指导作用，提高教育系统应急管理工作水平。

7. 切实提高师生安全意识。提高广大师生和管理者的安全防患意识是做好校园安全工作的根本，也是校园安全的治本之策。和谐校园文化使育人的理念贯穿学生学习生活的方方面面，形成多角度、多层次自觉服务师生成长成才的合力，使其时刻受到教育、关注和呵护，很大程度上在育人的各个环节中消除校园突发公共事件发生的诱因，从而实现在教育的诸环节中抑制校园突发公共事件。

8. 开展法治观念与法律知识教育。法治的基本内容是法律，法律是代表阶级利益和意志，保证国家大政方针贯彻落实的强制手段，也可以说，法律是具有强制力的行为规范。大学生法治教育是社会主义精神文明的重要内容，是培养"四有"人才的重要手段。大学生想要成为社会主义事业的建设者和接班人，必须具有较高的法律素质才能适应社会的需求。目前大学生普遍缺乏法治观念，法律意识淡薄，有些学生不知法、不懂法，头脑里没有法律意识，被违法行为侵害了也不知用法律武器来保护自己。还有些学生知法犯法，针对这些情况，进行法治教育的目的是让学生增强法律意识，使他们知道法律的严肃性，谁触犯法律谁就将受到法律的制裁，提高他们学法、懂法、守法、用法的自觉性，杜绝或减少学生无知违法和知法犯法的现象。

9. 加强学生校纪校规教育。国有国法，校有校规，俗语说：没有规矩不成方圆。遵纪守法、遵守校规校纪，不侵犯他人利益，自觉维护校园正常秩序是大学生做人的基本标准。校纪校规教育是学生从上学的第一天就开始接受的教育，但对大学生来说，目前依然存在着突出的问题，反映出学生没有认识到纪律的严肃性，没有树立遵守纪律的自觉性。要认真组织开展以校纪、校规为主要内容的新生入学教育，让学生一进校就能全面地了解、熟悉校纪、校规，更要注意校纪、校规教育的连贯性，培养学生遵守纪律的自觉性，对于少数违反校纪、校规的行为应严肃处理以维护正常的教学和生活秩序。

10. 加强学生日常学习生活中的安全教育。加强班级学风建设，以学风建设促进学生安全稳定生活；加强学生干部队伍建设，健全以寝室长为重点的信息员制度；加强对班干部队伍的培养，有计划地制定学生干部培训方案，对班干部重点开展班级管理和信息研判搜集能力培训；建立健全学生信息档案；健全适合实际的突发事件应急机制。对班主任、辅导员进行突发事件处理方法培训，使学生工作干部在面对突发事件时，能第一时间采用有效方法防止事态扩大，并按照相关应急程序及时向有关部门反映情况，配合领导妥善处理好突发事件。

总之，高校作为高等教育的重要阵地，高校的稳定直接关系到国家和社会的稳定，随着中国社会高速发展，高校面临的内外环境发生了巨大变化，我们只有深入研究高校安全教育问题，加强高校大学生的安全教育和管理，才能构建一个稳定和谐的校园，使高校能够健康发展。

最后，校园安全问题的解决有赖于全民安全素质的提高，而安全素质本质上是道德素质。家庭、社会、学校都应各自承担起安全素质和道德素质的教育和提高工作。安全素质和道德素质的提高离不开制度和法律的保证。校园安全文化建设，既是对大学生学习生活的一种安全保证措施，也是为国家培养较高安全素质领导人才、管理人才、技术人才的战略行动。因此，高校校园安全文化培养了学生热爱生命、关注健康、关注安全、以人为本的理念和价值观，并能够达到由关爱自己到关爱他人、关爱全社会、关爱全人类的境界。校园的安全与稳定，和谐与发展得到了保障，高校才能实现育人的目标，才能真正步入"三个代表"精神指引的科教兴国康庄大道。

五、建立大学生安全管理与教育工作激励机制

高校安全管理教育中的激励是高校安全管理教育的一个重要课题。所谓安全管理教育的激励，就是教育管理者遵循人的行为规律，运用多种行之有效的方法和措施，最大限度地激发人的积极性、主动性和创造性。建立完善的安全管理教育激励机制与掌握合适的激励手段是高校管理者在安全管理教育工作中的中心任务。安全管理教育的激励通常有两种：一种是普遍的物质激励。另一种是精神激励，对开展安全管理教育工作成绩突出的要奖励，对开展安全管理教育工作懈怠，甚至发生安全问题的，要处分、批评。通过建立有效的安全管理教育激励机制，使教师学生从内心产生"我要安全、我会安全"的理念。

一、安全管理教育激励的方法

1. 教职工的激励。

教职工既是安全管理教育工作的教育者、管理者，又是安全管理教育工作的被教育者、被管理者。对教职工的激励，主要是采取建章立制的方式进行长期性的激励。首先安全工作是人人有责的工作，所以要根据岗位的不同，细化明确教职工各岗位的安全管理教育的职责；其次根据不同的岗位明确安全管理教育工作的奖惩规定，并与绩效、评先、评优及晋升等挂钩；再次就是通过"安全达人""安全之星""安全年度人物"等评选，安全月活动的开展积极拓展安全文化，评选的人物在报纸、网站、展板、显示屏广泛进行宣传，形成榜样激励的效益。

2. 学生的激励。

学生安全管理教育的激励是高校认识和理解学生内在心理活动的一种方法。安全管理教育的激励方式主要有以下两种：外在的安全管理教育的激励方式：奖学金、表扬、嘉奖、认可等；内在的安全管理教育的激励方式：学习法律法规、安全管理教育规定的责任感、光荣感、成就感等。外在安全管理教育的激励方式

虽然能显著提高效果，但不易持久，处理不好有时会降低参与安全管理教育者的情绪；而内在的安全管理教育激励方式，虽然需要的时间较长，但一经激励，不仅可提高效果，且能持久。

安全管理教育的激励机制具有长期性、连续性和稳定性的特点。那么安全管理教育的激励机制如何设计呢？主要有以下几个方面：一是奖励制度的设计；二是学分制度的设计；三是安全教育培训开发方案的设计；四是其他安全管理教育的激励方法。具体来讲，安全管理教育的激励机制应该采取长效的激励方式，使学生安全管理教育的激励成为一个持续的过程，与时间、绩效等成正比，长效安全管理教育的激励机制要重视精神与物质的有机结合，甚至影响学生一生的安全成长。有一点要说明的是，不论是哪种需求的安全管理教育的激励，正确的激励是第一位的。

二、安全管理教育的激励应坚持公开、公平、公正原则

安全管理教育的激励应坚持公开原则，提高透明度。首先，在制定安全管理教育的激励政策及方法之前，要充分听取师生的意见和建议，并得到大部分师生的认可。其次，要充分利用媒体，公开宣布受到奖励或表扬的师生，大力表彰他们的先进事迹，起到树立榜样、弘扬正气、鞭策落后的作用。安全管理教育的激励要坚持公平原则。公平不等于平均，平均主义是计划经济时代的产物，吃"大锅饭"不利于培养师生的竞争意识和创新精神，在一定程度上还会挫伤师生的工作积极性。因此在安全管理教育的激励中坚持公平原则，需要建立安全管理教育的激励与绩效挂钩的科学评估体系，真正做到有章可循，有据可依，奖勤罚懒，奖优罚劣。对每一位师生的德、能、勤、绩等方面进行综合考核，根据考核结果，拉开分配差距。对业绩突出的师生相应地在待遇等方面给予安全管理教育的激励，让员工感受到自己的付出得到了组织的承认，从而激励师生向着更高的目标去奋斗。安全管理教育的激励要坚持公正原则。首先，管理者要做到率先垂范，廉洁奉公，坚持按章办事，通过展示自己的工作才能、管理艺术和良好的职业素养，去影响和感染员工，为师生做出榜样，以增强上下一心的凝聚力。其次，要体现"以人为本"的精神，在工作中紧紧依靠、信任和团结全体师生。对待师生要一视同仁，不任人唯亲，要任人唯贤，善于发现和评价师生的成绩，及时进行表彰和奖励。从而进一步激发师生在安全管理教育中的竞争意识，使外部的推动力量转化为一种自我努力工作的动力，充分发挥每一位师生的潜力和才能，促使他们为实现学校或部门的安全管理教育的总目标而勤奋工作。

三、选择正确的安全管理教育激励方式

奖励只是象征，奖励是否起作用，问问自己它们象征着什么。如果本质正

确，任何象征都能起作用。把安全管理教育的激励与能动性和努力相联系，确保任何外部安全管理教育的激励都象征内在能动性。另外，可以通过增加并提高师生感兴趣的某种安全管理教育的激励措施的数量和质量，通过表彰和奖励来提高师生开展安全管理教育工作的动力。师生的工作动力各不相同，每种动力相应的表彰和奖励方法也不同。某种安全管理教育的激励对一些师生起作用，却对另外的师生无能为力；能调动某人的积极性，却可能打击另一人的积极性。

表彰和奖励体系要从两个方面吸引师生：理性和感性。只有在这两个方面都产生了强烈的共鸣，奖励机制才能充分调动员工的积极性。换句话说，有效的奖励或表彰政策对师生有明确的意义——他们知道奖励或表彰的内容，明白安全工作和学校及本人的关系。同时奖励或表彰会让他们感觉良好——在感情层面激发热情。如果能够认识到安全工作是系统的慈善工作，那么在感情方面共鸣程度就会更高。如果产生的效果并非所愿，虽然唤起了员工的感情，但他们认为方法不具体，无法很好控制，也会导致潜在的危险。在高校如果对安全工作的激励表现在对管理者的重奖，对普通教职工的小奖，这样也有一些不好的后果，教职工或许认为，反正安全好坏，都是管理者的事，安全好了他们拿奖，安全不好我们不拿奖。所以，从主观上对实现本质安全的动力不足。

第三节　制定突发性安全处置预案机制

当前教育的变革和发展，使得学校管理的复杂性大为增加。处于转型期的学校，面临着应对以下学生意外安全事件的严峻挑战：一是学生意外事件发生的种类越来越多，频次高、规模大，危害性呈增长态势。二是诱发学生意外事件的社会性因素不断增多，群体性学生意外事件呈上升、扩大的态势。三是学生意外事件波及的范围越来越广，信息扩散的速度加快、波动方式多元、震动频度增大。近几年来，我国在校学生意外安全事件的发生频率与危害已呈现不断加大的趋势，对教育系统都产生了严重影响。有效处置学生意外安全事件，制定、形成安全处置预案机制，有效化解学生事务管理中的危机，是学生事务管理者必须考虑的重要内容。要制定、形成适合本校（单位）的学生意外安全处置预案，就必须探寻学生意外安全事件发生的规律，这些规律包含了突发事件的共同特点，意外事件的类型、事件产生的原因及周期特征等方面。

一、学生意外事件的特点

当前我国学生意外事件具有以下共同特点：一是突发性。大多数学生意外事件是由一系列细小事件逐渐发展而来，具有量变到质变的过程。事件爆发的时间、规模、具体态势和影响深度，常常出乎人们的意料，即事件发生突如其来，一旦爆发，其破坏性的能量就会被迅速释放，并呈快速蔓延之势，而且事件大多演变迅速，解决问题的机会稍纵即逝，如果不能及时采取应对措施，将会造成更大的危害和损失。二是多变性，即不确定性、独特性和信息有限性。不确定性表现在原因、变化方向、影响因素、后果等各方面都无规则，事态瞬息万变，难以准确预测和把握。不确定性和人类理性的有限性使得人们在事件面前往往无所适从，更增加了恐慌感并扩大不安全感。学生意外事件的独特性表现在其发生发展具有不同的情景，在表现形式上各有特色，事件的独特性导致难以照章办事。学生意外事件发生的不确定性和独特性导致信息有限性。很多信息是随着事态的发展而演变的，而时间的紧迫性使得决策者掌握的信息有可能不全面，得到的信息不及时，并且在信息的反馈和处理过程中，信息的准确性和有效性也难以保证，导致信息失真。这是对决策者最严峻的考验。三是危害性。不论什么性质和规模的学生意外安全事件，都必然不同程度地给社会和事件主体（家庭）造成破坏、混乱和恐慌，而且由于决策的时间以及信息有限，容易导致决策失误，造成无可估量的损失和社会危害。另外，学生意外事件涉及的范围不一定是在普遍的公众领域，但是事件却会因为迅速传播引起公众关注，成为公共热点并造成公共损失、公众心理恐慌和社会秩序混乱。而且危机往往具有连带效应，可能引发次生或衍生事故，导致更大的损失和危机，还会给人们心理造成无法用量化指标衡量的负面效应。

二、学生意外事件的种类

近几年发生的学生意外事件大致有这么几种类型：一是自然灾害诱发的学生和校园安全事件，如特大洪水、强台风（飓风）登陆、大海啸、地震、泥石流等问题；二是公共卫生领域的社会恐慌危机诱发的校园学生恐慌事件，如SARS、禽流感、疯牛病、不合格药品泛滥等问题；三是政治问题、社会问题引发的学生不安定事件，如下岗再就业和社会弱势群体保护等问题；四是由学生意外伤害（自杀、他杀、溺水等）、出走等引起的学生安全事件。五是涉及校内实施、公共场所的恶性破坏事件，如学生食堂爆炸案，由校内外群众聚众滋事、学生维权等引发的学生骚乱事件等。这些事件大多在学校和社会中产生了严重的连锁反应，有的还引起了严重的政治后果。

三、产生学生意外事件的原因

学生意外事件的发生，往往存在着复杂的因果联系，或者是一因一果，或者是多因一果，或者是一因多果。在学生意外事件的发展过程中，必然性和偶然性是相互依存的。一方面，必然性只有通过大量的偶然性才能表现出来，并通过偶然性开辟道路，偶然性是必然性的表现形式和补充；另一方面，偶然性的背后总是隐藏着必然性，必然性是偶然性的支配力量，是偶然性的基础和根据。具体到学生意外事件的发生，可以解释为：学生意外事件虽然意外发生，但在发生之前还是有一个量的积累过程。这个过程是缓慢而平静的，因而不容易被觉察。无论是学生自杀，还是校内学生骚乱，通过事后分析都可以找到这个过程。量积累到一定程度，就会发生质的变化，就表现为学生意外事件的急速爆发。虽然不可能杜绝学生意外事件的发生，但是对于学生意外事件，尤其是校内因素诱发的学生意外事件，其发生概率和危害程度都可以通过有效的防治而得到降低。即便是由于自然因素和学校外部因素诱发的学生意外事件难以避免，但是其危害可以通过相关教育、管理措施得到缓解。对于自然灾害，可以通过训练提高防范能力，通过预防、预报措施增强应对能力。对于校外社会因素诱发的学生意外事件，也是可以估计的。对于管理者而言，学生意外事件的发生纯属意料之外，但对于肇事者、参与者、行动者而言，其行为和过程显然是意料之中的。因此所谓意外，主要是从学生事务管理者的角度而言的。甚至大多数意外事件，对于学生事务管理者而言，并非纯粹"意外"，而是意料之中不过是心存侥幸、漠然视之而已。如学生伤害事故、消防安全事故等。由此可见，虽然学生意外事件因其急速而至容易给人带来一种防不胜防、偶然发生的"假象"，但事实上其发生多半是一种疏于防治而致的必然结果。

四、学生意外事件的周期性

许多研究表明学生意外事件是具有周期性的，具有从发生、发展到消失的完整过程。有的学者认为突发公共事件从其产生到解除是一个完整的周期过程，一般都会经历五个阶段：孕育潜伏期、显现爆发期、持续演进期、缓解衰退期和解除消失期。这里，我们可以简单地将学生意外事件从其产生到解除分为三个阶段：第一阶段是学生意外事件的潜伏形成时期。在此阶段，学生意外事件发生相关的各种因素相互作用，各种因素之间的矛盾、冲突逐渐形成，导致意外事件发生的关键因素不断得到强化，冲突和矛盾不断积累。在此阶段，能够观察到一些学生意外事件即将发生的征兆和信号。第二阶段是学生意外事件的爆发演进时期。在此阶段，导致学生意外事件发生的各种矛盾激化，事件从隐性变为显性并且快速扩散，进而从量变发展到质变，表现为学生意外事件的发生。在此阶段，应该采取危机处理措施以防事态进一步扩大。第三阶段是学生意外事件的缓解衰退时期。在此阶段，学生意外事件相关的各因素之间的矛盾冲突不断减弱，形势趋向缓和。整个校园开始恢复原有状态或正常状态。在此阶段，应该采取有关措施防止事态复发，力求将其带来的损失降至最低。在校学生意外危机处理：当导致学生意外事件发生的各种矛盾运动加剧时，其内在矛盾实现由量变到质变的飞跃，学生意外事件突然发生。给学校造成了财产、声誉上的破坏与损失，给学校的管理工作带来了麻烦，破坏了学校正常的学习生活秩序，甚至带来政治上的影响，影响到学校的稳定，造成了一定范围内的人心混乱和恐慌。学生意外事件在一定程度上会迅速成为社会关注、舆论追踪的焦点事件。因此事态发展不容等待，必须在最短时间内采取相关措施迅速控制局面，努力降低事件带来的损失，使之不致成为灾难。这个时候学生意外危机管理进入了危机处理环节。这一环节处理是否得当，将进一步影响危机的发展方向和速度，进一步影响危机最后的危害程度。

五、突发性安全处置预案机制

在充分掌握了学生意外安全事件发生的规律后就可以结合本校（单位）的实际情况和特点，制定出本校（单位）的突发性安全处置预案了。预案机制应该包含以下基本内容：预案的指导思想、预案处置的一般原则、应对学生意外危机处理的策略等。

（一）学生意外安全事件处理的指导思想

以"习近平新时代中国特色主义为指导，认真贯彻落实《中华人民共和国教育法》《中华人民共和国教师法》《中华人民共和国未成年人保护法》《中华人民共和国教育部学生伤害事故处理办法》等法律法规，树立"以人为本"的思想，坚持师生生命的安全及国家利益高于一切的原则，务本求实，明确责任，安全无小事，责任重泰山。同时坚持"预防为主、积极处置"的方针，尽一切努力杜绝或减少校园安全隐患、消防、饮食、治安等突发事件的发生，尽一切努力把师生生命、财产及国家财产的损失降到最低。

（二）学生意外安全事件处理的一般原则

一是坚持以人为本、师生生命安全高于一切的原则。无论发生什么样的意外情况，学生意外安全处理的目标都应该保护和保障学生生命安全，这既是以人为本的教育观念在防灾事务中的体现，也是世界各国处理学校突发事件的基本理念。这一原则要求排除鼓励学生"忘我"地进入危险场地的习惯想法和做法，确保学生在意外事件中尽量处于安全境地。在组织抢险救灾时，严禁学生参加。二是"措施得力，救人第一"的原则。学校发生重大安全事故，现场发现者及相关人员应采取一切得力措施，确保师生人身安全。发生重大火灾事故，在迅速报告火警的同时，应紧急组织师生安全有序疏散，救护受伤学生；发生重大车祸，迅速拨打交通事故、紧急救护电话，开展自护自救；发生食物中毒、卫生防疫等重大事故，在迅速报告卫生监督、疾病预防控制部门的同时，应紧急将中毒、受伤学生送往医院抢救；发生校舍内的安全事故，应立即组织抢险，救护受伤师生；当外来不法分子入侵时，应立即制止、报警并抢救受伤人员等。三是"统一指挥，分级负责"的原则。学校重大突发性事件由校长室统一指挥，启动应急预案快速妥善处置并派专人迅速赶赴现场，积极处置并及时向上级主管部门报告。

当重大突发性事件超出学校的处理能力时，请安全办公室协调相关部门，多方联动，形成合力，确保突发性事件得到有效控制和快速处置，将损失降到最低程度。四是"系统联动，群防群控"原则。学校发生重大突发性事件后，学校处置重大突发性事件领导小组有关成员要立即深入现场开展工作。学校领导要紧急行动，学院（部门）、班级等负责同志要按照学校应急预案的要求深入一线，积极做好事件、事故的处置工作。五是冷静、沉着、积极主动和及时、合法、公正处理的原则。强调快速反应的同时，相关人员必须保持冷静和克制，不能激化矛盾和产生负面作用，同时采用的手段必须做到合法合理。当然特殊情况可以应用民事法律中的紧急避险原则。六是统一领导分级负责原则。意外事件的局面控制，必须强调权威。统一领导有利于人员、资源、信息的统一控制和调配，有利于通过集体合力较好地控制局面。同时必须强调分级负责，强调每一位相关人员的责任。七是"快速反应、果断处置"的原则。学生意外事件发生后，相关人员必须迅速做出反应。反应速度将和危机控制程度、事态发展速度、信息掌握程度密切相关。进一步完善突发事件的快速反应机制，对各种影响稳定的苗头性、倾向性问题及安全隐患，要立足防范，抓小、抓早、以快制快。一旦发生重大事件，要确保发现、报告、指挥、处置等环节的紧密衔接，做到快速反应，及时应对，力争把问题解决在萌芽状态，解决在校内。八是"教育疏导，化解矛盾"的原则。学校若发生突发群体事件，坚持"动之以情，晓之以理，可散不可聚，可顺不可激，可分不可结"的工作方法，加强正面宣传，积极教育引导，稳定师生情绪，及时化解矛盾，有效防止事态扩大。九是稳定压倒一切的工作原则。

（三）具体应对学生意外危机处理的策略

一是学生意外危机发生后，学生事务管理者应当迅速赶赴现场，冷静下来，镇静处理。在第一时间到达现场后，应冷静正确判断情况，分析危机发生性质和危机程度，分析事态发展局势。并向学校学生意外危机管理领导小组汇报情况，要求有关责任人员迅速赶赴现场。与此同时，先到现场的人员应采取有效的措施，隔离危机，不让事态继续蔓延，并进行化解处理。

二是以最快的速度启动学生意外危机管理预案。学生意外危机发生后，学生事务管理者应刻不容缓，果断行动，在得到学校学生意外危机管理领导小组的授权之后迅速启动学生意外危机管理预案。当然，特殊情况先到达现场的有关人员可以单独采取行动。力求在损害扩大之前控制住危机。如果初期反应滞后，将会造成危机的蔓延和扩大。启动相应的危机预案之后，相关责任人员必须全部到达现场掌控危机局势。

三是必须依靠组织力量，集中人力，团结协作。应对学生突发事件，靠单枪匹马解决不了问题，必须依靠组织力量。在意外事件处理机构中的有关部门要形成一个指挥权威，并在权威的指挥下各相关部门形成环环相扣的应对配合关系。此时指挥权威的应对行动具有决定性意义，他要充分运用自己的权力和威信，充分发挥自己对于突发事件的感知能力,沉着应对。这个时候组织所应该做的事情是:第一,正确判断事件性质;第二,果断执行应急预案;第三,确保学生安全和学校财产安全;第四,执行正确的通报程序;第五,采取防止恐慌措施。组织所采取的各项措施应该更多地关注学生生命财产安全,把学生生命安全放在首位。通过权威的指挥,稳定人心,调动每个部门和师生正确处理意外事件的主动性,尽快化解危机。各部门在不同意外事件处理中都要依据事先制定的应对职责充分发挥各自的特殊作用,围绕处理事件的中心部门展开工作。各部门的协调配合要主动填补漏洞,杜绝任何扯皮现象,千方百计把学生意外事件带来的影响和损失降到最低。发挥思想政治教育功能,避免引起师生恐慌。学生意外事件发生伊始,由于人们一时不了解真相,容易以讹传讹,引起心理上的恐慌。这时,学校一方面应该及时、公开、透明地予以披露信息,降低师生获取信息的成本,稳定师生的情绪,另一方面要启动心理疏导机制,缓解师生心理恐慌。就我国而言,思想政治教育应该始终贯穿在学生意外危机处理的全过程。在危机处理中,思想政治教育具有动员群众、引导舆论、加强沟通、化解矛盾、鼓舞士气等作用,是学校事务管理重要的政治优势。学生意外事件发生后,需要迅速激活思想政治教育的导向功能,以各种手段迅速调控信息,在全校形成主流导向,及时引导师生稳定情绪,由惊恐走向理性。在危急时刻,党员干部和党员师生要发挥先锋模范作用,置个人安危于度外,冲锋战斗在最前线。为增强学生对学校的信赖感,可邀请学生群体代表参与调查和处理危机。总之,学生意外事件是检验思想政治教育的重要时刻,是发挥思想政治教育功效的大好时机,也是今后改进思想政治教育的突破口和切入点。

  四是建立有效的信息传播系统,做好危机发生后的传播沟通工作,争取新闻舆论的理解与合作。应该做到:掌握宣传报道的主动权,通过召开新闻发布会以及使用互联网、内部网、电话、传真等形式向社会公众告知学生意外危机发生的时间、地点、原因、现状、问题、学校目前和未来的应对措施等内容,信息应具体、准确。统一信息传播的口径,对技术性、专业性较强的问题,在传播中也应使用清晰、不产生歧义的语言,以避免出现猜忌和流言。慎重指定信息发送机构和发言人。信息发送机构一般选择校长办公室或相关部门。一般而言学校有关领导作为发言人比较合适,但如果涉及技术问题,那么就应当由相关技术人员来回答技术问题;如果危机要涉及法律问题,那么学校政策法规办的有关人员就是最好的发言人。学校在发布各类信息时,应遵循公开、坦诚、负责的原则,以低姿态、富有同情心和亲和力的态度来表达歉意、表明立场、说明学校采取的应对措施。对不清楚的问题,应主动表示会尽早提供答案;对无法提供的信息,应礼貌地表示无法告之并说明原因。

  五是随机应变。由于学生意外危机情况的产生具有突变性和紧迫性,因此尽管在事先制定了危机预案,由于不可预知危机的存在,任何防范措施也无法做到万无一失。在处理危机时,应针对具体问题,随时修正和充实危机处理对策。

六是事件处置总结。处置总结是整个学生意外管理的最后环节,意外事件所造成的巨大损失会给学生教育管理和学校带来必要的教训,恰当处置意外事件也带来一些宝贵经验。所以,对意外管理进行认真而系统的总结不可忽视。处置总结一般可分为三个步骤:调查,对学生意外发生的原因和相关预防和处理的全部措施进行系统的调查。评价,对学生意外管理工作进行全面的评价,包括对预警系统的组织和工作内容、处置应变计划、处置决策和处理环节等各方面的评价,要详尽地列出处置管理工作中存在的各种问题。整改,对处置管理中存在的各种问题综合归类,分别提出整改措施,并责成有关部门逐项落实。

制定突发性安全处置应急预案,建立健全应急机制,是贯彻落实科学发展观的主体体现,是学校全面履行安全管理职能的一项迫切任务,系统性强,涉及面广,科学严谨性高。预案分为总体预案和专项预案。总体预案是政府组织管理、指挥协调相关应急资源和应急行动的整体计划和程序规范。专项预案是总体预案的重要组成部分。学校制定本单位(部门)的突发公共事件应急预案必须掌握政府部门的总体预案和专项预案。制定、实施突发性安全处置应急预案是为了保障学校教育教学工作正常进行和师生生命安全及国家财产的安全,确保能及时、高效、合理有序地处理学校突发性事件,坚持"以人为本"的思想,坚持师生生命的安全及国家利益高于一切,安全无小事,尽一切努力杜绝或减少校园安全隐患,消防、治安等突发事件的发生,切实保障师生的身心健康,保障全校师生员工健康地学习、工作、生活,保障学校各项工作有序、顺利地开展。

第四节　建立安全管理模拟训练机制

一、消防演练

高校是传播知识、传承文明的场所,改革开放以来,我国的高等教育事业迅猛发展。学校规模快速膨胀,师生人数迅速增多,建筑功能日趋复杂。但是,由于高校的消防安全教育以及消防安全设施未能同步发展,消防安全环境堪忧。从多起校园火灾发生的原因来看,校园火灾主要是生活火灾和电气火灾。无论是何种类型火灾都严重影响了教学和科研活动的正常进行,更对学生的人身安全产生巨大的威胁。因此,我们要了解掌握高校火灾特点,采取正确的扑救措施,将火灾损失降到最低,有效地保护广大师生的生命安全,保护好人才培养和科技发展的前沿阵地。

消防安全虽然是简单的四个字,但涵盖的内容十分丰富,而且与我们的日常生活、学习、工作密切相关,在遭遇火灾的危急时刻,是否掌握消防安全知识,并具有实际应对能力，攸关生命安全。比如遭遇火灾如何使用灭火器，怎样快速扑灭不同火情，怎样火场逃生等。遭遇火灾怎样安全逃生，果断处置还是束手无策？身处火场的两种不同行为，其结果无疑会截然不同。前者，能够安全逃生，化险为夷；后者，难以逃生，身处险境，甚至可能付出无法挽回的生命代价。从这个意义而言，让学生掌握消防安全知识，具备安全逃生实际应对能力，需要宣传教育常态化，更需要消防演练常态化。

高校是人员密集场所，是消防工作的重点，进一步提升消防"四个能力"，不断为师生提供更高质量的消防安全服务是当前高校消防工作面临的一个重大课题。消防演习是为了增强人们的安全防火意识，让大家进一步了解掌握火灾等突发事件的处理流程，以及提升在处理突发事件过程中的协调配合能力，增强人员在火灾中互救、自救意识，明确防火负责人及义务消防队员在火灾中应尽的职责。高校学生应该通过理论和实践的长期学习，日积月累，掌握安全逃生技能，具备实际应对能力，所以高校有规律、有组织地进行消防演练显得格外重要。

学校消防演练方案指导思想：以《消防法》和《机关、团体、企业、事业单位消防安全管理规定》等法律法规为依据，以提高师生防火安全意识并预防和遏制重特大火灾事故，特别是群死群伤恶性事故为目标，进一步强化监督管理，以学校校长为消防安全第一责任人，全面落实消防安全责任，确保学校的消防安全。

学校通过普及消防知识和开展消防安全疏散演练，有效增强师生的防火意识和逃生能力。通过消防安全知识讲授和演练进一步加强学生的消防安全意识，预防火灾和减少火灾危害，保护人、财、物的安全，本着"预防为主、防消结合"的宗旨，切实做好"和谐校园"活动，确保学校防火、灭火工作顺利开展，让学生学到有关的安全防护知识，达到有事不慌、积极应付、自我保护的目的。

1. 消防演练的目的主要包括以下五个方面：

（1）检验预案。通过开展应急预案演练，查找应急预案中存在的问题，进而完善应急预案，提高应急预案的实用性和可操作性。

（2）完善准备。通过开展应急预案演练，检查突发火灾事故所需应急队伍、物资、装备、技术等方面的准备情况，发现不足并及时予以调整补充，做好应急准备工作。

（3）锻炼队伍。通过开展应急预案演练，增强演练组织单位、参与单位和人员等对应急预案的熟悉程度，提高其应急处置能力。

（4）磨合机制。通过开展应急预案演练，进一步明确相关单位和人员的职责任务，理顺工作关系，完善应急机制。

（5）科普宣教。通过开展应急预案演练，普及应急知识，提高公众风险防范意识和自救互救等灾害应对能力。

2.消防演练的原则包括以下四个方面：

（1）结合实际，合理定位。紧密结合应急管理工作实际，明确演练目的，根据资源条件确定演练方式和规模。

（2）着眼实战，讲求实效。以提高应急救援指挥人员的指挥协调能力、应急队伍的实战能力为着眼点，重视对演练效果及组织工作的评估、考核，总结，推广好的经验，及时整改存在的问题。

（3）精心组织，确保安全。围绕演练目的，精心策划演练内容，科学设计演练方案，周密组织演练活动，制定并严格遵守有关安全措施，确保演练参与人员及演练装备设施的安全。

（4）统筹规划，厉行节约。统筹规划应急演练活动，适当开展综合性演练，充分利用现有资源，努力提高应急演练效益。

3.消防演练内容：

（1）消防演练前的准备及注意事项：

各班主任对学生进行逃生教育。内容包括：明确疏散路线、方向，注意用湿毛巾掩住口鼻，弯腰撤离；听到火警警报声后靠近门口的同学要迅速打开前后门，听从指挥两人一排迅速撤离。不要在中途停留，或不听从疏散老师要求无序、混乱撤离；撤离时在走廊中不要拥挤，不能奔跑，做到有序快步下楼，以免发生踩踏事件；如遇特殊情况，各班应听从楼层组长指挥，有序疏散、撤离火灾现场。

（2）消防演练过程安排：

火情报警演练。发生灾情后值日学生立刻吹响口哨，然后拨打火警电话"119"报警，同时学生会干部要及时通过广播拉响警报，然后第一时间用电话通知校消防应急演练指挥部，知道灾情后的校电工要立即切断发生火灾楼层总电源，各岗位人员接到通知后迅速在指定岗位待命听从指挥。

教学楼或宿舍楼遇到火灾时的安全疏散、逃生演练。听到警报后，各班主任、负责人立即到达各自位置稳定学生情绪，以最快速度整理队伍，有序地组织和带领学生按逃生路线疏散，各班级有序逃离，并在疏散过程中及时处理各种突发事件。演练疏散原则：靠近出口和最不利于疏散的区域内的学生可先安排疏散。

灾场救护演练。在学校操场集合待命，并清点学生人数。准备好救护器材，对受到惊吓，产生心理障碍的学生进行心理辅导，对于受伤学生进行简单救助并及时送往急救处或校医室。

（3）使用灭火器灭火流程演练：

a.广播：请各班集中到操场，观看灭火器灭火流程。

b.由消防员进行讲解、示范灭火器使用方法。

c.抽调个别学生进行灭火器操作。

d. 总结、归纳灭火器使用时注意事项。

4. 消防演练注意事项：

（1）所有参演学生应服从各区域负责老师的指挥、命令。

（2）按就近疏散原则，规划撤离路线及顺序。下楼时注意安全，步伐要小，脚步要轻，争取时间，不要被绊倒，防止拥挤和混乱。所有人员按撤离要求直接从火灾楼层疏散到指定的安全地带。

（3）楼层疏散人员要在前一个楼层撤完后向下一个楼层下达撤离命令。前一楼层开始撤离，待撤离完后，后一楼层撤离，并以此类推，在撤离过程中不出现间隔，并控制合理密度，防止在走廊、楼梯口等部位发生拥挤、踩踏事件。

（4）参与演练的同学不能乱跑、乱喊，不准打闹、嬉戏，以免造成恐慌和混乱局面。

（5）疏散组织人员应了解参与演练同学可能存在的逃生本能心理反应，及时采取措施，防止意外发生。

二、紧急逃生演练

1. 地震逃生。

学生避震逃生演练是学校安全工作的重要环节。练兵千日，用在一朝。只有对避震逃生工作常抓不懈，到危急时刻才能最大限度地保障学生的生命安全。四川安县桑枣中学紧邻北川，在汶川大地震中也遭遇重创，但由于平时的多次演习，地震发生后，全校 2200 多名学生，上百名老师，从不同的教学楼和不同的教室，及时冲到操场，以班级为组站好，用时 1 分 36 秒，无一伤亡，创造了奇迹。避震是一项讲究科学的工作，单纯求速度是不够的，甚至是盲目的。到地震发生时，只追求速度，损失的不仅是财产，甚至可能是无数的生命。因此，学校的避震逃生演练除了重视长期性，更要重视科学性和实用性。

在平时的生活中我们需要牢记以下几点：

（1）熟记环境。教师要引导学生（特别是刚入学的学生）牢记逃生通道。无论学生在学校的任何地点（如语音室、电教室、音乐室等），都能熟记逃生方向和路线，会看逃生指示标识，明白标识在黑暗中发光的特点。

（2）良好心态。教师要经常教育学生，当地震发生时要镇定自若，不要惊慌失措，否则平时所学的避震逃生要领都会忘得一干二净，甚至瘫倒在地，动弹不得。更不能拔腿就跑，那样会更危险。据统计，发生地震时被下落物砸死的人，超过被压死的人。可见，人在遭遇突发事件时，若能保持良好的心理状态，及时采取自救或逃离现场，常能获救，或避免死亡。

（3）学会避震。地震发生时避震在先，逃生在后。地震心理学上有一个"12 秒自救机会"，即地震发生后，若能镇定自若地在 12 秒内迅速躲避到安全处，就能给自己提供最后一次自救机会。否则，凶多吉少。地震时应该迅速远离外墙及门窗，可选择内墙下不易塌落的空间避震，千万不要跳楼。钢筋水泥结构的房屋由于地震的晃动会造成门窗错位，打不开门，在躲避时要用双手护住头部。

（4）疏散逃生。当震动过后，听从老师的指挥，沿着内墙有序撤离。撤离过程中要团结互助，千万不要发生踩踏。在2005年11月江西九江地震中，湖北东部一些县市的学校出现学生拥挤踩踏事故，造成78名学生受伤。地震专家说：当时学生的惊慌失措，反映了他们缺乏必要的防震减灾常识，这种混乱的危害，也许比真正的地震危害更大。另外，学生形成自救逃生的能力是个循序渐进的过程。切莫急功近利，否则会适得其反。有可能会因为演练而造成学生意外伤害事件的发生。在实际操作中，可以先分段进行：先避震、再疏散。先告知演练，再不定时演练。从而提高师生的抗震自救能力。总之学校的避震工作是一项长期而艰巨的任务，责任重于泰山。我们要用科学的方法把此项工作落到实处，为全面保障学生安全而努力。

人不能逆天而阻止地震发生，但人能胜天，在鬼门关前逃脱。关于地震的自救方法，一定要知道，在关键时刻，也许就是救命的法宝。

（1）选择合适的逃生渠道。所处的地方是平房还是楼房，地震发生在白天还是晚上，房子是不是坚固，室内有没有避震空间，你所处的位置离房门远近，室外是否开阔、安全，不同情况做出不同的选择。

（2）做出迅速的决定。避震能否成功就在千钧一发之际，决不能瞻前顾后，犹豫不决，平房避震更要行动果断，或就近躲避，或快速离开，切勿往返。

（3）学会最优判断。古人在《地震录》里曾记载："卒然闻变，不可疾出，伏而待定，纵有覆巢，可冀完卵。"意思就是说，地震发生时，不要急着跑出室外，而应抓紧求生时间寻找合适的避震场所，采取蹲下或坐下的方式，静待地震过去，这样即使房屋倒塌，人亦可安然无恙。

（4）大震跑不了。破坏性地震从人感觉震动到建筑物被破坏平均只有12秒钟，在这短短的时间内千万不要惊慌，应根据所处环境迅速做出安全的抉择。如果身处平房，那么可以迅速跑到门外。如果住的是楼房，千万不要跳楼，应暂避到洗手间等跨度小的地方，或是桌子、床铺等下面，震后迅速撤离，以防强余震。

（5）人多先找藏身处。学校、商店影剧院等人群聚集的场所如遇到地震，切忌慌乱，应立即躲在课桌、椅子或坚固物品下面，待地震过后再有序地撤离。教师等现场工作人员必须冷静地指挥人们就地避震，决不可带头乱跑。

（6）远离危险区。如在街道上遇到地震，应用手护住头部，迅速远离楼房到空地上。如在郊外遇到地震，要注意远离山崖、陡坡、河岸及高压线等。正在行驶的汽车和火车要立即停车。

（7）被埋要保存体力。如果震后不幸被废墟埋压，要尽量保持冷静，设法自救。无法脱险时，要保存体力，尽力寻找水和食物，创造生存条件，耐心等待救援人员。

（8）保持镇静。在地震中，许多罹难者并不是因为房屋倒塌或挤压致死的，而是由于精神崩溃，失去生存的希望，乱喊、乱叫，在极度恐惧中"扼杀"了自己。在灾难中，乱喊乱叫会加速人体的新陈代谢，增加氧的消耗，使体力下降，耐受力降低；同时，大喊大叫时必定会吸入大量烟尘，会造成窒息，增加不必要的伤亡。我们在任何恶劣的环境下，都应始终保持镇静，分析所处环境，寻找出路，等待救援。

（9）寻找"饮用水"。被困时应尽可能寻找水源，相对于食物而言，水更加重要，有了水源我们可以存活一个星期以上，因此我们要想方设法解决缺水的问题，必要的时候可以利用自己的尿液。

（10）坚持就是胜利。大灾难发生时，精神意志是最重要的。在1976年的唐山大地震中，70多万人被埋。当中84%的受困者靠着坚持的精神逃出生天。

2. 火灾逃生。

近年来，高校火灾时有发生，如2008年5月5日中央民族大学28号楼6层女生宿舍发生火灾，着火后楼内到处弥漫着浓烟，楼层能见度不足10米。着火的宿舍楼可容纳学生3000余人，火灾发生时大部分学生都在楼内，所幸消防员及时赶到将学生紧急疏散，才没有造成人员伤亡。2008年11月14日早晨6时10分左右，上海商学院徐汇校区学生宿舍楼发生火灾，火势迅速蔓延导致烟火过大，4名女生在消防队员赶到之前从6楼宿舍阳台跳楼逃生，不幸全部遇难，火灾事故初步判定原因是寝室里使用"热得快"引发电器故障并将周围可燃物引燃所致。2009年10月25日，北京理工大学5号教学楼9层实验室发生爆炸，5人受伤，爆炸的厌氧培养箱为新购进的设备，调试中可能因为压力不稳引发事故。

由于高校集科研、教学等为一体，所设部门众多且功能繁杂，许多学校广泛采用新设备、新工艺、新技术、新材料，用于多媒体教学或采用尖端仪器教学等，同时储备一些易燃易爆及剧毒物品，用于开展教学和科学研究，这在一定程度上增加了高校火灾的危险性和危害性，加大了火灾扑救的难度。所以，总体上高校火灾有如下特点：

（1）人口密度大，起火原因复杂。

高校最大的特点就是人口密度大，学生和教职工集中，校园内所设部门众多，用火、用电量大，设备、物资存储多，可燃易燃物多，容易发生火灾。从火灾发生的部位上来看，实验室、仓库、图书馆、学生宿舍是火灾高发区，且往往具有突发性。

（2）校园内高层建筑增多，火灾扑救困难。

高校大幅度扩招使校园飞速发展，很多高校大力修建新校舍，校园内高层建筑数量增多且密度较大，形成火灾难防、难救，人员疏散困难的新特点，一旦发生火灾容易形成"火烧连营"的局面。但与之形成鲜明对比的是，消防配套设施未及时跟上，高层存在消防设施损坏、故障或者消防设施停用、缺少，甚至消防设施产品质量不过关等问题，这些都给火灾扑救带来一定的难度。

（3）火灾危害严重，损失难以估量。

高校既是培养国家重要人才的重要基地，也是科学研究的重要机构。一些发生在教学楼、实验室、图书馆的火灾，使大量具有研究价值和历史价值的珍贵标本、图书、档案资料被烧毁，造成无法弥补的损失。同时，实验室使用存放的易燃易爆、甚至剧毒的化学试剂和物品，在起火后火势极大，且蔓延迅速，对人员和周围环境都有很大的危害，加之使用的贵重仪器价格昂贵，经济上损失严重，因而这类火灾影响极大，损失难以估量。

（4）发生火灾社会影响大，传播范围较广。

高校内人员集中，火灾易引起群死群伤，尤其是一些名校发生火灾事故，容易引起社会关注，造成的社会影响相对较大。

为减少人员伤亡，在遇到火势比较猛烈，无法及时脱身的情况时，需要掌握一些必要的逃生方法：

（1）迅速撤离法：当进入公共场所时，要留意其墙上、顶棚上、门上、转弯处设置的"紧急出口""安全通道"等疏散指示标志，一旦发生火灾，按疏散指示标志方向迅速撤离。

（2）匍匐前进法：由于火灾发生时烟气大多聚集在上部空间，因此在逃生过程中应尽量将身体贴近地面匍匐或弯腰前进。

（3）毛巾捂鼻法：火场中的烟气温度高、毒性大，吸入后很容易引起呼吸系统灼伤或人体中毒。疏散中应用浸湿的毛巾、口罩等捂住口鼻，以起到降温及过滤的作用。

（4）厚物护身法：确定逃生路线后，可用浸湿的棉被或毛毯、棉大衣盖在身上，以最快的速度钻过火场并冲到安全区域。不能用塑料或化纤类物品来保护身体，否则会适得其反。

（5）跳板转移法：可以在阳台上、窗台、屋顶平台等处用木板、木桩、竹竿等有承受力的物体，搭至相邻单元或相邻建筑，以此作为跳板转移到相对安全的区域。

（6）管线下滑法：当建筑物外墙或阳台边上有落水管、电线杆、避雷针引线等竖直管线时，可借助其下滑至地面，同时应注意一次下滑时人数不宜过多，以防止逃生途中因管线损坏而致人坠落。

（7）结绳自救法：室内有绳索的（或将床单、被罩、窗帘等撕成条，拧成麻花状），可直接将其一端拴在门、窗档或重物上，沿另一端爬下。逃生过程中，脚要成绞状夹紧绳子，双手交替往下爬，并尽量用手套、毛巾将手保护好。

（8）信号求救法：在等待救援的过程中，应通过大声呼救、挥动布条、敲击金属物品、投掷软物品等方式引起救援人员的注意；夜间可用手电筒、应急灯等能发光的物品发出信号。

（9）空间避难法：在暂时无法向外疏散时，可选择卫生间、实验室等空间小且有水源和新鲜空气的地方暂时避难，同时将毛巾等棉织物塞紧门缝阻挡烟气，在地面上泼水降温，等待救援。在消防队员到来后，可通过搭乘消防云梯、救生直升机或利用救生气垫逃生。

3. 水灾逃生。

洪水灾害是我国发生频率高、危害范围广、对国民经济影响最为严重的自然灾害，亦是威胁人类生存的十大自然灾害之一。我国几乎每年都会发生洪水灾害事件。洪水灾害的爆发，常常导致农田被淹没，家园被摧毁，人甚至被冲走。而洪水过后造成的生态环境改变、粮食作物绝收、瘟疫的爆发等更是让人猝不及防。在人类历史上洪水灾害似乎每年都会发生，虽然它作为自然灾害无法避免，但我们可以通过一些科学的知识有效地预防它，从而减少人、财、物的损失。比如多收听洪水预报，并了解水面可能上涨到的高度和可能影响的区域，再或者当得知洪水来临时，应按照预定路线，有组织转移至安全区域。

即使这样，我们还是可能面临洪灾的威胁。2020年我国南方地区多次出现强降雨过程，多省市暴雨倾城、水漫街面、要道阻塞，一座座城市仿佛浸泡在水中。洪水灾害威胁着许多地区和人民群众的财产和生命安全。除了预防，学习掌握洪涝灾害逃生自救知识和技能，是积极应对洪涝灾害，保护生命的有效措施。洪水来临时怎样紧急自救？一个地区短期内连降暴雨，河水会猛烈上涨，漫过堤坝，淹没农田、村庄，冲毁道路、桥梁、房屋，这就是洪水灾害。发生了洪水，如何自救呢？

（1）受到洪水威胁时，如果时间充裕，应按照预定路线，有组织地向山坡、高地等处转移；在已经受到洪水包围的情况下，要尽可能地利用船只、木排、门板、木床等进行水上转移。

（2）洪水来得太快，就近迅速转移。已经来不及转移时，避难所一般应选择在距离最近、地势较高、交通较为方便的地方。城市中可在高层建筑的平坦楼顶，地势较高或有牢固楼房的学校、医院等地做暂时避险，等待救援，不要独自游泳转移。

（3）如洪水继续上涨，暂避的地方已难自保，则要充分利用准备好的救生器材逃生。

（4）如果已被洪水包围，要设法尽快与当地防汛部门取得联系，报告自己的方位和险境，积极寻求救援。

（5）如果在山区，连降大雨，很容易暴发山洪。遇到这种情况，应该注意避免渡河，以防止被山洪冲走，还要注意防止山体滑坡以及泥石流的伤害。

（6）发现高压线铁塔倾倒、电线低垂或折断，要远离避险，不可触摸或接近，防止触电。

（7）千万不要游泳逃生。分析洪水中人员失踪的原因，一方面是洪水流量大，令人猝不及防。另一方面也是因为有的人不了解水情而涉险入水。所以不了解水情一定要在安全地带等待救援。

（8）如已被卷入洪水中，一定要尽可能抓住固定的或能漂浮的东西，寻找机会逃生。

（9）不可攀爬带电的电线杆、铁塔，也不要爬到泥坯房的屋顶。发现高压线铁塔倾斜或者电线断头下垂时，一定要迅速远避，防止直接触电或因地面"跨步电压"触电。

（10）要认清路标，在那些洪水多发的地区，政府修筑有避难道路，一般来说，这种道路应是单行线，以减少交通混乱和阻塞。在那些避难道路上，设有指示前进方向的路标，如果避难人群未很好地识别路标，盲目地走错路，再往回折返，便会与其他人群产生碰撞、拥挤，产生不必要的混乱。

（11）要保持镇定的情绪。掌握"灾害心理学"实际上也是一种学问。新闻曾报道过，在一个拥有150万人口的滞洪区，当地曾做过一次避难演习，仅仅是一个演习，竟因为人多混乱挤塌了桥，发生死伤事故。发生洪灾后，避难者由于自身的苦痛、家庭的巨大损失，已经是人心惶惶，如果再受到流言蜚语的蛊惑、避难队伍中突然发出的喊叫、警车和救护车警笛的乱鸣这些外来的干扰，极易产生不必要的惊恐和混乱。

（12）如果有可能，可以吃些高能量食品，如巧克力、饼干等，喝些热饮料，以增强体力。避难时应携带好必备的衣物以御寒，特别要带上饮用水，千万不要喝洪水，以免传染上疾病。

（13）洪水过后，还应按照当地卫生防疫部门的要求，服用预防药物，做好自己和周围的环境卫生，以预防传染病及防止蚊蝇滋生。

水灾无情，人间有爱。当遇到无法控制的自然灾害时，我们人与人之间要互帮互助，众人拾柴火焰高，团结就是力量，共同渡过难关。

第六章
大学生安全管理危机应对

第一节　危机应对的组织架构

一、安全危机应对的职能部门

安全危机一旦发生就会对学校造成不同程度的影响，因此我们要对危机进行一定的管理。危机应对是一个组织为了避免或减轻危机事件所带来的严重威胁，针对危机前、中、后所做的管理措施和应对的策略，以期对危机的产生、发展和变化实施有效的控制。危机事件种类繁多、危害严重，每种事故往往是由一系列不同的阶段组成的，不同领域的危机有不同的特点，而且危机事件的每一个阶段往往都有着各自的特点。但从总体上审视其基本特点，应对危机中依然蕴涵着一些普遍性、规律性的原则。借鉴国内外学者概括的危机应对原则和我国对危机处理的理论与实践，结合学校特点，阐述危机应对的体系结构。

危机管理应该是一种长期性的规划、适应和不断学习的动态过程。学校要想成功处理危机事件，就必须要认真对待各种危机情境下所进行的规划决策、动态调整、化解处理、师生培训和演练等活动过程，从而有组织、有计划地学习。制定和实施一系列管理措施和应对策略，包括危机的规避、控制、解决以及危机解决后的复兴等。

我校深入贯彻"安全第一、预防为主、综合治理"的方针，按照安全生产管理新格局并结合"一岗双责"的要求，学院安全生产工作实行院长负责制。严格执行"管教育必须管安全，谁主管谁负责"的原则，层层落实责任制，建立纵向到底，横向到边的安全管理网络。《云南交通职业技术学院安全生产管理体系》是我校安全管理的纲领性文件，该文件包括了我校安全生产管理的历史经验和行之有效的安全管理制度，涵盖了学院的各个部门、各个环节的安全工作，完善了学院的安全管理组织架构，明确了各个职能部门和有关人员的安全工作职责。通过安全生产管理体系的有效实施和持续改进，确保体系符合相关的法律法规和行业标准及相关要求，确保体系持续有效运行，以达到安全管理的最终目标。

学校实行分工负责、分级管理，校长为第一责任人，各级各部门负责人向校长负责。危机应对的组织架构与安全管理体系的实施主体相一致。安全危机发生后，学校根据具体的突发事件成立处置（善后）工作领导小组和办公室，负责指导、协调和处理学校突发性事件的应急处置工作。领导小组下设不同的工作组，如总协调组、接待安抚组、联络组、资金保障组、后勤保障组等，下发文件明确每一次安全事件的各个小组的工作职责。另外，危机应对组织结构可以根据特定危机的需要重新架构，也可设置灵活、适宜的"办公室""项目组"等管理部门。

有了规范体系，搭建了组织架构，接下来就是如何实施的问题了。现在以突发群体性事件和突发性安全事故为例，阐述我校在危机应对方面的工作。

（一）突发群体性事件

若发现学校有突发性群体事件的苗头，应立即向校长室汇报。学校处置突发性事件领导小组接到报告后，要加强对事件的严密监控，做好信息的收集、分析、报告和情况通报工作，确保在发生重大突发性事件时，做到快速反应，妥善处理。在此期间，学校领导小组成员和相关责任人处于戒备状态，保证联络畅通。加强校园网络管理，防止有害信息传播，学校各级领导及相关教职工必须坚守工作岗位，未经上级批准，不得离校出差。若校内出现群体性突发事件，严重影响学校正常教育教学和生活秩序时，学校立即启动应急预案，领导小组有关成员及相关负责人要及时深入事发地现场指挥、化解矛盾、采取措施、有效处置，控制事态的蔓延和扩大；同时，领导小组及时向校长办公室报告信息，并按要求统一宣传口径，防止不实有害信息传播，正确引导社会舆论。对在群体性事件中别有用心、蓄意破坏、危及公共安全的极个别人，要及时报请公安部门严格控制和监视。门卫严格管理，防止社会闲杂人员进入学校；学校领导、辅导员（班主任）等要深入学生的班级、家庭，面对面地做好学生的教育疏导工作。学校要进一步动员和发挥学生干部的先锋模范带头作用，切实做好学生的思想政治工作，做到校不漏班、班不漏人。同时做到教师不停课、学生不停学、师生不离校。

（二）突发性安全事故

突发性安全事故主要指突发性校舍安全事故、火灾事故、交通事故、食物中毒、外来侵害等各种校园内外群体性伤亡事故。

发生突发性安全事故应按以下步骤处置：

1. 事故报警

及时报警并传递事故信息，通报事故状态，为果断处置事故赢得最佳时机，使事故损失降到最低。教育每个师生在发现事故的第一时间及时、正确地报告。在学校发生事故时，现场人员在积极做好师生自身保护和救助工作的同时，向学校领导及上级部门报告，该报警的要立即报警。

报警内容包括：事故单位、事故发生时间、地点、性质、危险程度、师生伤亡情况、报警人姓名及联系电话。

2. 紧急疏散和现场急救

事故发生后，学校及有关负责人应立即根据现场事故发生情况，设立事故现场警戒区，迅速组织有关人员将学生撤离到安全区域，控制事态发展，抢救受伤师生；现场救助人员在施救前必须做好自身防护，施救时严格按照规定的方法、措施进行，实施救死扶伤，坚持"先救人后救物，先救重后救轻"的原则。

3. 事故处理

事故发生后，学校紧急启动处置突发性事件预案，领导小组相关成员必须即刻赶赴事故第一现场，指挥或指导、协助有关部门进行事故处理，做好人力和车辆、财物保障，以及信息报送工作。

二、危机应对的工作环节

为了加强学校的安全管理工作，及时、有效地预防、控制和妥善处置学校突发性事件，提高快速反应和应急处理能力，确保学校教育教学生活秩序的稳定和校园安全，我校经过积累总结、梳理甄别，形成了符合我校实际的各类突发事件应急预案和处置流程规范，现以我校的各类突发事件应急预案和处置流程图为样本，展现学校突发事件应急预案和处置工作流程。

例：我校的各类突发事件应急预案及处置流程图

各党总支部、各部门：

为切实加强我校突发事件或异常情况处理能力，维护正常的校园秩序，确保政治和校园稳定，我校相关部门修订各类突发事件应急预案，进一步明确职责，建立"组织落实，人员落实，指挥有力，运转高效"的应急机制。

各党总支部、各部门要认真落实各项应急工作措施，根据应急工作的任务、要求和范围，坚决执行学校制定的各项规章制度，切实做到依法办事，依法行政，依法治校，切实承担起共同维护学校和社会稳定的责任。

附件：

1. 宣传思想工作突发事件应急预案
2. 学生工作突发事件应急预案

3. 顶岗实习生突发事件应急预案
4. 安全事故接警应急预案
5. 外事突发事件应急预案
6. 网络管理突发事件应急预案
7. 弱电系统突发事件应急预案
8. 校园一卡通系统突发事件应急预案
9. 防汛工作应急预案
10. 传染病防治应急预案
11. 电梯困人应急预案
12. 资金防盗防抢应急预案
13. 学生公寓、教学楼宇突发事件应急预案
14. 学院食堂突发事件或食物中毒应急预案

附件1：宣传思想工作突发事件应急预案

为着力推进和谐校园建设，切实做好我校突发危机事件舆论引导工作，努力为学校发展营造良好的舆论氛围，根据国家、省、市有关法律、法规和国家、省、市突发公共事件总体、专项应急预案，特制定本预案。

一、编制目的

本预案所指突发危机事件，是指在我校范围内发生的，造成或有可能造成重大后果的宣传思想类事件。编制本预案旨在切实提高学校保障公共安全和处置突发事件的能力，在各类突发公共事件发生后，最大限度地减少损失，全力维护校园稳定，及时、客观、公正地公布事件情况，促进学校发展，进一步推进和谐校园建设。

二、处置原则

在程序上要按照省、市相关文件规定进行。在宣传报道上必须有利于统一思想、维护稳定、促进发展的工作大局，有利于促进危机事件在法制的轨道上妥善解决；具体要遵循"以我为主、以事实为主、以正面宣传为主"的方针，把握第一时间，及时发布信息，说明事件真相，掌握舆论主导权。

三、工作环节

1. 完善信息沟通机制。突发危机事件发生后，由学校宣传部向校领导及时通报信息，迅速启动相关舆论引导预案。如遇重大事件，及时报告交通厅、市委宣传部、上级主管部门。

2. 加强网上信息监督。宣传部和相关部门要及时关注网上对事件的反应和社会动向，及时向校领导汇报情况。必要时报送上级领导部门。

3. 组织拟定宣传口径。事件发生后，宣传部和相关部门必须迅速查清情况，向校领导汇报，初步拟定新闻报道初稿，及时与上级宣传部门联系，确定报道口径，力争在第一时间主动发出正面权威信息。

4. 及时进行舆论引导。根据事件的事态发展和处置情况，采取适当形式，适时组织新闻发布活动，发布形式主要包括授权发布、散发新闻稿、组织报道、接受记者采访、举行新闻发布会等形式，通过主要新闻媒体、重点新闻网站或者有关政府网站发布信息。根据网络传播特点和规律，采取"网上来，网上去"的方式，切实做好网上舆论引导，以正面声音挤压有害信息传播空间。

5. 注重舆情信息反馈。宣传部要密切跟踪事件进展及相关媒体的报道，及时掌握社会舆情，并将有关情况反馈上报院领导以及上级主管部门。

四、具体相关事件处理程序（见下图）

（一）宣传思想工作突发事件应急处理程序

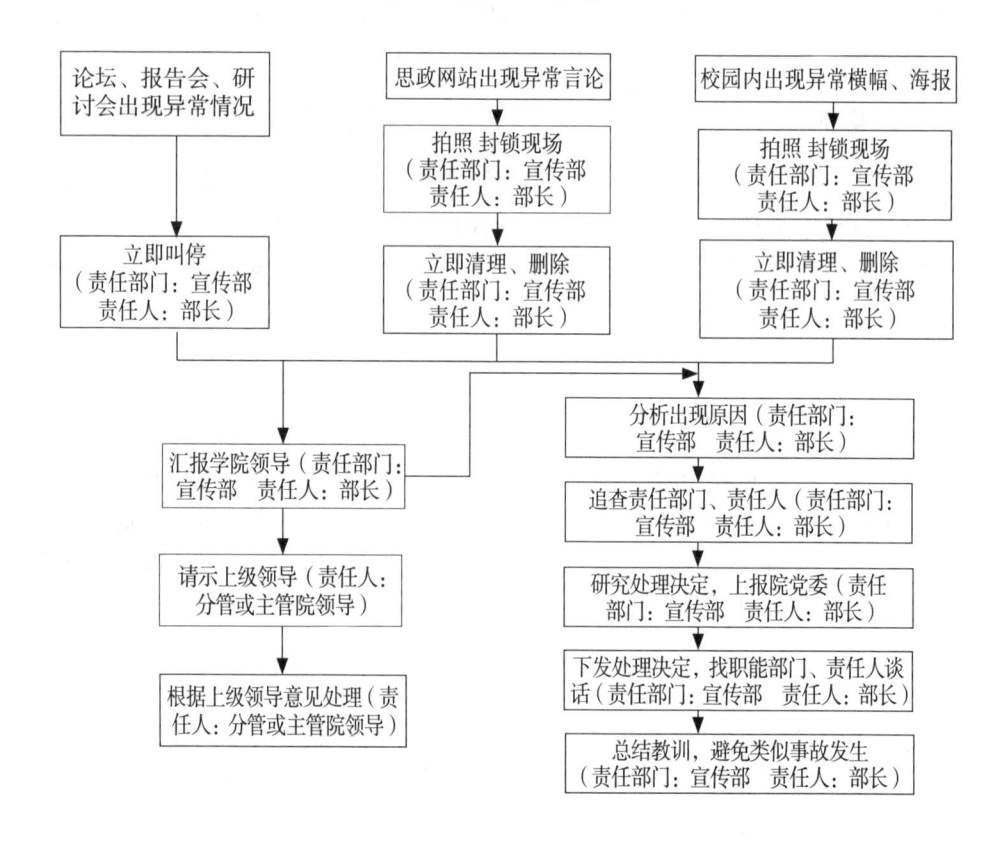

```
论坛、报告会、研         思政网站出现异常言论         校园内出现异常横幅、海报
讨会出现异常情况
       │                      │                              │
       │                      ▼                              ▼
       │              拍照 封锁现场                   拍照 封锁现场
       │             （责任部门：宣传部              （责任部门：宣传部
       │              责任人：部长）                 责任人：部长）
       ▼                      │                              │
  立即叫停                    ▼                              ▼
（责任部门：宣传部      立即清理、删除               立即清理、删除
 责任人：部长）        （责任部门：宣传部           （责任部门：宣传部
       │                责任人：部长）               责任人：部长）
       │                      │                              │
       ▼                      ▼                              ▼
汇报学院领导（责任部门：              分析出现原因（责任部门：
 宣传部 责任人：部长）                  宣传部 责任人：部长）
       │                                       │
       ▼                                       ▼
请示上级领导（责任人：                 追查责任部门、责任人（责任部门：
 分管或主管院领导）                      宣传部 责任人：部长）
       │                                       │
       ▼                                       ▼
根据上级领导意见处理（责              研究处理决定，上报院党委（责任
 任人：分管或主管院领导）              部门：宣传部 责任人：部长）
                                               │
                                               ▼
                                       下发处理决定，找职能部门、责任人谈
                                       话（责任部门：宣传部 责任人：部长）
                                               │
                                               ▼
                                       总结教训，避免类似事故发生
                                       （责任部门：宣传部 责任人：部长）
```

（二）突发事件舆情控制应急预案

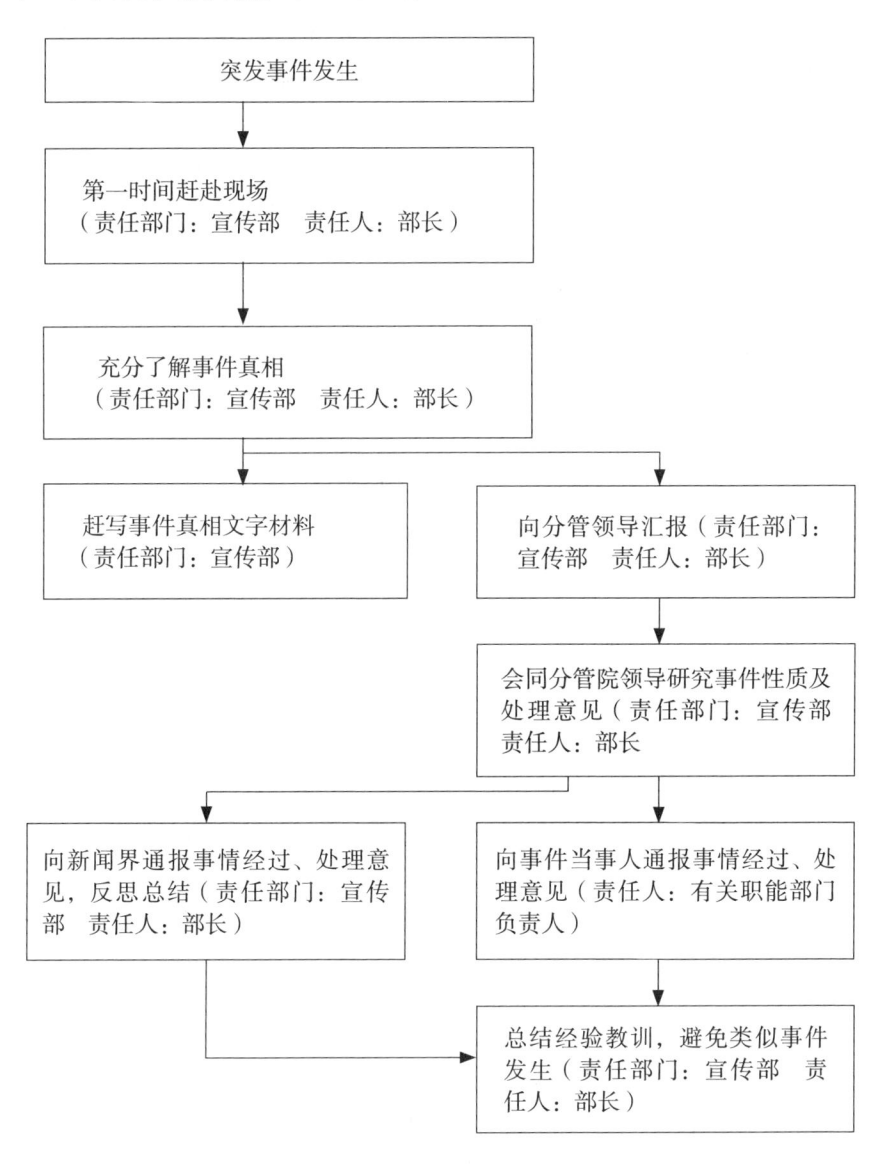

```
突发事件发生
    ↓
第一时间赶赴现场
（责任部门：宣传部　责任人：部长）
    ↓
充分了解事件真相
（责任部门：宣传部　责任人：部长）
    ↓
┌─────────────────────┬─────────────────────┐
赶写事件真相文字材料    向分管领导汇报（责任部门：
（责任部门：宣传部）    宣传部　责任人：部长）
                              ↓
                      会同分管院领导研究事件性质及
                      处理意见（责任部门：宣传部
                      责任人：部长）
                              ↓
        ┌─────────────────────┬─────────────────────┐
向新闻界通报事情经过、处理意    向事件当事人通报事情经过、处
见，反思总结（责任部门：宣传    理意见（责任人：有关职能部门
部　责任人：部长）              负责人）
                                      ↓
                              总结经验教训，避免类似事件
                              发生（责任部门：宣传部　责
                              任人：部长）
```

附件2：学生工作突发事件应急预案

学生工作是学校的一项重要工作，学生思想的稳定直接影响到学校的正常教学、科研、管理等工作秩序，为加强学生管理，维护校园的稳定，现制定学生工作突发事件预案如下：

1.建立信息传递网络。辅导员（班主任）经常到班级中了解学生思想状况，

发现思想隐患和异常情况第一时间上报学院副书记、学工处处长和分管校领导；辅导员（班主任）要经常深入学生宿舍，保持楼层长信息反馈通畅，和物业管理人员定期沟通，发现学生中存在的思想问题和异常情况第一时间向学院、学工处、分管院领导反馈；二级学院和学工处及时信息互通，保证信息传递顺畅，发现异常情况必须在第一时间报分管院领导。

2. 发现学生有异常行动倾向（罢课、罢餐、游行、示威等），辅导员（班主任）和学院学生工作者必须高度重视，第一时间将信息反馈给学工处处长、分管校领导，同时深入班级、宿舍进行调查，并进行教育和说服工作。确实无法说服的，须尽快将有关情况报学工处、分管院领导，学工处处长及相关人员第一时间赶赴现场，协助学院共同进行处理，并及时将情况向分管校领导汇报。

3. 发现学生已实施或即将实施异常行动（罢课、罢餐、游行、示威等），发现人（老师、学生、物业管理人员等）应会同在现场的其他老师或工作人员（物业管理人员、保安人员等）当即制止，避免事态扩大，并第一时间通报学校值班老师、学院辅导员（班主任）、副书记、学工处处长、分管校领导，二级学院学生工作者和学工处处长必须第一时间赶到现场，共同对学生进行说服教育。学工处和学院在处理过程中应及时互通信息，并随时向分管校领导汇报。

4. 学生在校外参加异常活动（游行、静坐、示威等），接到有关信息后，学院学生工作者（书记、辅导员）、学工处处长必须第一时间向分管校领导汇报，并立即赶到现场，配合有关人员做好本校学生的思想工作，劝说学生回校。若涉及学生人数较多，学工处向分管校领导汇报后，会同有关部门（保卫处等）第一时间前往现场共同处理事件，平息事态。

5. 出现意外重大伤害事故（因心理问题、人员纠纷、工伤事故、交通事故引起严重伤害）时：

（1）以最快的速度把受伤学生就近送往医院救治。

（2）立即成立学生重大伤害事故工作领导小组。

以分管校领导为组长，成员由学工处、相关学院领导，辅导员（班主任），校办、保卫处、后勤处、宣传部等部门领导组成。

（3）学生重大伤害事故工作领导小组成员分工。

①事件发生后，需要到场的小组成员应全部到场。

②保卫处：保护现场、联系110，进行调查取证。

③学工处：协调学院、保卫处等相关职能部门开展工作。

④学院书记、辅导员（班主任）负责通知、接待学生家长；协同学工处、保卫处调查取证，了解事实。

⑤校办：与省交通运输厅、省教育厅、市委办公室、公安、民政，以及学生

所在地政府部门联系与沟通。（先口头，后书面），同时提供材料和信息。

⑥宣传部：与新闻媒体联系沟通。

⑦后勤处：提供相应后勤、医疗、车辆等服务保障。

（4）事故处理与理赔。

学院书记，学工处、保卫处等部门负责人组成调解工作小组，依据相关法律法规与学生家长进行协调，必要时邀请政府相关部门进行调解或请求司法援助。与学生家长签订《事故处理协议书》，按照相关手续进行保险理赔工作。

（5）总结、汇报。

相关学院、学工处提交书面报告，汇报事故原因、产生后果、处理结果，总结经验教训，向学校领导、省交通运输厅、省教育厅、市政府汇报。

（6）学生伤害事故处理工作小组成员任务图。

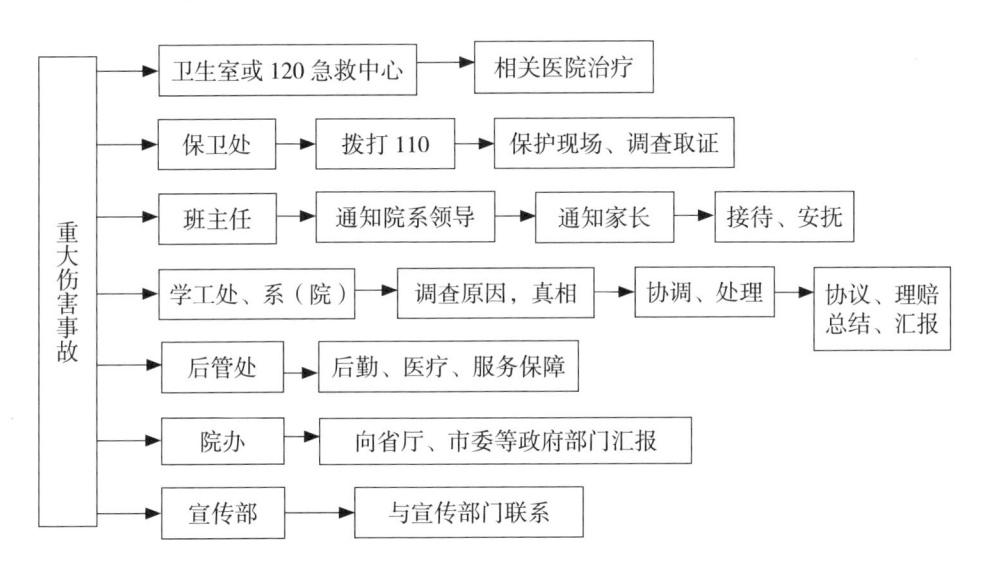

```
重大伤害事故
 ├─ 卫生室或120急救中心 → 相关医院治疗
 ├─ 保卫处 → 拨打110 → 保护现场、调查取证
 ├─ 班主任 → 通知院系领导 → 通知家长 → 接待、安抚
 ├─ 学工处、系（院） → 调查原因，真相 → 协调、处理 → 协议、理赔 总结、汇报
 ├─ 后管处 → 后勤、医疗、服务保障
 ├─ 院办 → 向省厅、市委等政府部门汇报
 └─ 宣传部 → 与宣传部门联系
```

6. 联系电话。

学工处：略

保卫处：略

值班室：略

公路学院：略

经济管理学院：略

汽车学院：略

物流学院：略

信息工程学院：略

建筑工程学院：略

工程机械学院：略

文理学院：略

轨道交通学院：略

艺术学院：略

传媒学院：略

国际交流学院：略

7.学生突发事件处理流程图。

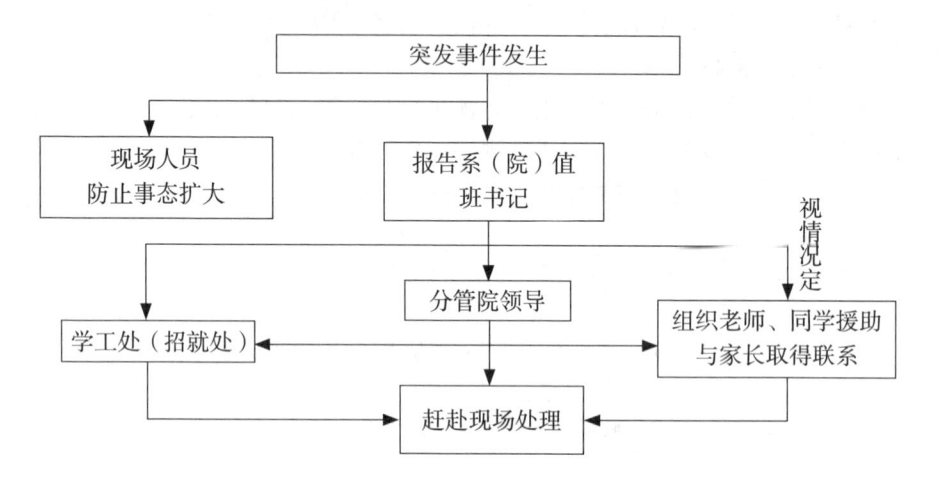

```
                    突发事件发生
                    ／        ＼
        现场人员              报告系（院）值
        防止事态扩大          班书记
                                │         视情况定
                            分管院领导    ─→  组织老师、同学援助
                           ／       ＼        与家长取得联系
              学工处（招就处）   ↓
                         ＼   赶赴现场处理   ／
```

附件3：顶岗实习生突发事件应急预案

为了切实做好毕业生就业工作，加强顶岗实习生实习期间的管理，预防突发事件的发生，特制定以下预案。

一、凡学院推荐上岗的毕业生，成立实习队或实习组，明确实习队或实习组负责人，告知他们在实习期间发生情况，及时与学校招生就业处、院（系）领导、辅导员及班主任联系。

二、各学院将辅导员（班主任）的联系电话告诉顶岗实习生。

三、为便于企业联系学校，招生就业处向企业公布办公室电话及手机号码。

四、顶岗实习生实习期间一旦发生突发性情况，如工伤、出走、事故、急病、参与传销等，辅导员（班主任）应立即向学院报告，各学院应及时向招生就业处报告，招生就业处在接到报告后，应第一时间（一般不超过12小时）前往处理，同时向分管校领导、校办公室报告。

五、预案流程图。

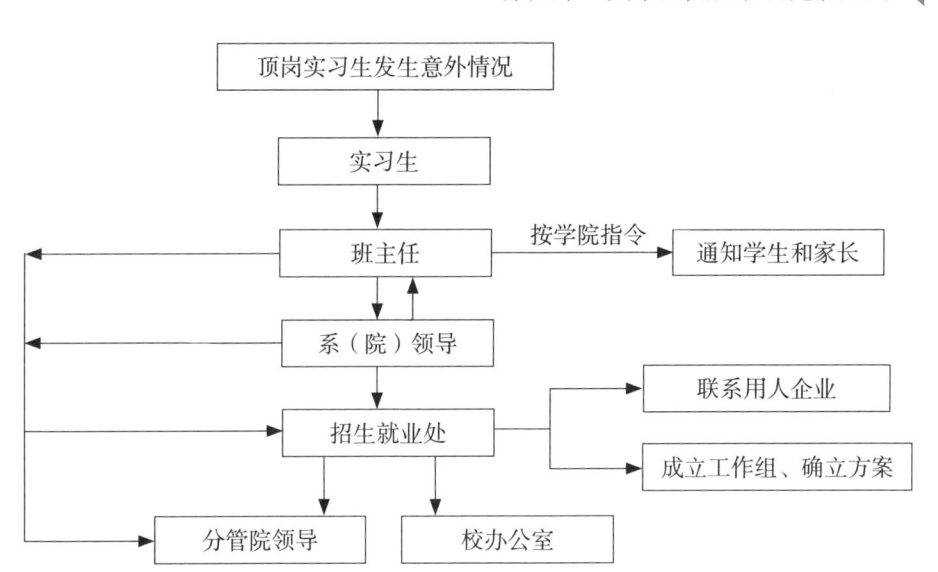

```
        ┌──────────────────┐
        │ 顶岗实习生发生意外情况 │
        └────────┬─────────┘
                 ↓
            ┌────────┐
            │ 实习生  │
            └────┬───┘
                 ↓
            ┌────────┐  按学院指令   ┌──────────────┐
       ←──  │ 班主任  │ ──────────→ │ 通知学生和家长 │
            └────┬───┘              └──────────────┘
                 ↓↑
            ┌──────────┐
       ←──  │ 系（院）领导│
            └────┬─────┘
                 ↓
            ┌──────────┐              ┌──────────────┐
       ←──  │ 招生就业处 │ ──────────→ │ 联系用人企业   │
            └────┬─────┘              └──────────────┘
              ↓     ↓                 ┌──────────────────┐
                                      │ 成立工作组、确立方案 │
                                      └──────────────────┘
     ┌──────────┐    ┌──────────┐
     │ 分管院领导 │    │ 校办公室   │
     └──────────┘    └──────────┘
```

六、部门人员电话号码。

招生就业处办公室电话：略

网上管理人员：略

网上信息下载审批人：略

附件4：安全事故接警应急预案

一、接警是指保安队员或工作人员在上班时发现学校内任何安全事故或事故隐患，或接到来自学校他人关于人身或财产受到威胁或伤害时的求助。

二、安防中心是学校接警中心，保安队员接警后须立刻通知保安领班（队长、班长）和出事点及周围的保安人员。

三、出事点和周围的保安队员在接警后必须在 2 分钟内赶到现场进行应急，保安领班接警后必须在 3 分钟内赶到出事现场指挥应急队员进行保护、疏散、抢救和封闭等工作，防止事态扩大。

四、安防中心保安队员须立刻将有关情况通知出事点的值班人员、物管人员、辅导员和相关学院（部门）负责人。

五、出事点现场的学院或部门领导有责任和义务组织人员进行应急处置，安全员有责任和义务参加应急处理，学校师生员工均有义务在现场统一指挥下参加应急处理。

六、对涉及师生人身伤害或较大的安全事故，安防中心保安或领班在迅速拨打应急电话的同时，须及时向保卫处或校领导汇报情况，保卫处第一时间赶赴事故现场，并报校领导。若校内发生人员伤亡或直接经济损失 10 万元以上的安全事故，学院将在事故发生起 2 小时内报省交通运输厅。

七、危急情况可直接拨打应急电话：吴家营派出所：略，盗警 110、火警 119 或救护 120。

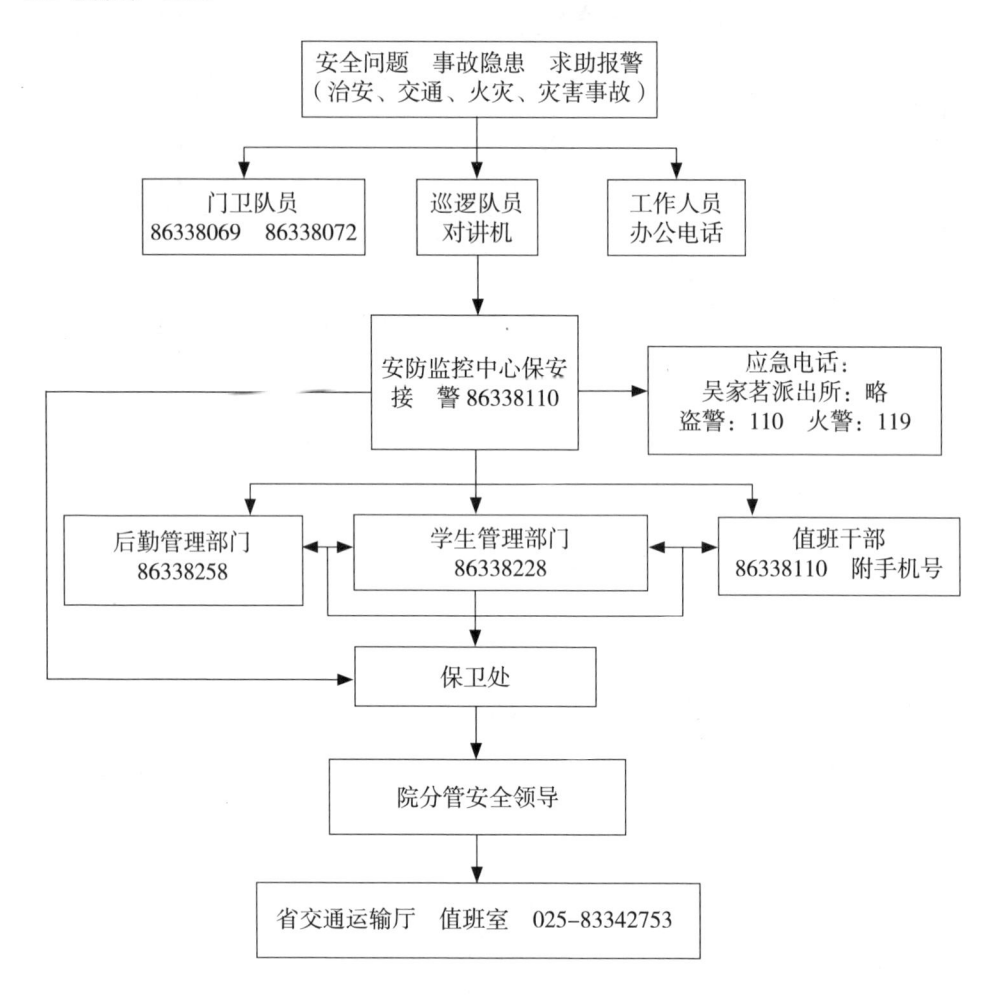

```
        ┌─────────────────────────────┐
        │   安全问题  事故隐患  求助报警   │
        │ （治安、交通、火灾、灾害事故）   │
        └─────────────────────────────┘
           │           │           │
           ▼           ▼           ▼
      ┌────────┐  ┌────────┐  ┌────────┐
      │ 门卫队员 │  │ 巡逻队员 │  │ 工作人员 │
      │86338069 │  │ 对讲机  │  │ 办公电话 │
      │86338072 │  │        │  │        │
      └────────┘  └────────┘  └────────┘
                      │
                      ▼
              ┌───────────────┐    ┌──────────────┐
              │安防监控中心保安 │───▶│ 应急电话：      │
              │接  警86338110 │    │ 吴家茗派出所：略 │
              └───────────────┘    │ 盗警：110 火警：119│
                      │             └──────────────┘
          ┌───────────┼───────────┐
          ▼           ▼           ▼
     ┌────────┐  ┌────────┐  ┌──────────────┐
     │后勤管理部│◀▶│学生管理部│◀▶│ 值班干部       │
     │门       │  │门       │  │86338110 附手机号│
     │86338258 │  │86338228 │  │              │
     └────────┘  └────────┘  └──────────────┘
                      │
                      ▼
                 ┌────────┐
                 │ 保卫处  │
                 └────────┘
                      │
                      ▼
              ┌───────────────┐
              │ 院分管安全领导  │
              └───────────────┘
                      │
                      ▼
           ┌──────────────────────┐
           │省交通运输厅 值班室     │
           │    025-83342753     │
           └──────────────────────┘
```

附件 5：外事突发事件应急预案

一、总则

1. 编制目的

为建立健全处置突发事件应急机制，使应急工作科学化、规范化，根据省委、省政府及上级主管部门有关指示，妥善处置各类涉港、涉澳、涉台和涉外突发事件，维护国家利益，保障在我校的涉港、涉澳、涉台和外籍人员的生命财产安全和合法权益，制定本预案。

2. 编制依据

宪法、国家有关法律法规和《云南省外事办公室突发事件应急处置工作预案》。

3. 适用范围

在我校发生的涉外突发事件和我校师生在国外发生重大突发事件。包括：在学校或周边发生的严重威胁在我校的港澳台同胞和外籍人员的生命财产安全及合法权益或造成重大人员伤亡、财产损失的自然灾害、事故灾难、公共卫生、社会安全等突发事件；在港澳台地区或国外发生的严重威胁我校在当地的师生的生命财产安全和合法权益，或者造成重大人员伤亡、财产损失的重大安全威胁的突发事件。

4. 基本原则

（1）以人为本、力保安全

贯彻落实"三个代表"重要思想，坚持以人为本，以国家利益、人民群众的生命财产安全为出发点和落脚点，最大限度地维护在我校的港澳台同胞和外籍人员以及在港澳台地区或国外的我校师生的生命财产安全，避免或减少损失。

（2）统一指挥、分工协作

在学校党委统一领导、指挥和协调下，根据事件的性质、规模和影响，区别不同情况，指挥、协调国际交流与合作处、保卫处等有关部门按照其职责分工分级负责、具体组织实施。

（3）预防为主、平战结合

坚持预防为主、防范处置并重，增强忧患意识强化宣传教育，开展培训演练，加强队伍建设，做好应对涉港、涉澳、涉台、涉外突发事件的思想准备、预案准备、组织准备及物资准备。

（4）依法办事、保守秘密

对重大突发事件应依法决策和处置，遵守国家有关法律法规，保障在我校的港澳台同胞和外籍人员以及在港澳台地区或国外的我校师生的合法权益不受侵犯。在应急过程中，须严格遵守国家保密规定，保守国家秘密和商业秘密。

二、组织指挥体系和职责

1. 外事突发事件应急小组

组　　长：（学校党委副书记，分管学校外事工作）

副组长：（学校副校长，分管学校安全工作）

成　　员：（国际交流与合作处）

保卫处处长

人事处处长

学工处处长

学工处副处长

翻译人员（英、韩、德、日等语种）

2．职责

（1）传达、贯彻党中央、国务院以及上级单位关于涉港、涉澳、涉台和涉外突发事件应急处置工作的指示精神。

（2）协调处理各类涉港、涉澳、涉台和涉外重大突发事件，拟定处置方案并组织、监督实施。

（3）负责与市政府外事（港澳）办、台办联络有关外事突发事件的应急处置事宜。

（4）承办重大涉港、涉澳、涉台和涉外突发事件的其他有关事项。

三、应急准备

学校国际交流与合作处建立与昆明市政府外事办、台办的信息沟通与交流机制，并建立与呈贡公安局等有关单位的信息沟通和交流机制。平时应加强调查研究，收集可能发生重大突发事件的信息，尽可能做到早发现、早报告、早处置并及时上报。

学校国际交流与合作处获得可能发生涉港、涉澳、涉台和涉外重大突发事件的预警信息后，及时向学校外事突发事件应急小组汇报。学校外事突发事件应急小组视情况进行研判，做出相应的应急响应。

四、应急处置

应急处置流程图见下页。

五、信息发布

1．涉港、涉澳、涉台和涉外突发事件的信息发布工作必须严格按照国家有关规定执行。

2．国际合作与交流处在外事突发事件应急小组领导下负责处置涉港、涉澳、涉台和涉外突发事件的信息发布工作，负责与上级有关部门联系，为新闻发布工作提供详尽的背景情况和对外表态的意见、口径。

六、附则

1．本预案由学校国际合作与交流处编制和解释，并根据实际情况变化及时予以修订。

2．本预案自发布之日起施行。

外事工作突发事件应急处置流程图

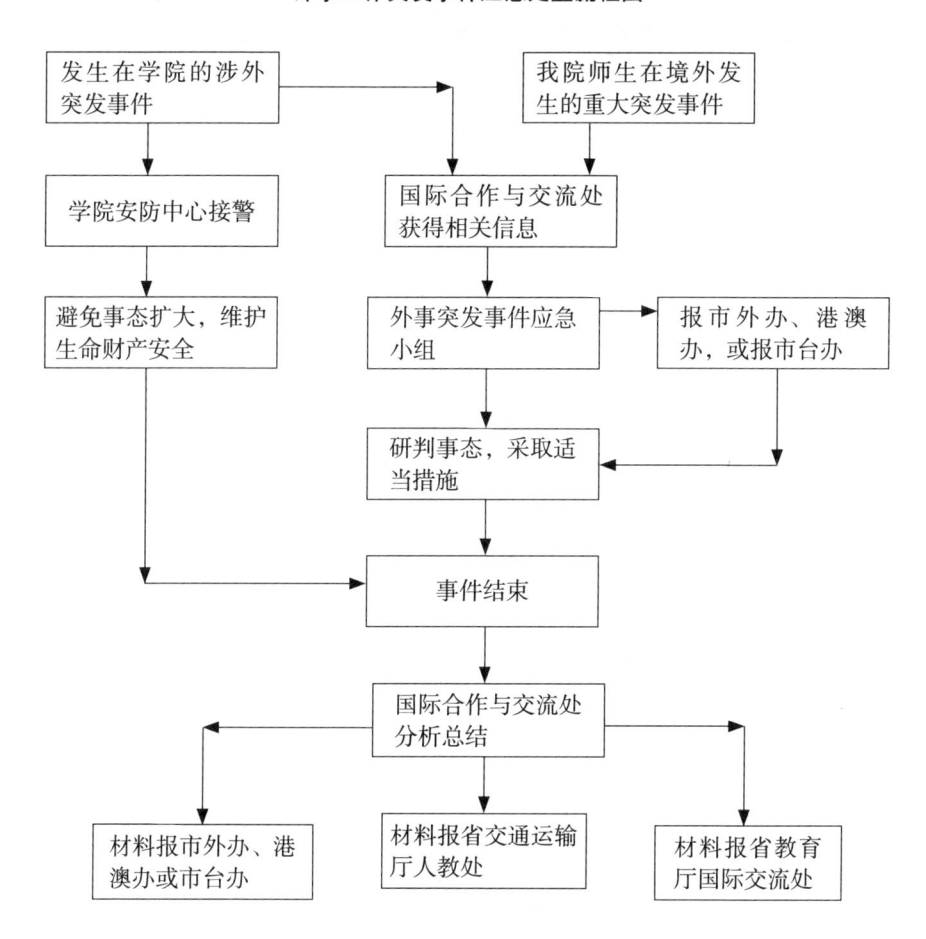

附件6：网络管理突发事件应急预案

一、为了切实做好学校校园网络管理工作，加强校园网络安全及网站安全管理，预防突发事件的发生，特制定以下预案。

二、网络中心机房钥匙严格管理，非工作人员未经允许不得入内；网络交换机、路由器、防火墙等重要设备由专人进行管理，每天进行检查，并登记设备使用状态和维修记录。在保卫处的协助下，积极做好网络中心机房的安全防盗工作。

三、严格网站信息发布流程，学校网站上发布的所有信息，由校办或宣传部指定专门人员进行审核，签署意见后由指定人员发布；同时指定专人负责网站维护，每天检查网站内容。

四、学校校园网络及网站一旦发生突发性情况，相应责任人应立即向部门领导报告，网站问题同时向宣传部报告，情况严重的向公安局网监处报告，网络中心同时对突发情况进行技术处理，保留现场证据，尽快使网络及网站正常工作，情况重大的同时向院办及分管校领导报告。

五、预案流程图。

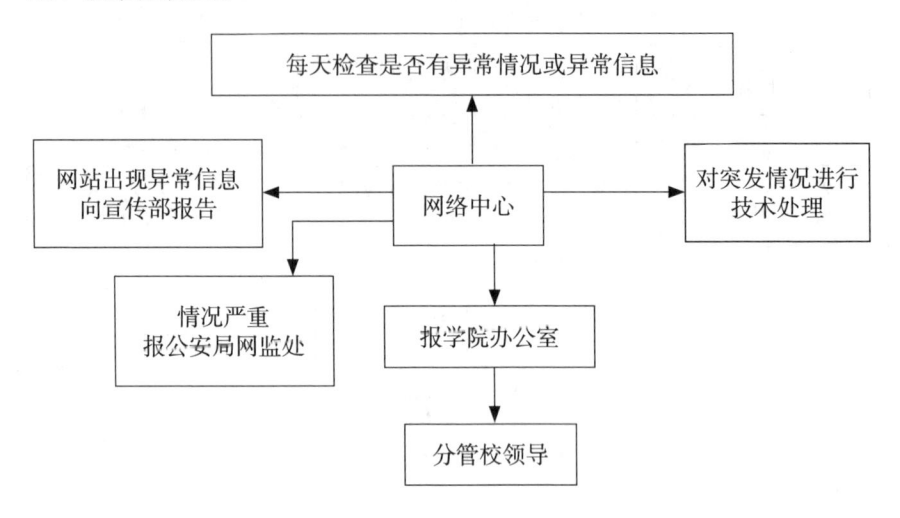

```
                  每天检查是否有异常情况或异常信息
                              ↑↓
网站出现异常信息           网络中心           对突发情况进行
向宣传部报告          ←            →        技术处理
         ↖            ↓
   情况严重          报学院办公室
   报公安局网监处
                       ↓
                    分管校领导
```

六、部门人员电话号码。

网络负责人：略

网站负责人：略

网络中心办公室电话：略

附件7：弱电系统突发事件应急预案

一、为了切实做好学校弱电系统管理工作，预防突发事件的发生，特制定本预案：

学校弱电系统包括校园网络、校园电话、有线电视、公共广播、安防监控、一卡通等系统，其中校园网络、校园电话、有线电视的使用管理部门为网络中心，公共广播的使用管理部门为宣传部，安防监控的使用管理部门为保卫处，一卡通的使用管理部门为后勤处。

二、学校弱电系统一旦发生突发性情况，相应使用管理部门责任人应立即向部门领导报告，同时协调网络中心在技术层面进行系统内部情况检查，根据检查结果，由使用管理部门与网络中心共同协调相关单位进行处理，其中校园网出口问题及校园电话问题报电信部门处理，有线电视问题报广电部门处理，公共广播问题协调相关厂家处理，安防监控问题协调相关厂家处理，一卡通问题协调供应商处理，情况重大的同时向校办及分管校领导报告。

三、预案流程图。

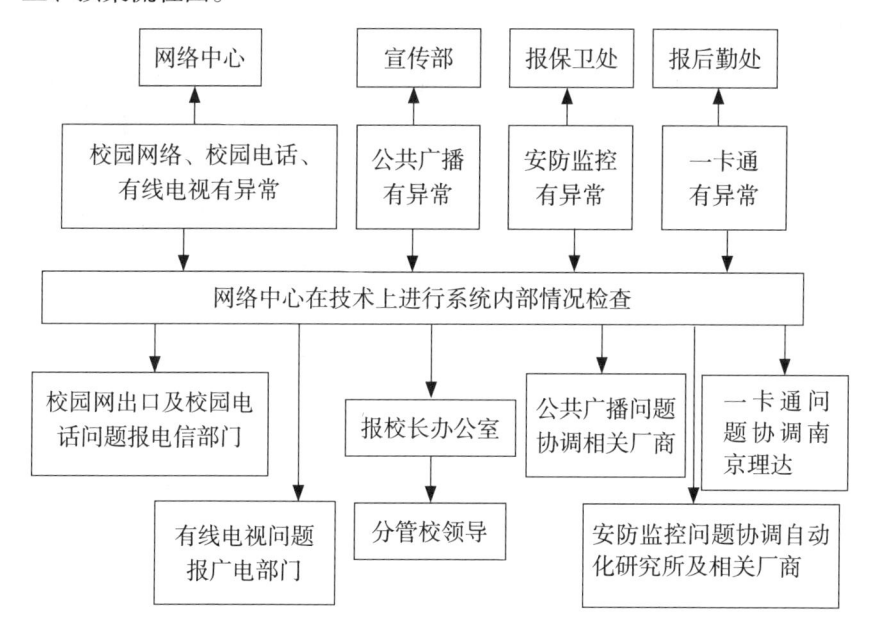

```
   网络中心            宣传部         报保卫处       报后勤处
      ↓                  ↓              ↓              ↓
┌──────────────┐  ┌──────────┐  ┌──────────┐  ┌──────────┐
│校园网络、校园电话、│  │公共广播  │  │安防监控  │  │一卡通    │
│有线电视有异常    │  │有异常    │  │有异常    │  │有异常    │
└──────────────┘  └──────────┘  └──────────┘  └──────────┘
      ↓                  ↓              ↓              ↓
      └──────网络中心在技术上进行系统内部情况检查──────┘
      ↓                  ↓              ↓              ↓
┌──────────────┐  ┌──────────┐  ┌──────────┐  ┌──────────┐
│校园网出口及校园电│  │报校长办公室│ │公共广播问题│ │一卡通问题│
│话问题报电信部门  │  │          │  │协调相关厂商│ │协调南京理达│
└──────────────┘  └──────────┘  └──────────┘  └──────────┘
      ↓                  ↓                            ↓
┌──────────────┐  ┌──────────┐              ┌────────────────┐
│有线电视问题      │  │分管校领导│              │安防监控问题协调自动│
│报广电部门        │  │          │              │化研究所及相关厂商  │
└──────────────┘  └──────────┘              └────────────────┘
```

四、部门人员电话号码。

网络负责人：略

网站负责人：略

网络中心办公室电话：略

附件 8：校园一卡通系统突发事件应急预案

一、编制目的

为切实做好学校校园一卡通系统管理工作，保障系统安全及正常运行，预防突发事件的发生，提高处理突发事件的效率及能力，特制定本预案。

二、适用范围

校园一卡通系统受到校园网故障、硬件和软件损坏、雷电、停电等因素影响而停止运行，造成食堂常规供应和学生水电供应的停顿等。

三、突发事件的预防

在平时的工作中密切注意一卡通系统的稳定性，发现数据出错及时处理，做到早发现早处理，避免以后的工作出现更大的漏洞。对不同地点的刷卡机根据实际情况定期导数据，避免数据信息长时间不畅通。

四、突发事件应急处理

1. 校园一卡通系统停止运行后，卡管理中心第一时间通知后勤处及相关商家。
2. 由后勤处向学校领导报告。根据学校领导的指示，对一卡通停用后学生就餐、购物等的付款方式问题进行处理。
3. 就餐问题解决方法：①免费就餐；②使用现金付款就餐。购物解决方法：使用现金购物。洗浴解决方法：免费洗浴。

同时联系网络管理中心，电脑、软件公司对系统硬件、软件进行维护。

五、预案流程图

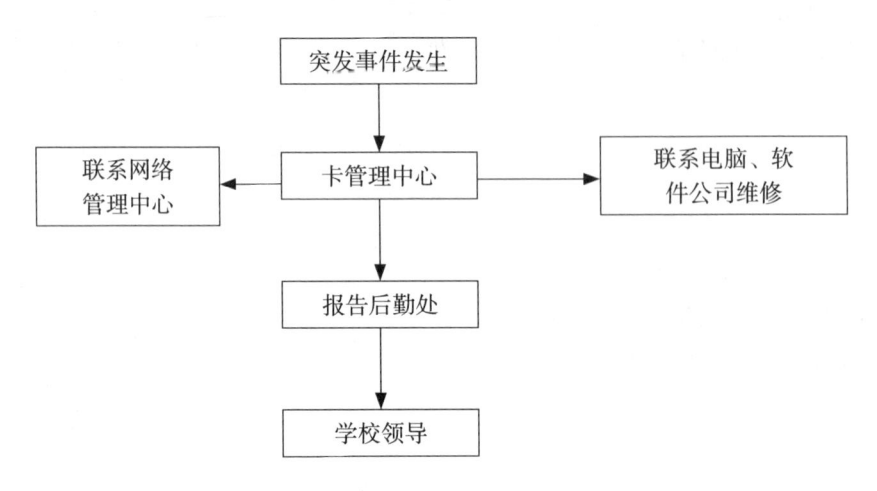

```
        突发事件发生
             ↓
联系网络    卡管理中心    联系电脑、软
管理中心 ←            →  件公司维修
             ↓
        报告后勤处
             ↓
        学校领导
```

六、联系电话

卡管理中心：略
后勤处：略
网络管理中心：略

附件 9：防汛工作应急预案

一、指导思想与目的

在上级防汛指挥部和校党委的统一领导下，以习近平新时代中国特色社会主义思想为指导，全面贯彻落实"安全第一、常备不懈、以防为主、全力抢险"的防汛工作方针。按照统一指挥，分级负责的原则，组织人员对全校各学院、部门辖区内受威胁的重要设备、仪器及图文资料进行防护、转移和停运，确保"小损失、无伤亡"的防汛工作目标。通过各种宣传工具，运用各种宣传形式，大力宣

传防汛救灾知识，广大师生要以高度负责的精神和强烈的责任感和使命感，进一步统一认识，克服松懈麻痹思想，树立"不怕一万、只怕万一"和"凡事预则立、不预则废"的观点，时刻准备，严阵以待，无灾要以有灾防、小灾要以大灾防。

二、组织领导机构及主要职责

1. 领导小组组成

组　长：略

副组长：略

成　员：各学院书记

2. 主要职责

（1）每年汛期开始，根据具体汛情，部署和落实学院防汛工作。

（2）根据汛情预报，发布汛情预警并决定是否启动防汛工作应急预案。

（3）检查学校各职能部门防汛工作的落实情况，发现问题立即下发整改通知，限期整改。

（4）开展防汛救灾宣传教育，组织进行抗洪抢险应急预案模拟演练，以检验防汛工作水平。

三、工作准备

1. 后勤保障中心安排人力清理河道排水口，如有堵塞现象及时排除；

2. 各主楼一层相关学院、部门做好防汛预案，确保相关重要设备的安全；

3. 保卫处、后勤保障中心组织汛期值班巡查队，监测汛情发展情况，发现问题及时准确汇报；

4. 校医院做好汛前、汛中、汛后的卫生防疫工作准备，配备相应急救器材及药品；

5. 特大汛期时如有师生在校学习工作，学工、教务部门应创造条件组织安置疏散；

6. 后勤保障中心加派人员参与辖区设备等巡查，发现问题及时处理并汇报，建立相应应急处理预案。

7. 后勤保障中心要制定特大汛情应急预案。

四、物资准备

1. 购置草包（或蛇皮袋）1万只，取泥铁锹10把，雨衣10套，雨靴10双，手电10支；

2. 购置潜污泵（3千瓦）5台，应急备用电缆线200米。

3. 由专人统一发放防汛救灾物品并记录，及时汇报防汛物资的保养、更新、补缺情况。

五、防汛救灾应急反应

1. 学校接到上级政府发布的灾情指令或学校巡查部门进行灾情汇报后，领导小组立即进入临战状态，依法发布有关消息和警报，做好防汛临战准备，启动学校防汛救灾系统，布置防灾工作，全面进入紧急状态，做好各项应急工作。

2. 组织有关人员对学校及周围关联地区进行全面检查，封堵、关闭危险场所，停止各项室内外大型活动。

3. 加强对易燃易爆物品、有毒有害化学品的管理，实施对供电输电、机房机库等重要设备、场所的保护，保证防洪防汛顺利进行。

4. 做好防汛宣传教育，做好师生、学生家长思想稳定工作。

5. 安排各类值班值勤，保持通信畅通，及时掌握情况，全力维护正常教学、工作和生活秩序。

6. 由领导小组下发指令：

（1）汛情警报；

（2）灾区人员撤离；

（3）关闭、切断输电、燃气、供水系统；

（4）重要设备、重要物品的转移。

7. 保卫处负责组织校园值班和巡逻，防止各类犯罪活动。

8. 联系上级防汛部门或天气预报部门，收集信息统一汇报防汛领导小组，迅速了解和掌握本校受灾情况，及时汇总上报。

9. 汛期结束后，迅速恢复正常秩序，包括教育教学秩序，全力维护校园安全稳定。

六、其他

1. 全校要正确认识防洪防汛工作重要性，坚持统一指挥，各负其责的原则。在可能出现的洪涝灾情面前，全校各学院、各部门要密切配合，以大局为重，服从指挥，团结协作，共同应对险情。

2. 克服麻痹思想和侥幸心理，健全各项规章制度。加强对学校地巡查，出现汛情及时发现、及时汇报、及时处理，确保安全。

附件10：传染病防治应急预案

1. 必须严格遵守"首诊负责制"，首诊医生发现疑似传染病病人，应详细填写门诊病历，并将患者转到指定医疗机构就诊。

2. 成立传染病防治应急处理领导小组，具体负责处理疫情期间的防治工作。

3. 一旦确诊学生患有某种传染病，校医院应在第一时间报告后勤处及学校防治领导小组，启动应急防治预案。

4. 各学院、各班考勤员每天统计班级学生的出勤情况。发现因病缺课的，应详细询问，发现有传染病疑似症状时应立即与辅导员（班主任）联系，辅导员向校医院汇报，校医院应及时对病人进行相应处置。

5. 校医院应根据不同病种，利用多种形式开展健康教育，做好相应的防治宣传预防工作，以增强师生自我保护意识。

6. 技术准备：每年进行一次传染病防治应急预案演练，培养应急领导小组及医务人员熟练处理传染病疫情的能力。

7. 物质准备：①经费投入：设置传染病防治应急专项经费。②药品器械配备：抢救药品（肾上腺素、地塞米松、阿托品、10% 葡萄糖酸钙、50% 葡萄糖），消杀用品（84消毒液、2% 戊二醛、75% 酒精），喷雾器、隔离衣裤帽、手套、口罩等防护用品。③校医院设立1—2个隔离观察室。

8. 医务人员加强自我防护意识，禁止探望留观者，防止校内交叉感染。

9. 消杀小组成员：

传染病疫情流行时：①对宿舍、教室、输液室、治疗室、隔离观察室定期消毒：a. 通风；b. 紫外线灯照射1小时；c. 物品、物表及地面消毒：用2000mg/L（4%）"84"消毒液擦拭或浸泡；②指导密切接触者做好个人防护，进行健康宣教和指导。③建立传染病防治台账。

10. 有下列情形之一的依法追究责任：①对隐瞒、缓报、谎报或授意他人隐瞒、缓报、谎报的。②在应急处理中玩忽职守、失职、渎职的。③拒不履行应急预案和专项应急预案职责的。④未建立严格的防范和应急处理责任制度的。⑤阻碍应急处理工作人员执行的。⑥拒绝接受检查、隔离等应急措施的。⑦不服从传染病应急防治领导小组统一调度的。⑧未储备应急事件中所需的设施、设备、药品和医疗器械等物品的。⑨未按规定及时报告和采取控制措施的。

11. 学校在传染病疫情流行时操作程序：

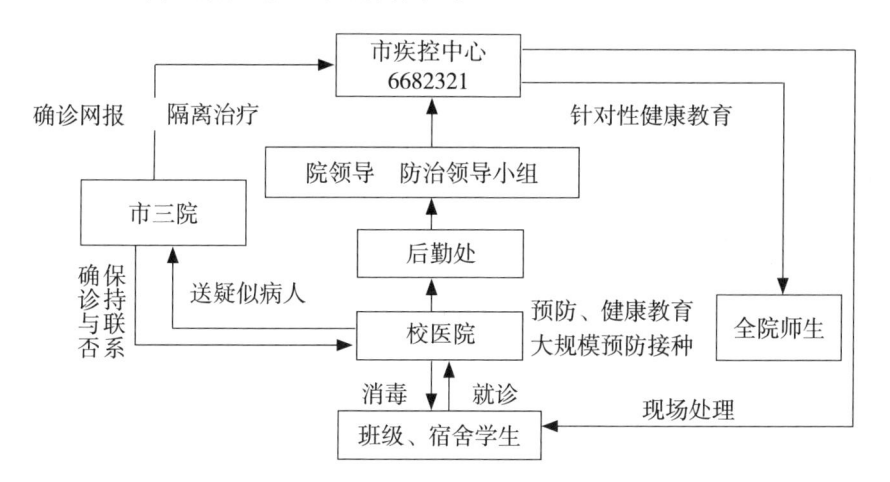

附件 11：电梯困人应急预案

为了提升学校应对电梯运行中各类意外伤人和困人事件的能力，规范学校应急救援预案的具体实施，建立健全电梯困人事故应急体系，规范学校对伤人和困人事故应急处置工作，有效预防、及时控制和消除电梯伤人和困人事故的危害，特制定本预案。

一、编制目的

本预案旨在切实提高学校电梯在发生停电、开关失控等原因造成电梯困人事故时，能快速、安全、有效地处理此类事故的能力，以确保学生和教职工生命安全，更好地维护安全、稳定、和谐的校园环境。

二、处置原则

坚持"以人为本"原则，以保障学生和教职工生命财产安全为出发点和落脚点，最大限度地减少电梯事故造成的人员伤亡和财产损失，坚持"安全第一，预防为主，综合治理"的方针。认真贯彻统一领导、专业救援、反应及时、措施果断、依靠科学、加强合作的指导思想。

三、工作环节

1. 积极采用先进的预测、预防、预警和应急处置技术，提高电梯事故防范水平；不断完善电梯应急救援体系建设，提高救援装备技术水平和应急救援能力；

2. 电梯事故应急救援部门应有效掌控本单位区域内电梯设备数量、安装位置分布等情况；

3. 电梯使用单位、电梯维护保养单位对电梯在日常运行过程中出现的可能引发事故的故障类型、征兆有应对措施；

4. 电梯事故应急救援部门应有效地进行电梯事故应急救援指挥的组织机构管理网络及抢险救援队伍建设；

电梯事故应急救援部门应有效地落实相应的电梯设备操作人员、维修人员、部门主管、分管领导、安全生产第一责任人在处理事故时的职责。

四、电梯困人事故应急处理程序

（一）若电梯运行时发生故障，被困人员应立即通过梯内电话与学校后勤保障中心或安防中心联系，等待救援。

后勤保障中心电话：略

安防中心电话：略

电话分别张贴于各电梯内。

（二）后勤保障中心或安防中心接到救援电话。

1. 通知后勤保障中心维修人员。

2. 通知电梯维保单位。

3. 通知电梯管理人员。

4. 通知后勤保障中心值班领导。

（三）后勤保障中心维修人员到达现场。

1. 断开电梯主电源，防止电梯意外启动，但必须保留轿厢照明。

2. 负责管理协调好现场秩序，防止其他人员随意误操作。

3. 确定电梯轿厢位置，通知被困人员要保持镇静，并说明轿厢可能随时移动，不必惊慌。

（四）电梯维修单位接到电话后立即赶到现场救援。并按电梯困人救援规程操作。

（五）相关人员到达现场做好现场的配合工作；后勤保障中心值班领导做好现场的总协调工作。

（六）电梯恢复正常运行后，后勤保障中心值班领导做好值班记录，后勤保障中心技术人员及时做出事故技术报告。

五、电梯困人事故应急处理流程图（见下图）

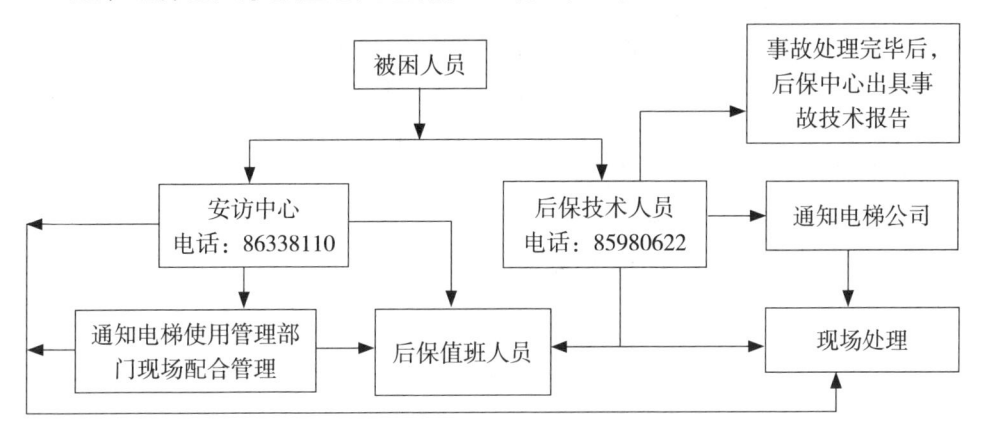

```
被困人员
  ↓
安访中心　　　→　　后保技术人员　　→　　通知电梯公司
电话：86338110　　　电话：85980622　　　　　↓
  ↓　　　　　　　　　　↓　　　　　　　　现场处理
通知电梯使用管理部　后保值班人员
门现场配合管理
```
（流程图含：事故处理完毕后，后保中心出具事故技术报告）

附件12：资金防盗防抢应急预案

为了切实做好学校的资金管理，确保资金使用安全，提高资金管理人员的警惕及遇到被盗被抢突发事件后的应变处理能力，特制定以下预案。

一、严格控制现金流动

1. 对于现金进出频繁的报销环节，尽量减少给付现金，以减少现金储备量和提取现金的次数，尽量减少不安全因素。

2. 非工作人员未经允许不得进入财务办公室，报销人员、交费人员一律在财务大厅办理。

3. 下班前清点现金，清点无误后放保险箱，每天检查安放保险箱房间的门窗是否关闭。

4. 收到现金支票及时入账，如当天不能入账，须在下班前放保险箱内保管。

二、突发事件应急处理

1. 从银行提取现金或现金送银行，财务处向后勤保障中心申请车辆，由后勤保障中心派车，由保卫处提供两位安全员与财务处一位工作人员一同前往存取款。

2. 在运钞途中遭遇可疑车辆尾随，应冷静处理，必要时报110，并及时报学校保卫处。

3. 在运钞途中遭遇抢劫，应冷静处理，现场人员尽可能避免与歹徒发生正面冲突，在确保自身安全的前提下，记住犯罪人员的相貌、衣着打扮、年龄、身高等基本特征，如有犯罪车辆应记住车牌号或车型、车身颜色，方便公安机关追查。及时报警，并同时报学校领导、财务处领导、保卫部门。

4. 财务处工作人员在日常工作中遭遇入室抢劫，在场人员应镇静，尽可能避免与歹徒发生正面冲突，在确保自身安全的前提下可以通过以下几种途径报警：①肢体语言向探头求救，通过安防中心值班人员向公安部门报警；②在危险范围以外的工作人员，可以通过电话向公安部门和学校保卫处报警。

5. 在工作时间以外发生入室盗窃，报警方式有：①在红外线监控范围内通过红外线直接自动报警（110联动）；②在保卫处探头监控范围内，通过安保人员向公安部门报警；③若上述两者未发现盗窃迹象，工作人员上班后发现被盗，应第一时间报警并报学校领导、学校保卫处。

6. 发生被抢被盗事件后，财务处应尽快恢复日常工作，保证学校日常财务工作正常进行。

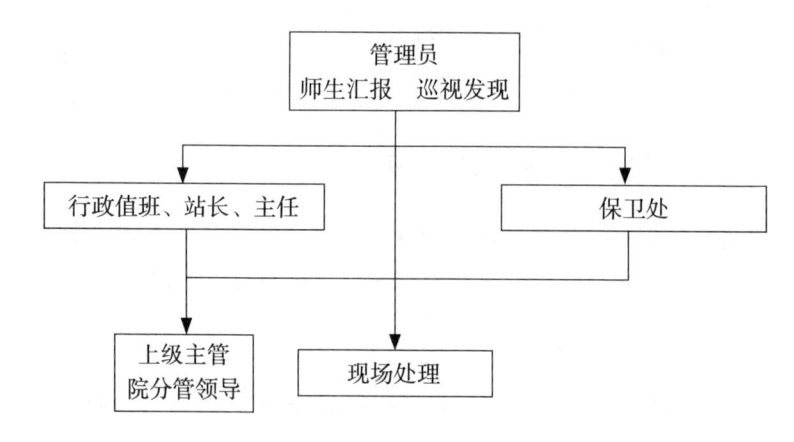

```
                    ┌─────────────┐
                    │   管理员    │
                    │师生汇报 巡视发现│
                    └──────┬──────┘
                  ┌────────┴────────┐
                  ▼                 ▼
         ┌────────────────┐  ┌──────────┐
         │行政值班、站长、主任│  │  保卫处  │
         └────────┬───────┘  └──────────┘
                  ▼                 ▼
           ┌──────────┐       ┌──────────┐
           │ 上级主管 │       │ 现场处理 │
           │院分管领导│       │          │
           └──────────┘       └──────────┘
```

附件 13：学生公寓、教学楼宇突发事件应急预案

一、编制目的

确保单体楼宇发生突然事件或异常情况时，能迅速、果断进行处理，确保师生的人身财产安全。

二、适用范围

适用于物业服务管辖区域内发生的盗窃、匪警、火警、斗殴、急病等种类突发事件或异常情况。

三、职责

1. 物业服务负责人负责学校单体楼宇的日常工作，遇到突发事件迅速赶赴现场，负责抢险现场的指挥及督导。
2. 物业负责组织员工进行突发事件或异常情况处理的培训，并负责抢险现场的前期指挥和疏导师生。
3. 当值管理人员严守岗位，及时报告各方面信息。
4. 现场人员应服从上级领导的统一调遣，积极参与救护或抢险。
5. 维修人员主要负责水、电供应或切断、抢修。

四、工作程序

1. 火警处理程序：

①管理人员接到火警时，所有员工应服从指挥，无条件服从现场领导及主管调遣，按照分工，各司其职，扑救抢险。

②值班人员坚守岗位，做好值班记录，并迅速报告学校保卫处或打"119"报警，其他管理人员迅速赶到事故现场待命。

③本着"先人员、后财产"的抢险原则，若室内无人，无钥匙开门的情况下，由现场管理领导决定是否破门进入室内扑救，事后由物业服务单位向师生做好解释工作。

④疏散人员时应走安全通道，管理员做好师生疏散的秩序维护工作。

⑤消防人员未到前，管理员要有序安排人员先进行自救，消防人员到达后，维持好抢救人员出入的通道秩序，做好楼宇安全防范工作，防止趁机打劫。

⑥扑救完毕后，物业服务公司安排人员协助有关部门查明原因，查明损失，并做好师生的安置工作。

⑦写出书面报告上报上级主管部门。

2. 楼宇内争吵、斗殴、醉酒闹事案件处理程序：

①管理人员在楼宇内巡视时，发现师生有争吵、斗殴、醉酒闹事现象时，要及时制止。接到师生报案后，应及时赶赴现场制止。

②制止原则：

a. 劝阻双方住手、住口，并尽可能劝双方或一方暂离现场。

b. 持有器械斗殴则应先制止持械一方。

c. 有伤员则先送伤员去医院救治。

③迅速报告主任、主管、辅导员（班主任），首先由辅导员（班主任）出面调解、询问发生事件原因，做好记录。

④物业公司应及时将事件经过报告校方保卫处，根据保卫处意见，决定是否拨打"110"报警。事态严重，有失控危险时，可以直接拨打"110"报警。

⑤在制止争吵、斗殴、醉酒闹事双方时，切记不能动粗，不允许恶言相向。

⑥物业公司写出书面报告上报主管部门。

3. 触电事故的应急处理程序：

①接到师生报告有人触电时，应问清触电人的位置（楼层、房号等），立即通知关闭楼宇内配电房电源，赶赴现场，安排人员给校医院打电话。

②在未关闭电源之前切不可通过人体接触触电人，以防触电，应用绝缘的东西（如拖把柄）把线头或人拉开。

③断电后，迅速将人手放于地面，立即进行人工急救，直至医务人员赶到现场。

④配合校医院做好工作，维持现场秩序。

4. 失窃案件处理程序：

①楼宇内师生报失后，值班人员要及时做好登记工作，并及时报告主管和主任。

②主管、主任在接到管理员报告后，及时赶赴现场或派人赶至案发现场，任何人不得擅自移动任何东西，防止破坏罪犯留下的一切手痕、脚痕等，不得让外人进入现场。询问案件发生的经过，不放过任何一点可疑的线索，做好记录。

③主管、主任根据现场的实际情况，提出初步的处理意见，报学校保卫处、后勤处、学工处，根据保卫处意见，决定是否打"110"报警，并等待有关部门来人接收处理。

④物业公司处理完现场，须写出书面报告报主管部门。

5. 发现可疑人员进入楼宇的处理程序：

①值班人员如发现可疑人员时，要审查其证件，对持无效证件或说不出正当理由的人员，劝其离开，必要时可报告保卫处。

②发现有推销业务和散发广告的要坚决制止。

a. 如为本校师生，且证件齐全，用电话与其所在学院联系确认无误，则让本人写保证书一份，并登记证件号码，教育后放人。

b. 如不是本校师生，在登记证件号码后，交保卫处处理。

6. 遇急症病人的应急处理程序：

①物业公司在接到师生的报告后，管理人员第一时间赶到病员所在地。

②值班员立即通知主管领导和校医院。

③如遇情况危急：

a. 立即通知学校总值班室、后勤处。

b. 根据校医院的检查情况，速打急救电话"120"。

c. 立即通知学生家长。

④配合校医院做好工作，稳定师生情绪。

7. 单体楼宇突然停电、停水、停气的应急处理程序：

①服务人员接到单体楼宇突然停电、停水、停气通知后：

a. 立即通知现场维修值班人员。

b. 汇报上级主管人员。

②维修人员在接到通知后：

a. 立即到达现场查看，找出原因，并组织抢修。

b. 将具体情况及抢修过程及时汇报上级主管人员。

③在抢修过程中，管理人员向师生做好解释工作，保持正常的秩序，直至抢修结束。

8. 全校发生突然停电、停水、停气的应急处理程序：

①一旦发生全校停电、停水、停气事件，配电房、水泵房、天然气监测点应立即向主管人员通报。

②主管人员应第一时间赶到现场，同时向校办汇报，并及时指令各单体楼宇服务站紧急告知教师和学生。

③立即通知供电、供水、供气部门紧急派人抢修，后勤维修人员也迅速赶到现场，做好抢修的准备工作（准备抢修工具、材料等）。

④教师、管理人员接到通知后，应积极做好学生的思想工作，稳定学生情绪，相互配合维护教学楼、公寓等楼宇的秩序。

⑤各楼宇管理人员要做好区域内的安全巡视工作，发现安全隐患及时阻止并上报上级主管，请求指示，迅速做出处理。

⑥各楼宇物业服务站、学校的有关部门要确保有人值守，保持通信的畅通。

⑦配电房、水泵房、食堂等重点部门要做好应急照明的准备工作，随时保持手提应急灯的电源充足，手提应急灯须专人保管，统一放置，取用方便。

⑧天然气泄漏突发事件的应急处理：

a. 参照上述条款；

b. 教师、管理人员迅速组织学生向中心广场、教学楼疏散；
c. 事故现场严禁一切明火操作，严禁开灯。
1. 火警处理程序。

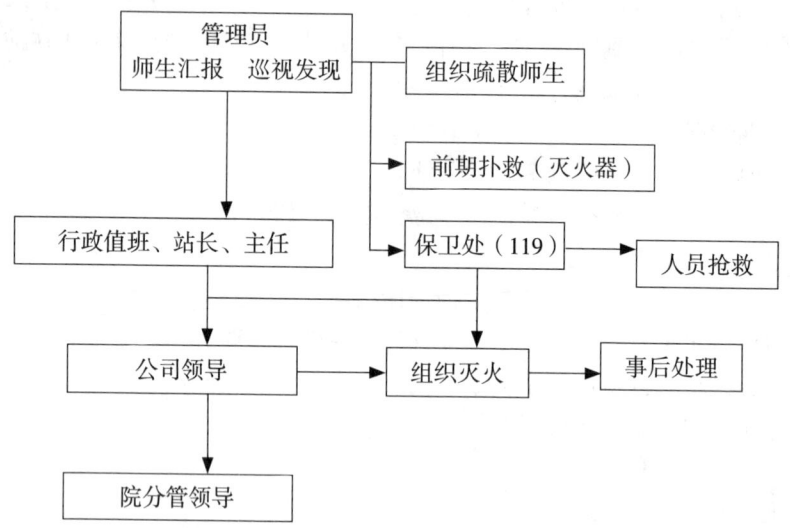

```
          管理员
       师生汇报  巡视发现 ──→ 组织疏散师生
              │
              │──────────→ 前期扑救（灭火器）
              ↓
       行政值班、站长、主任     保卫处（119）──→ 人员抢救
              │
              ↓                   ↓
          公司领导  ─────→  组织灭火  ──→ 事后处理
              │
              ↓
          院分管领导
```

2. 楼宇内争吵、斗殴、醉酒闹事案件处理程序。

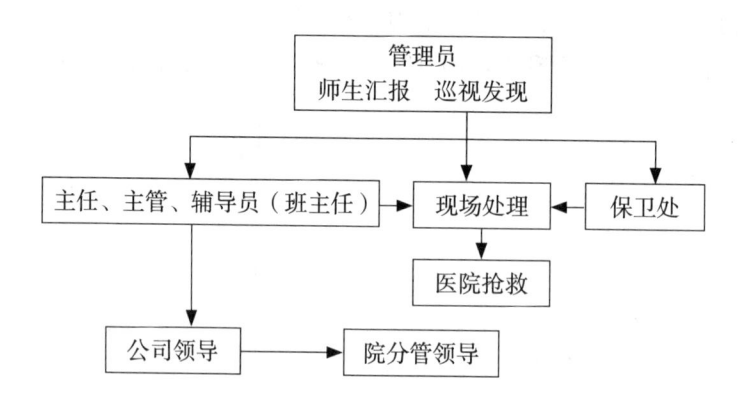

```
              管理员
           师生汇报  巡视发现
           ↓              ↓
    主任、主管、辅导员（班主任） → 现场处理 ← 保卫处
           │                        ↓
           │                     医院抢救
           ↓
       公司领导 ──→ 院分管领导
```

3. 触电事故的应急处理程序。

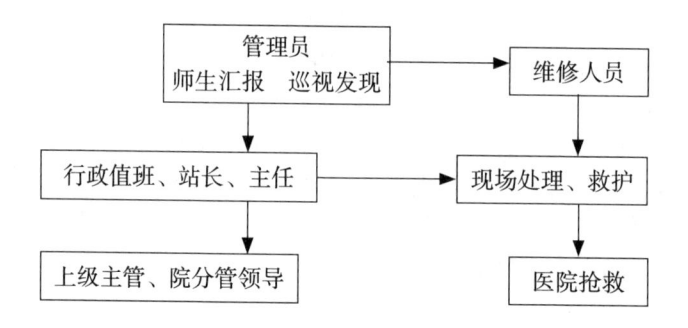

```
              管理员
           师生汇报  巡视发现 ──→ 维修人员
              ↓                      ↓
       行政值班、站长、主任 ──→ 现场处理、救护
              ↓                      ↓
       上级主管、院分管领导        医院抢救
```

4. 失窃案件处理程序。

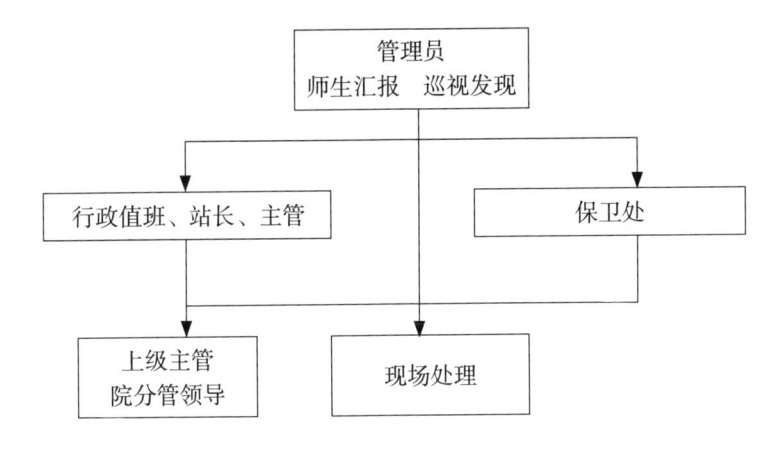

```
            管理员
      师生汇报  巡视发现
       ┌──────┴──────┐
       ▼             ▼
行政值班、站长、主管    保卫处
       │
       ▼             ▼
   上级主管        现场处理
   院分管领导
```

5. 发现可疑人员进入楼宇的处理程序。

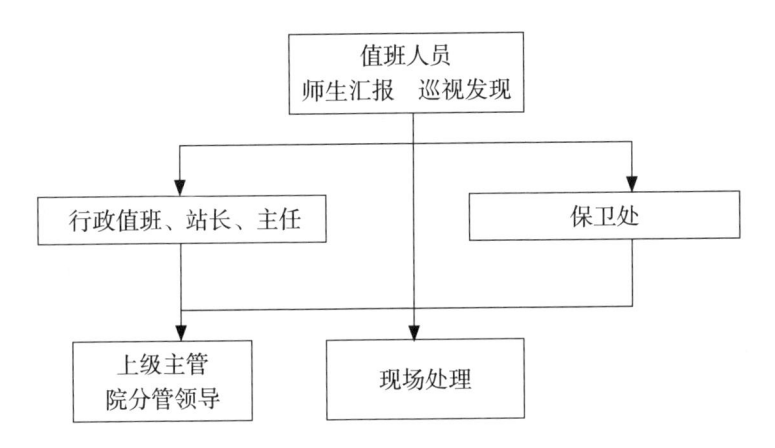

```
            值班人员
      师生汇报  巡视发现
       ┌──────┴──────┐
       ▼             ▼
行政值班、站长、主任    保卫处
       │
       ▼             ▼
   上级主管        现场处理
   院分管领导
```

6. 遇急症病人的应急处理程序。

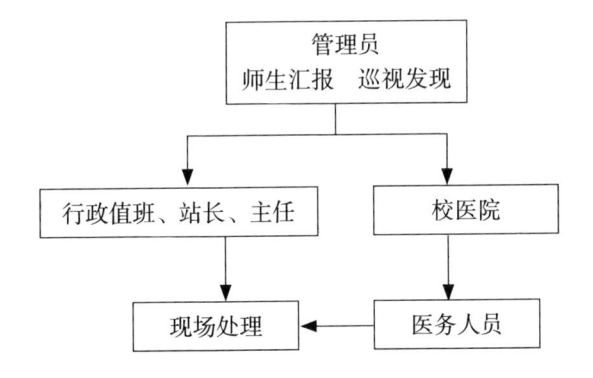

```
            管理员
      师生汇报  巡视发现
       ┌──────┴──────┐
       ▼             ▼
行政值班、站长、主任    校医院
       │              │
       ▼              ▼
   现场处理  ◄──── 医务人员
```

213

7. 突然停电、停水、停气的应急处理程序。

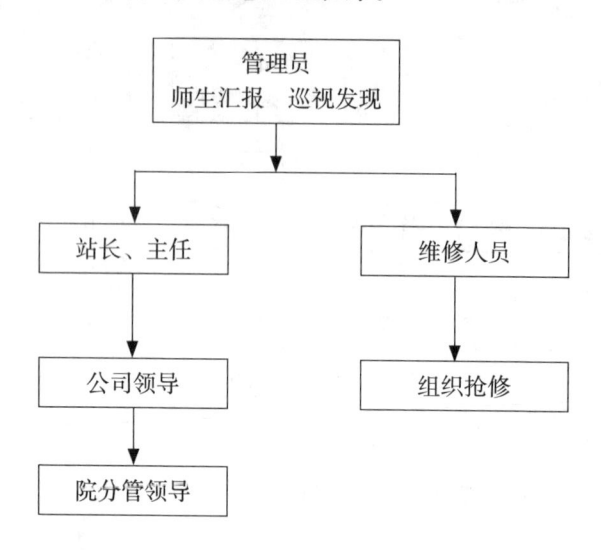

```
                    管理员
              师生汇报   巡视发现
                ┌─────┴─────┐
            站长、主任      维修人员
                │             │
            公司领导        组织抢修
                │
            院分管领导
```

附件 14：学校食堂突发事件或食物中毒应急预案

一、编制目的

确保当食堂发生突发事件或出现异常情况时，能迅速、果断、有效地进行处理。确保学校师生饮食安全。

二、适用范围

适用于餐饮中心各管辖食堂内出现的食物中毒、水电气暂停供应、学生罢餐等突发事件或异常情况。

三、工作程序

1. 食物中毒应急预案处理程序：
①发生群体性呕吐、腹泻、头晕、抽搐等情况预判为食物中毒。
②所有员工应听从指挥，立即停止供应食品，并保持全食堂范围现场不变，人员不得离开。
③立即报告食堂主管、公司经理，同时报告校领导，立即拨打急救电话 120。
④快速抢救，报告上级卫生防疫部门。
⑤完毕后，安排人员协助有关部门查明原因，做好鉴定工作。
⑥写出书面报告报上级主管部门。
⑦根据上级部门意见开展后续工作。

2.食堂水、电、气暂停供应应急预案处理程序：

①所有员工听从统一指挥，保持全食堂范围现场不变，全体人员不得离开。

②立即报告食堂主管、公司经理，同时报告学院领导。

③迅速报抢修人员，同时关闭有关阀门，关闭所有进入现场的通道门。

④检查内部水、电、气管道情况，同时做好开餐准备工作。

⑤视情况联系快餐公司，联系大型超市。

⑥分析出现问题的原因，追查责任部门与责任人，写出书面报告报上级主管部门。

3.食堂出现学生罢餐情况应急预案处理程序：

①所有员工听从统一指挥，保持全食堂范围现场不变，全体人员不得离开。保持平静，维持食堂秩序，关闭所有进入现场的通道门，同时做好开餐准备。

②立即报告食堂主管、公司经理、学工处，并上报学校分管领导。

③领导立即赶赴现场，了解罢餐原因，解决由于食堂原因造成学生不满的问题。

④发现学生中有晕倒等异常情况的，立刻拨打校医院和安保中心电话。

⑤分析出现问题的原因，追查责任部门及责任人。

⑥写出书面报告报上级主管部门。

食堂食物中毒应急处理流程

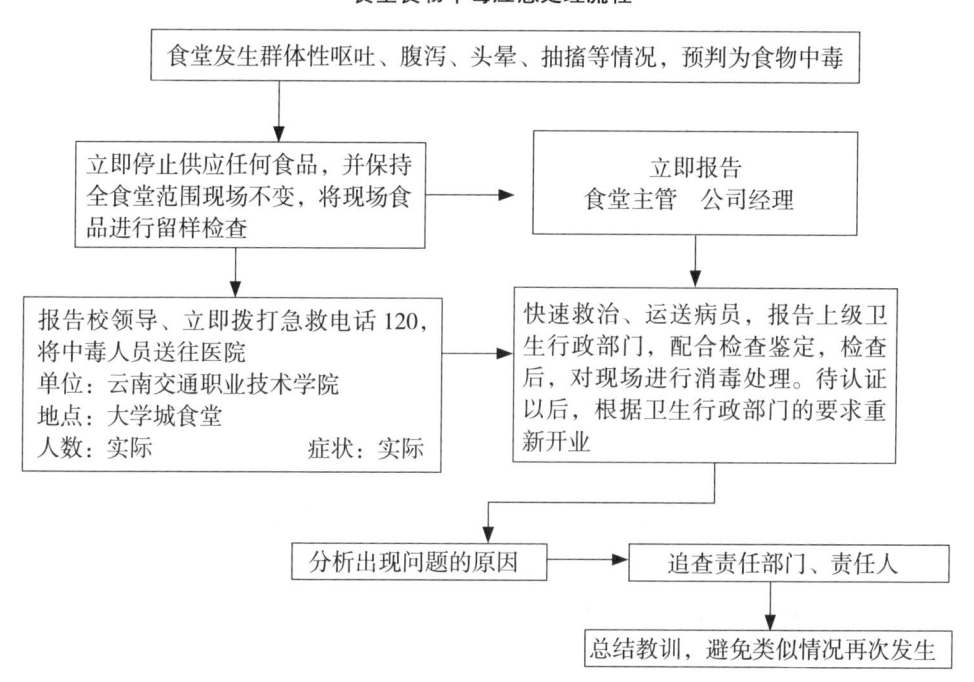

食堂发生群体性呕吐、腹泻、头晕、抽搐等情况，预判为食物中毒

→ 立即停止供应任何食品，并保持全食堂范围现场不变，将现场食品进行留样检查

→ 立即报告 食堂主管 公司经理

→ 报告校领导、立即拨打急救电话120，将中毒人员送往医院
单位：云南交通职业技术学院
地点：大学城食堂
人数：实际　　症状：实际

→ 快速救治、运送病员，报告上级卫生行政部门，配合检查鉴定，检查后，对现场进行消毒处理。待认证以后，根据卫生行政部门的要求重新开业

→ 分析出现问题的原因

→ 追查责任部门、责任人

→ 总结教训，避免类似情况再次发生

食堂水、电、气暂停供应应急处理流程

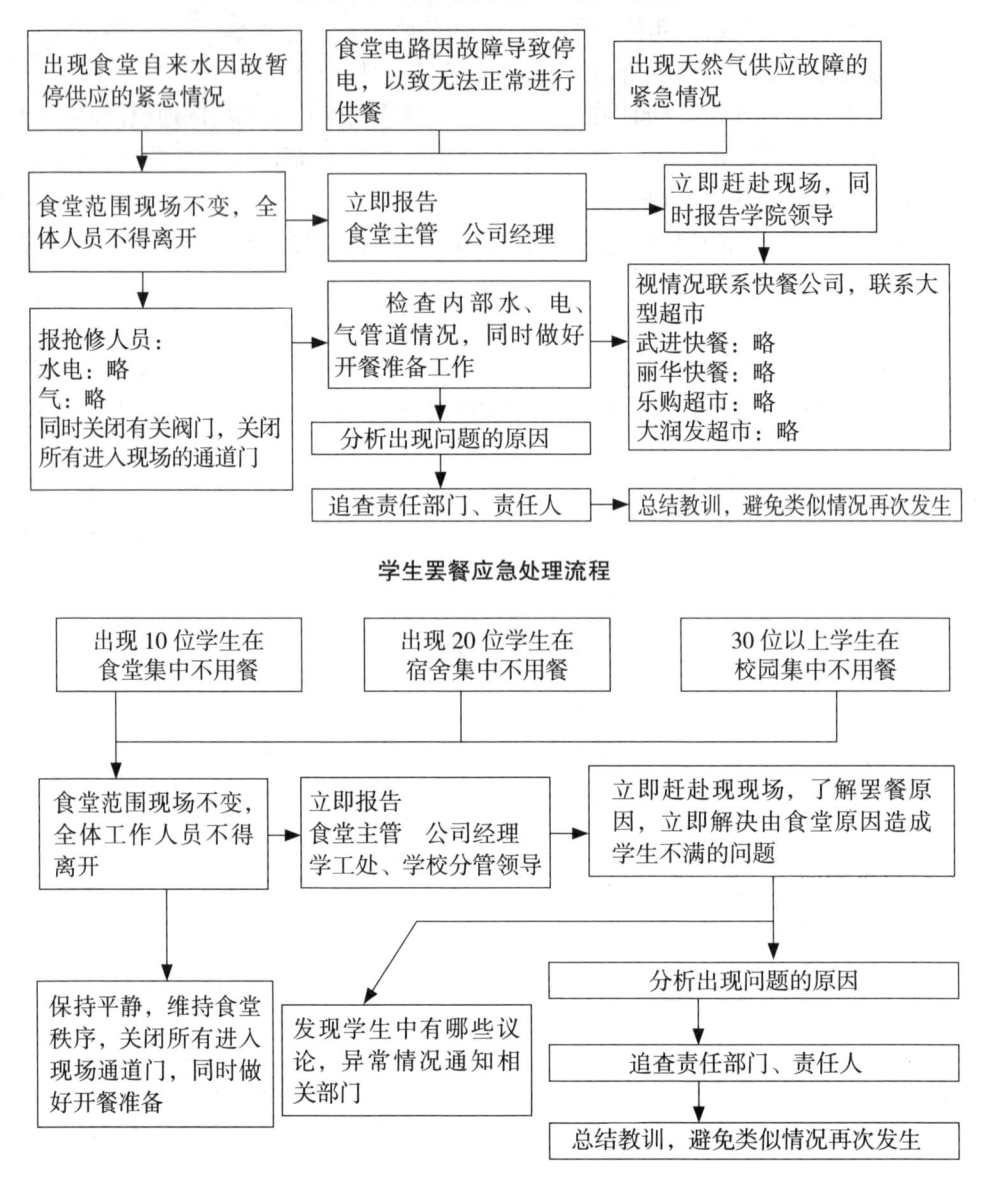

```
┌─────────────────┐  ┌─────────────────┐  ┌─────────────────┐
│出现食堂自来水因故暂│  │食堂电路因故障导致停│  │出现天然气供应故障的│
│停供应的紧急情况  │  │电,以致无法正常进行│  │紧急情况         │
│                 │  │供餐             │  │                 │
└────────┬────────┘  └────────┬────────┘  └────────┬────────┘
         │                    │                    │
         ▼                    ▼                    ▼
┌─────────────────┐  ┌─────────────────┐  ┌─────────────────┐
│食堂范围现场不变,全│  │立即报告         │  │立即赶赴现场,同  │
│体人员不得离开    │─▶│食堂主管 公司经理 │─▶│时报告学院领导   │
└────────┬────────┘  └────────┬────────┘  └────────┬────────┘
         │                    │                    ▼
         ▼                    ▼           ┌─────────────────┐
┌─────────────────┐  ┌─────────────────┐  │视情况联系快餐公司,│
│报抢修人员:      │  │检查内部水、电、 │  │联系大型超市     │
│水电:略          │─▶│气管道情况,同时做│  │武进快餐:略      │
│气:略            │  │好开餐准备工作   │  │丽华快餐:略      │
│同时关闭有关阀门,关│  └────────┬────────┘  │乐购超市:略      │
│闭所有进入现场的通 │           │           │大润发超市:略    │
│道门             │           ▼           └─────────────────┘
└─────────────────┘  ┌─────────────────┐
                     │分析出现问题的原因│
                     └────────┬────────┘
                              ▼
                     ┌─────────────────┐  ┌─────────────────┐
                     │追查责任部门、责任│  │总结教训,避免类似│
                     │人               │  │情况再次发生     │
                     └─────────────────┘  └─────────────────┘
```

学生罢餐应急处理流程

```
┌─────────────────┐  ┌─────────────────┐  ┌─────────────────┐
│出现10位学生在   │  │出现20位学生在   │  │30位以上学生在   │
│食堂集中不用餐   │  │宿舍集中不用餐   │  │校园集中不用餐   │
└────────┬────────┘  └────────┬────────┘  └────────┬────────┘
         │                    │                    │
         ▼                    ▼                    ▼
┌─────────────────┐  ┌─────────────────┐  ┌─────────────────┐
│食堂范围现场不变,│  │立即报告         │  │立即赶赴现现场,了│
│全体工作人员不得 │─▶│食堂主管 公司经理│─▶│解罢餐原因,立即解│
│离开             │  │学工处、学校分管 │  │决由食堂原因造成学│
│                 │  │领导             │  │生不满的问题     │
└────────┬────────┘  └────────┬────────┘  └────────┬────────┘
         ▼                    ▼                    ▼
┌─────────────────┐  ┌─────────────────┐  ┌─────────────────┐
│保持平静,维持食堂│  │发现学生中有哪些│  │分析出现问题的原因│
│秩序,关闭所有进入│  │议论,异常情况通 │  └────────┬────────┘
│现场通道门,同时做│  │知相关部门       │           ▼
│好开餐准备       │  └─────────────────┘  ┌─────────────────┐
└─────────────────┘                       │追查责任部门、责任│
                                          │人               │
                                          └────────┬────────┘
                                                   ▼
                                          ┌─────────────────┐
                                          │总结教训,避免类似│
                                          │情况再次发生     │
                                          └─────────────────┘
```

第二节 核心工作原则与实用法律条款

高校作为社会整体环节中的一个子系统,其安全稳定有序运行对整个社会的稳定起到了重要作用。高校学生管理危机对社会冲击力很大。是否能够妥善处理学生突发危机,将影响范围与损失程度控制或降低到最小,甚至化危机为机遇,

促进学校的发展，从一个侧面体现着一所高校的办学和管理水平。根据杰斯特危机处理的 3T 原则，有人提出了我国学生突发危机管理应坚持的五个原则，即整体着眼、局部入手的原则；核心价值优先原则；群策群力、集体商定原则；可执行性（可操作性）原则；可修正性原则。通过搜索中国知网，针对高校学生危机处理应对原则的论文并不多。针对我们学校在以往处理学生危机事件中的经验，我们提出了危机处理的以下几项原则。

一、大学生安全管理危机应对核心工作原则

（一）以人为本原则

学生工作无小事，在处理学生管理安全危机时，必须本着以人为本的思想。这里的以人为本首先要做到把学生的安全放在第一位，没有了人身安全，其他一切都无从谈起。处理学生安全危机，其实还要面对学生家长、学校领导、社会等方方面面。我们要确保不让学生有担心，不向家长加压力，不对领导出难题，不给社会添麻烦，从而均衡照顾各方面的利益，充分体现人是最可贵的这一理念。

（二）不扩大损失的原则

每一次学生安全危机，对学校管理能力来说其实是一个考验。轻则造成经济上的损失，重则演变成为群体事件。面对学生安全危机，学校管理部门能做的就是将损失降到最低。或者现在有损失，尽量不要将损失扩大。

（三）原则性与灵活性相结合原则

针对发生的学生安全危机，处理部门面对群情激愤的另一方家长，要冷静处理，不能激化矛盾。既要依法依规，又要以情动人，在法律政策允许的情况下，尽可能柔性处理。不能激化现有矛盾，造成新的对立和矛盾。六盘水某学校因为学生食堂问题处理不及时，最后演变为学生砸食堂的暴力事件给我们深刻的教训，应及时启动应急预案。

（四）依法依规处理原则

面对发生的学生安全危机，我们必须依据国家、教育部和省级有关部门发布的相关规定，如《中华人民共和国侵权责任法》《学生伤害事故处理办法》、2004 年最高人民法院《关于审理人身损害赔偿案件适用法律若干问题的解释》《中华人民共和国食品安全法》等来处理危机。有法律法规依靠法律法规，没有相关规定可依据的，可依据习惯来处理。

（五）争取上级支持原则

目前，处理学生安全危机尚无可行的具体操作方法，处在摸着石头过河的阶段，较好的方法应该是争取上级主管部门的支持，积极向教育主管部门、公安部门汇报，在上级的支持下处理安全危机。

二、大学生安全管理危机应对适用法律条款

本书将大学生安全危机分为三类,危机处理中常用的法律条款也分为三类。

(一)学生人身伤害危机

学生人身伤害危机处理法律适用《中华人民共和国侵权责任法》《学生伤害事故处理办法》、2004年最高人民法院《关于审理人身损害赔偿案件适用法律若干问题的解释》。总的来说,要分清责任,赔偿到位。

第六条 行为人因过错侵害他人民事权益,应当承担侵权责任。

根据法律规定推定行为人有过错,行为人不能证明自己没有过错的,应当承担侵权责任。

第八条 二人以上共同实施侵权行为,造成他人损害的,应当承担连带责任。

第九条 教唆、帮助他人实施侵权行为的,应当与行为人承担连带责任。

教唆、帮助无民事行为能力人、限制民事行为能力人实施侵权行为的,应当承担侵权责任;该无民事行为能力人、限制民事行为能力人的监护人未尽到监护责任的,应当承担相应的责任。

第十条 二人以上实施危及他人人身、财产安全的行为,其中一人或者数人的行为造成他人损害,能够确定具体侵权人的,由侵权人承担责任;不能确定具体侵权人的,行为人承担连带责任。

第十一条 二人以上分别实施侵权行为造成同一损害,每个人的侵权行为都足以造成全部损害的,行为人承担连带责任。

第十二条 二人以上分别实施侵权行为造成同一损害,能够确定责任大小的,各自承担相应的责任;难以确定责任大小的,平均承担赔偿责任。

第十六条 侵害他人造成人身损害的,应当赔偿医疗费、护理费、交通费等为治疗和康复支出的合理费用,以及因误工减少的收入。造成残疾的,还应当赔偿残疾生活辅助具费和残疾赔偿金。造成死亡的,还应当赔偿丧葬费和死亡赔偿金。

第十九条 侵害他人财产的,财产损失按照损失发生时的市场价格或者其他方式计算。

第二十条 侵害他人人身权益造成财产损失的,按照被侵权人因此受到的损失赔偿;被侵权人的损失难以确定,侵权人因此获得利益的,按照其获得的利益赔偿;侵权人因此获得的利益难以确定,被侵权人和侵权人就赔偿数额协商不一致,向人民法院提起诉讼的,由人民法院根据实际情况确定赔偿数额。

第二十二条 侵害他人人身权益,造成他人严重精神损害的,被侵权人可以

请求精神损害赔偿。

第二十八条　损害是因第三人造成的，第三人应当承担侵权责任。

第三十二条　无民事行为能力人、限制民事行为能力人造成他人损害的，由监护人承担侵权责任。监护人尽到监护责任的，可以减轻其侵权责任。

有财产的无民事行为能力人、限制民事行为能力人造成他人损害的，从本人财产中支付赔偿费用。不足部分，由监护人赔偿。

第三十三条　完全民事行为能力人对自己的行为暂时没有意识或者失去控制造成他人损害有过错的，应当承担侵权责任；没有过错的，根据行为人的经济状况对受害人适当补偿。

完全民事行为能力人因醉酒、滥用麻醉药品或者精神药品对自己的行为暂时没有意识或者失去控制造成他人损害的，应当承担侵权责任。

第三十八条　无民事行为能力人在幼儿园、学校或者其他教育机构学习、生活期间受到人身损害的，幼儿园、学校或者其他教育机构应当承担责任，但能够证明尽到教育、管理职责的，不承担责任。

第三十九条　限制民事行为能力人在学校或者其他教育机构学习、生活期间受到人身损害，学校或者其他教育机构未尽到教育、管理职责的，应当承担责任。

第四十条　无民事行为能力人或者限制民事行为能力人在幼儿园、学校或者其他教育机构学习、生活期间，受到幼儿园、学校或者其他教育机构以外的人员人身损害的，由侵权人承担侵权责任；幼儿园、学校或者其他教育机构未尽到管理职责的，承担相应的补充责任。

第八十三条　因第三人的过错致使动物造成他人损害的，被侵权人可以向动物饲养人或者管理人请求赔偿，也可以向第三人请求赔偿。动物饲养人或者管理人赔偿后，有权向第三人追偿。

（二）学校设施缺陷或者瑕疵造成的学生安全危机，如火灾，体育设施有缺陷，宿舍、教室等建筑物及附属物脱落造成伤害

第二十七条　损害是因受害人故意造成的，行为人不承担责任。

第八十五条　建筑物、构筑物或者其他设施及其搁置物、悬挂物发生脱落、坠落造成他人损害，所有人、管理人或者使用人不能证明自己没有过错的，应当承担侵权责任。所有人、管理人或者使用人赔偿后，有其他责任人的，有权向其他责任人追偿。

第八十六条　建筑物、构筑物或者其他设施倒塌造成他人损害的，由建设单位与施工单位承担连带责任。建设单位、施工单位赔偿后，有其他责任人的，有权向其他责任人追偿。

因其他责任人的原因，建筑物、构筑物或者其他设施倒塌造成他人损害的，由其他责任人承担侵权责任。

第八十七条　从建筑物中抛掷物品或者从建筑物上坠落的物品造成他人损害，难以确定具体侵权人的，除能够证明自己不是侵权人的外，由可能加害的建筑物使用人给予补偿。

第八十八条　堆放物倒塌造成他人损害，堆放人不能证明自己没有过错的，应当承担侵权责任。

第八十九条　在公共道路上堆放、倾倒、遗撒妨碍通行的物品造成他人损害的，有关单位或者个人应当承担侵权责任。

第九十条　因林木折断造成他人损害，林木的所有人或者管理人不能证明自己没有过错的，应当承担侵权责任。

第九十一条　在公共场所或者道路上挖坑、修缮安装地下设施等，没有设置明显标志和采取安全措施造成他人损害的，施工人应当承担侵权责任。

窨井等地下设施造成他人损害，管理人不能证明尽到管理职责的，应当承担侵权责任。

（三）食品卫生事故危机

"民以食为天"，饮食就餐也是学生关注的重要方面，国家也出台了许多法律法规。《中华人民共和国食品卫生法》《中华人民共和国食品安全法》《中华人民共和国传染病防治法》《学生伤害事故处理办法》《学校卫生工作条例》《学校食堂与学生集体用餐卫生管理规定》等。

第五十五条　餐饮服务提供者应当制定并实施原料控制要求，不得采购不符合食品安全标准的食品原料。倡导餐饮服务提供者公开加工过程，公示食品原料及其来源等信息。

餐饮服务提供者在加工过程中应当检查待加工的食品及原料，发现有本法第三十四条第六项规定情形的，不得加工或者使用。

第五十六条　餐饮服务提供者应当定期维护食品加工、贮存、陈列等设施、设备；定期清洗、校验保温设施及冷藏、冷冻设施。

餐饮服务提供者应当按照要求对餐具、饮具进行清洗消毒，不得使用未经清洗消毒的餐具、饮具；餐饮服务提供者委托清洗消毒餐具、饮具的，应当委托符合本法规定条件的餐具、饮具集中消毒服务单位。

第五十七条　学校、托幼机构、养老机构、建筑工地等集中用餐单位的食堂应当严格遵守法律、法规和食品安全标准；从供餐单位订餐的，应当从取得食品生产经营许可的企业订购，并按照要求对订购的食品进行查验。供餐单位应当严格遵守法律、法规和食品安全标准，当餐加工，确保食品安全。

第三节　危机应对完毕后的评估

一、建立健全安全事故应急处置评估工作机制

为有效改进应急准备工作，提升应急处置能力，要建立健全应急处置评估工作机制。根据国家安监总局《生产安全事故应急处置评估暂行办法》(安监总厅应急〔2014〕95号)的要求，在事故调查组中单独成立应急处置评估组，专职负责对所发生事故或生产安全险情的应急处置工作进行评估。应急处置评估组组长由安全生产应急管理机构人员担任，有关人员参加，必要时可邀请相关专家参与评估。应急处置评估组要认真听取事故单位和事发地人民政府事故现场指挥部有关应急处置的情况说明和总结报告，组织开展应急处置评估工作，对事故发生单位和事发地人民政府的应急处置工作及责任落实情况据实予以评估，并向调查组提交评估报告。事故调查组要将应急处置评估作为调查报告的一项重要内容。事故发生单位和事发地人民政府要按照事故调查报告有关应急处置的建议，认真改进和加强应急管理工作。

云南交通职业技术学院为认真贯彻落实上级机关的决策部署，规范学校安全事故应急处置评估工作，提高快速联动反应能力，保护人民群众生命财产安全，总结和吸取经验教训，不断提高安全事故应急处置能力，根据《中华人民共和国安全生产法》《突发事件应对法》《生产安全事故报告和调查处理条例》(国务院令第493号)及国家安全监管总局《生产安全事故应急处置评估暂行办法》等规定，结合学校实际制定《云南交通职业技术学院生产安全事故应急处置评估工作制度》。此制度具体体现了以下内容：

（一）原则要求

（1）以人为本，安全第一。把确保人民群众生命安全和身体健康、最大程度预防和减少人员伤亡作为首要任务，切实履行安全管理和公共服务职能。

（2）居安思危，预防为主。高度重视安全生产工作，切实增强忧患意识，坚持预防与应急并重，常态与非常态结合，做好应对突发事件的各项准备工作。

（3）统一领导，分级负责。在上级机关的统一领导下，建立健全综合协调、分类管理、分级负责、属地管理为主的应急管理体制。实行行政领导负责制，学校要认真履行安全生产主体责任，制定和完善安全生产应急预案和处置机制。学校是本单位事故应急处置的主体，事故发生后负责成立现场应急救援指挥机构，迅速组织开展应急处置和救援工作。

（4）科学预判，准确把握。对事故发生的节点、可能增加的伤亡、造成的社会影响、经济损失大小等各种因素，做出全面、综合、科学、准确的分析研判，

为科学救援、及时救助、减少损失、避免负面影响奠定基础。

（5）党政同责，联动响应。坚持党政同责、一岗双责、失职追责的要求，全面落实各级各部门工作职责，联动机制启动后，各成员单位要快速联合响应，按照联动职责要求，立即调集相关人员和物资装备，迅速参与处置救援，单位负责人要在第一时间赶赴事发现场。

（二）信息报告

（1）发生事故的学院（部门）是事故报告的责任主体。要强化首报意识，在事故发生后现场人员要立即报告学院（部门）负责人，学院（部门）负责人要在第一时间向学校报告。首报提倡电话报告，续报使用书面报告，必要时要简化中间环节，提高报送效率。

（2）主管（职能）部门是受理报告和向上级报告事故信息的责任主体。接到事故报告后，主管（职能）部门应当立即核实情况，力争在20分钟内向政府及行业主管部门电话报告，45分钟内书面报告，最迟不得超过2小时。不得迟报、漏报、谎报甚至瞒报。（3）事故报告要尽可能做到要件齐全、简明扼要。报告主要包括突发事件发生的时间、地点、信息来源、事故性质、危害程度、影响范围、发展趋势和已经采取的措施等。初报要突出重点，续报要尽可能齐全。应急处置过程中，要及时续报有关情况。需要市委、市政府协调支援的事项，要及时、准确报告。

（4）要加强事故分析研判，不以人员伤亡数量作为是否报告的唯一标准。对于一些事件本身比较敏感或发生在敏感地区、敏感时期，或涉险人员多、可能出现更大伤亡的事故，不受突发事件分级标准限制，一律按规定要求报告。

（三）联动响应

（1）事故发生后，事故学院（部门）要立即启动相关应急预案，做好先期处置。接到事故信息报告后，根据事故严重程度，学校主要领导或分管领导以及各相关部门负责同志要立即赶赴现场，经学校领导批准后启动相关预案，成立现场应急指挥机构，在确保安全的前提下，组织、协调、动员有关专业应急力量进行先期处置，避免事态扩大。同时，要及时对事件的性质、类别、危害程度、影响范围、防护措施、发展趋势等进行评估上报。

（2）主管（职能）部门要加强应急管理合作，建立健全应急管理联动机制，为应对区域性突发事件提供合作与联动保障。

（3）根据应急处置的实际需要，可视情况和应急预案设立现场救援、医疗卫生等若干工作组，按照职责分工，各司其职，协同作战，全力以赴做好应急处置各项工作。要根据事故救援需要和现场实际需要划定警戒区域，及时疏散和安置事故可能影响的周边师生和群众，全力疏导与救援无关的人员，维护现场秩序，确保救援工作高效有序进行。必要时，要对事故现场实行隔离保护。要对现场周边有关区域实行交通管制，确保应急救援通道畅通。联动部门之间要做好信息沟通，加强协作配合，形成工作合力。

（四）事故查处

在做好事故应急处置的同时，安委会办公室要立即向学校请示成立事故调查组，并做好相关准备工作。学校批准后，组成事故调查组，依据国家有关规定按程序开展事故调查工作。

（五）相关要求

（1）严格责任落实。要强化责任意识，高度重视事故应急处置联动机制建设，学院（部门）主要负责同志是第一责任人，分管负责同志是直接责任人。要增强应急意识，定期组织开展应急演练，提高快速联动反应能力，确保关键时刻应急人员找得到、应急信息连得通、应急队伍拉得出、应急物资调得动。

（2）严明工作纪律。要把快速参与事故应急救援和处置作为政治任务，不折不扣履行好协调联动责任，坚决杜绝不听招呼、不服从调遣、应而不急、联而不动等现象发生。对于不服从应急指挥机构统一领导、指挥和协调，未按规定及时参与联动行动，以及处置不当造成不良后果、有失职渎职行为的，由纪委严肃问责。

（3）加强督导检查。建立事故应急处置联动工作督导检查制度。定期对各单位值守应急、信息报送、联合响应等工作进行督导检查，督导检查情况及时通报。

（4）进一步加强事故应急处置工作，确保快速反应，科学施救，妥善处置，防止事故、事态扩大。

（5）认真落实安全生产主体责任，严格按照相关法律法规和标准规范要求，做好应急物资储备，完善应急预案和现场处置措施，加强从业人员应急培训，组织开展演练，不断提高应急处置能力。

（6）结合本单位实际，梳理和明确不同层级间应对事故的职责和措施，在保证衔接性的基础上避免应急预案内容重复，并可根据本单位的实际情况编制专项预案、现场处置方案。明确重点岗位、重点环节在事故处置中的具体处置措施。加强与政府应急预案衔接联动。要建立健全事故应急处置总结和评估制度，对影响和妨碍事故应急处置工作的有关单位和人员，严格追究责任。

附件：云南交通职业技术学院生产安全事故应急处置评估工作制度

第一条　为规范学校生产安全事故应急处置评估工作，根据《国务院安委会关于进一步加强生产安全事故应急处置工作的通知》《生产安全事故应急处置评估暂行办法》的要求和有关规定，结合我校实际，制定本办法。

第二条　本制度适用于本校发生的需要进行事故调查的各类生产安全事故。生产安全险情的应急处置评估工作依照本制度执行。

第三条　生产安全事故应急处置评估应当按照客观、公正、科学的原则进行。

第四条　省交通运输厅和市、区安全监管相关部门，指导、协调和监督本校内的生产安全事故应急处置评估工作。

省交通运输厅，市、区政府成立或授权、委托成立的事故调查组（以下简称事故调查组），按照分级和属地负责的原则，负责所调查事故的应急处置评估工作。

第五条　事故调查组应当单独设立应急处置评估组（以下简称评估组），专职负责对本校的应急处置工作进行评估。

评估组组长原则上由分管安全生产应急管理的负责人担任，有关学院（部门）应急管理机构人员参加。牵头负责事故应急处置工作的学院（部门）参加事故调查的，由该学院（部门）有关负责人担任评估组组长。

评估组组长负责召集人员，分配评估任务，全面负责和协调应急处置评估工作。

评估组组长根据需要，应当聘请应急专家参加应急处置评估工作。参加事故应急处置工作的相关专家一般不参加应急处置评估工作。

评估组成立后，应全面了解、掌握事故应急处置工作情况，收集相关资料。

第六条　为提高应急处置评估技术支撑能力，鼓励通过政府购买服务的方式，由安全生产技术服务机构开展评估。

第七条　评估组根据工作需要，可以采取下列措施：

（一）听取事故学院（部门）关于事故及应急处置情况的说明；

（二）现场勘查；

（三）查阅相关文字、音像资料和数据信息；

（四）询问有关人员；

（五）组织专家论证，必要时可以委托相关机构进行技术鉴定。

第八条　事故学院（部门）应当总结事故应急处置工作，于事故应急处置工作结束后10日内向事故调查组提交总结报告。总结报告内容包括：

（一）事故基本情况；

（二）先期处置情况及事故信息接收、流转与报送情况；

（三）应急预案实施情况；

（四）组织指挥情况；

（五）现场救援方案制定及执行情况；

（六）现场应急救援队伍工作情况；

（七）现场管理和信息发布情况；

（八）应急资源保障情况；

（九）防控环境影响措施的执行情况；

（十）救援成效、经验和教训；

（十一）相关建议。

第九条　事故学院（部门）应当妥善保存并整理好与应急处置有关的书证和物证。

第十条 事故应急处置工作结束后，评估组根据事故处置情况，结合事故学院（部门）的应急处置总结报告，对事故学院（部门）的应急处置工作进行评估。

评估组对事故学院（部门）应急处置工作的评估内容包括：

（一）应急响应情况，包括事故基本情况、信息报送情况等；

（二）先期处置情况，包括自救情况、控制危险源情况、防范次生灾害发生情况；

（三）应急管理规章制度的建立和执行情况；

（四）风险评估和应急资源调查情况；

（五）应急预案的编制、培训、演练、执行情况；

（六）应急救援队伍、人员、装备、物资储备、资金保障等方面的落实情况。

第十一条 评估组应当在事故应急处置工作结束后30个工作日内向事故调查组提交应急处置评估报告。评估报告内容包括：

（一）事故应急处置基本情况；

（二）事故学院（部门）应急处置责任落实情况；

（三）评估结论；

（四）经验教训；

（五）相关工作建议。

第十二条 事故调查组应当将应急处置评估内容纳入事故调查报告。

第十三条 安全监管部门和其他负有安全监管职责的人员应当根据事故调查报告，改进和加强日常管理、应急准备及应急处置等工作。

第十四条 本办法所称的"生产安全事故应急处置"是指生产安全事故发生到事故危险状态消除期间，为抢救人员、保护财产和环境而采取的措施、行动。

本办法所称的"生产安全险情"是指在生产经营活动中发生的对人员生命和财产安全造成威胁，但损害未达到生产安全事故等级标准的事件。

第十六条 本办法自印发之日起施行。

二、建立评估学习与反馈机制

正如恩格斯所说："一个聪明的民族，从灾难和错误中学到的东西会比平时多得多。"随着校园环境的开放，学生伤害事故处理越来越被社会关注。由于学校的特殊地位，涉及学校的各种事件往往受关注度高，传播速度快，且容易向社会波及，易受社会因素影响。学校危机管理来源于一般社会危机管理，重在预防，但由于学校危机管理的对象不同，因而管理的手段和方式也往往不同。学校危机主要涉及学生，学生大都心智不成熟，情绪波动大，易受外界因素影响，易被人利用。同时，学校联系着千家万户，关系几代人的生活与命运，甚至会影响到社会的发展与前途，一旦危机爆发，其影响往往是深层次、广范围的，危害极大。当然，公共危机管理没有一个绝对的模式，关键是要有危机意识，洞察先机，抓住时效，妥善处理，化解危机。可以说，危机管理是一门全面与永远的管理艺术，需要各级政府和我们广大从业者根据具体情况，创造性地开展工作，从中摸索和掌握具有普遍意义的危机管理规律。危机并不可怕，有时甚至是我们提高危机管理水平、赢得更多信任与期望的一次契机。

建立安全危机应对的评价、学习与反馈机制，完善安全培训登记、考核、跟踪管理等制度，形成规范有效的安全危机应对评价反馈机制。不断提高安全危机应对工作的科学化、规范化和制度化水平。当前我国高校这一反馈机制并不完善，存在的问题包括：反馈信息失真或无针对性，反馈信息片面，反馈信息利用率低。

如何有针对性学习国内外关于学校突发事件与危机管理的研究成果，加强其理论性与实践性的结合，通过对危机管理的有关案例和校园危机事件产生原因的分析，总结经验教训并提出改进措施和方案，这对于建立、完善安全危机应对的评价、学习与反馈机制尤为重要。

（一）意识层面要转变管理观念，增强危机意识。在理念上，学校一般把突发事件的应急处理主要看成是学校保卫部门的职责，尚未认识到学校危机管理是事关全局的，需要充分借助和发挥各方面的合力。对于学校决策层，平时注重培养科学、理性、前瞻性的应急理念与危机意识，有助于在危机爆发时不慌不乱，有章可循，及时反应，尽量将危机的危害和损失降到最低。

（二）管理模式实现由"事后动员型"向"事先防控型"转变。"事后动员型"的管理模式指当危机爆发后动员、组织力量来应对危机。这在短时间内也许是一种可行的方式，但从长远和效益来看，是不尽科学与合理的。事后动员往往是被动的，很难在第一时间做出反应，而且不具有延续性，其经验也很难在下次的危机应对中得到运用。

"事先防控型"的管理模式是在危机发生前就有一套完整的应急预案，能有效地将危机扼杀在萌芽状态，或者延缓危机的发生，留出相对充足的时间去做出反应。在"事先防控型"的管理模式下，学校应定期进行一些有针对性的突发事件防控演习，对各种危机情况进行模拟探索，总结经验教训，根据危机的不同情形制定相应的对策。

（三）完善危机管理组织机构体系建设。学校可以成立危机管理应急小组，制定危机管理预案，构建由校长领导、统一协调、分工负责的学校危机应急管理组织体系。

应急小组成员应覆盖学校管理者、教师与学生的代表，最好还能够吸收法律、管理、心理咨询、传媒等专业的工作者。应急小组下设办公室，对应急事宜进行统一协调，并专门负责日常信息的收集整理。针对不同类型的危机事件，应指定不同的部门牵头负责，形成各司其职，各负其责，分工合作的组织体系，提高危机应对能力。

（四）利用网络建设信息平台，及时做好监督和反馈工作。随着网络信息技术的普及，信息传播更加快捷，学校应充分利用这一优势实现危机管理信息的及时快速流动传播。利用校园网及时发布有关信息，同时可以利用网络中的微博等平台及时做到与学生沟通，与社会沟通，与媒体沟通。

建立和完善学校新闻发言人制度是一个可以尝试的方式。它有利于在危机管理的各个阶段及时发布真实信息，实现与公众、学生的良好沟通，引导舆论朝好的方向发展。同时，借助信息的快速传递，学校能及时根据情况的变化迅速调整应急方案，因时而变，更好地应对危机。

（五）实现危机管理的日常化、常态化、长期化。危机管理是一个系统的过程，危机应对工作具有延续性。学校应将危机应急教育、应急意识培育、应急预防和演练寓于日常工作之中，加强日常性危机管理的宣传教育活动，增强学生面对危机时的心理承受能力和应变能力，并建立危机应急长效机制。可以充分利用学校内学生会、学生社团等多种途径开展各类危机教育活动，将危机发生的风险性降至最低。

（六）积极开展危机后的恢复工作，尤其是心理恢复工作。危机过后，特别是一些严重自然灾害过后，人们心中往往会留下阴影，甚至会造成心理疾病。因此加强危机过后心理恢复工作十分必要。学校可以建立心理危机的预防、教育和恢复机制，可以通过心理咨询、干预中心，及时关注有心理危机的学生的行为倾向。学校还应通过课堂教育、讲座、社团活动等形式加强心理健康宣传和教育，将其寓于日常工作中。

（七）建立学校和政府、社会的有效连接机制。2007年4月16日，弗吉尼亚理工大学发生了震惊美国和全世界的校园枪击案。在整个突发事件应对过程中，当地的警察以及布莱克斯堡救援自愿队（Blacksburg Volunteer Rescue Squad）等14个民间组织，它们在危机预警、帮助受害者家庭申请赔偿和基金援助、提供心理健康咨询服务等方面表现出色。这也提示我们，光靠高校肯定无法独立应对特别重大的突发事件，一定要积极争取各级政府机构和各类社会力量的支持。如高校周边的公安、消防、医疗、卫生、交管、传媒部门以及企事业单位、商店、社区服务中心、居民等，通过定期会议、联席会议、志愿参与等形式，建立起高校、行政、社会一体化的应对突发事件的组织架构。

（八）校卫队及其他防范组织的建设。校卫队是我国高校一支独特的安全保护力量，承担着及时发现校园安全隐患以及制止违法犯罪现象等重任。在这方面，高校应努力创新培训教育、奖惩等制度，提高校卫队的协调配合能力和工作积极性，建立起全天候的巡逻机制和全覆盖的巡逻巡更体系。同时，高校也应加强学生的自我防范和安全保护意识，培养他们熟练掌握使用各种设备进行安全防护的能力。建立起时时、处处都有监督的校园安保体系。此外，高校也可有针对性地实施"重点"管理，定期排查，以消除潜在的安全风险，防止发生突发事件。

（九）应急预案的编制。应急预案的编制必须基于学校重大事故风险的分析结果，学校应急资源的需求和现状以及有关的法律法规要求。此外，预案编制时应充分收集和参阅相关的应急预案，最大可能减少工作量和避免应急预案的重复和交叉，并确保与其他相关应急预案的协调和一致。校园应急预案的格式还应尽可能与国家和当地政府编制的预案格式一致。

（十）从管理学的角度看，学校危机管理就是要建立一个高效统一的危机管理专门机构。该机构的职责与功能为：危机信息的收集，反危机战略规划并将其纳入学校日程，判断各种危机发生的可能性并评估其危害的风险，危机的防范，监督危机管理的实施，进行危机管理教育和训练；危机发生时的协调工作等。学校危机管理是社会危机管理的有机组成部分，是政府危机管理的有效延伸。由此可以看出，学校危机管理可以纳入政府应急机制中，政府的危机管理可以提供给学校有益的借鉴。

（十一）在危机处理善后工作结束后要建立危机资料库，将危机产生的原因、经过、处理方法及其效果、经验教训等详细记录形成完整档案，为以后提高危机处理能力、管理水平及预防和有效解决新的危机事件提供参考。

参考文献

[1] 孙晔. 国外校园安全措施及启示 [J]. 山东警察学院学报，2010（9）：113

[2] 李晓华，刘兴国. 无缝隙理论组织视域下高校安全管理创新研究 [J]. 扬州大学学报，2015（10）：32

[3] 王丙利，赵守亮. 大学生安全教育现状及发展途径研究 [J]. 黑龙江教育，2013（12）：113

[4] 蔡春伟. 高职大学生安全管理的思考 [J]. 长春教育学院学报，2015（7）：132

[5] 唐碧华，姚远，朱渊. 加强大学生安全管理的意义与对策 [J]. 教育教学论坛，2014（3）：9

[6] 段淑芬. 农村中小学校园安全事故现状及原因分析 [J]. 云南教育：视界，2008（24）